应用经济学前沿丛书

Frontier Series of Applied Economics

空间视阈下中国藏族聚居区的贫困问题研究

廖桂蓉 著

Kongjian Shiyuxia Zhongguo Zangzu Jujuqu de Pinkun Wenti Yanjiu

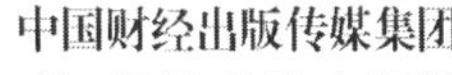
中国财经出版传媒集团

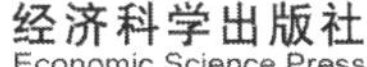
经济科学出版社
Economic Science Press

图书在版编目（CIP）数据

空间视阈下中国藏族聚居区的贫困问题研究/廖桂蓉著.
—北京：经济科学出版社，2017.6
（应用经济学前沿丛书）
ISBN 978-7-5141-8221-7

Ⅰ.①空… Ⅱ.①廖… Ⅲ.①藏族-民族聚居区-贫困问题-研究-中国 Ⅳ.①F127.75

中国版本图书馆 CIP 数据核字（2019）第 253834 号

责任编辑：王 娟
责任校对：隗立娜
责任印制：邱 天

空间视阈下中国藏族聚居区的贫困问题研究
廖桂蓉 著
经济科学出版社出版、发行 新华书店经销
社址：北京市海淀区阜成路甲 28 号 邮编：100142
总编部电话：010-88191217 发行部电话：010-88191522
网址：www.esp.com.cn
电子邮件：esp@esp.com.cn
天猫网店：经济科学出版社旗舰店
网址：http://jjkxcbs.tmall.com
北京财经印刷厂印装
710×1000 16 开 15.5 印张 320000 字
2019 年 11 月第 1 版 2019 年 11 月第 1 次印刷
ISBN 978-7-5141-8221-7 定价：49.00 元
（图书出现印装问题，本社负责调换。电话：010-88191510）

丛书总序

西南民族大学经济学院组建于2003年，建院以来，遵循学校“为少数民族和民族地区服务，为国家发展战略服务”的办学宗旨，坚持“学术立院，科学发展”的理念，以研究中心为平台，高级别科研项目为纽带，在民族区域经济、金融发展、城市经济与空间经济、宏观经济等领域取得了一定的成绩。先后举办了“中国少数民族经济研究会2005年年会”“中国区域经济学会2007年年会”“四川地震灾区灾害评估与灾后重建学术研讨会”“全国区域经济学科建设年会暨变革时代的中国区域经济”“第四届天府金融论坛”“第三届全国空间经济学学术年会”“全球化与新形势下中国西部经济”等国际和全国性学术会议，组织出版了西南民族大学华风经济学丛书，在学术界产生了良好的学术影响。

为了全面地、系统地反映学院教师瞄准学科前沿和国家特别是民族地区经济社会发展中的重大问题开展科学研究形成的研究成果，展示我校应用经济学科的发展方向，在西南民族大学学位点建设基金的大力支持下，我们组织编写了这套“应用经济学前沿丛书”，作为国家民委重点学科——应用经济学一级学科的建设成果。丛书不仅着眼于应用经济学的前沿研究成果，更注重于利用现代经济学理论对我国改革与发展的现实问题，特别是民族地区经济社会发展问题的解释与应用。

通过这套丛书，我们将继续致力于推动我校经济学科的国际化、标准化和现代化。我们期待着广大读者对西南民族大学经济学科的支持，也虚心等待着对该套丛书的批评和指正。

丛书主编

郑长德

2014年12月

前　言

中国藏族聚居区涉及西藏、四川、青海、甘肃和云南5个省（自治区）、19个地（市、州）的151个县，占全国总面积的23%，占全国总人口的0.63%，是全国区域经济社会发展的特殊类型区域，在维护民族团结、国家稳定、生态安全和建成全面小康社会中具有十分重要的地缘战略地位。

改革开放以来，鉴于中国藏族聚居区经济社会发展水平低于全国乃至低于其他少数民族地区的实际情况，中央高度重视中国藏族聚居区的扶贫开发工作，先后六次召开西藏工作座谈会。特别是2012年以来，中央进一步加大了对西藏和四省藏族聚居区的扶贫力度，打破了西藏和四省藏族聚居区重点县与非重点县界限，将中国藏族聚居区作为"特殊集中连片贫困区域"，对其实行连片开发、综合治理。中国藏族聚居区的扶贫工作取得了令人称羡的进展——农牧民的生存和温饱问题基本得到解决，贫困人口的生产生活条件明显改善，地区基础设施不断完善，社会发展水平进一步提升，生态恶化趋势得到初步遏制。

但是，中国的减贫和发展之路并不平坦，中心城市和东部沿海地区的经济社会发展水平远远领先于中国藏族聚居区，中国藏族聚居区依然是全国贫困状况最严重的地区之一，中国藏族聚居区的贫困人口仍然是全国贫困程度最深重的群体之一。在全国14个连片特困地区共680个县中，中国藏族聚居区就占了2个片区和151个县，超过全国14个片区总面积的一半，成为中国最大的集中连片特困地区和国家特殊扶贫区域。2014年，按照国家最新扶贫标准2300元（2010年不变价），中国藏族聚居区贫困发生率为24.0%，是所有集中连片特困地区中贫困发生率最高的区域，高于全国平均水平16.8个百分点，是全国平均水平的3倍多；已经解决温饱的农牧民因灾、因病返贫现象突出。①

当前，制约中国藏族聚居区可持续发展和贫困人口脱贫致富的因素，主要可以从内外因素两个方面来考虑。它不仅包括自然地理环境条件恶劣，基本公共服务资源供给短缺，自我发展能力的体制机制约束等外在制约因素，还包括农牧民

① 数据来源：根据《2015中国农村贫困监测报告》整理计算而得。

家庭生产生活负担重、后天教育不足、平滑风险能力低等内在制约因素。在全面建成小康社会和经济新常态背景下，只有不断创新扶贫开发体制，消除制度性障碍，增强农牧民自我发展能力，才能实现中国藏族聚居区的可持续发展。为此，我们提出以下政策建议：(1) 创造机遇，扩大经济发展机会。中国藏族聚居区的发展应主要依靠内生动力，立足自身的资源禀赋和产业基础，加快把资源优势转换为产业优势和经济优势，实现差异竞争、错位发展，让藏族聚居区农牧民共享发展成果。(2) 促进赋权，保障机会均等。政府机构要更多地对贫困人口负责，有效地执行公共管理政策，简化办事程序并使其透明化；增进法律的公正性，并在制定政策措施的时候多考虑贫困人口利益，为贫困人口提供法律援助；通过促进贫困人口联盟，提高贫困人口参与发展和参与地方管理的能力；要努力改变传统的性别规范和价值观，坚持不懈地扩大藏族聚居区妇女的政治代表权、法律权利以及她们对实物、金融和人力资本的支配权来改善妇女的发言权，增加其获得资源的机会。(3) 增强抗逆力，降低脆弱性。政府要采取有效的措施，建立有效的机制来减少中国藏族聚居区贫困人口面临的风险，包括健康风险和气候风险，加强中国藏族聚居区的社会保障制度建设，提高各类社会保障措施的覆盖面，尤其是要覆盖持久贫困人口和脆弱人群，为极端贫困人口提供稳定的社会安全网。(4) 创新机制，加速减贫进程。要加速中国藏族聚居区减贫进程，就要坚定不移走精准扶贫之路，做好贫困人口的识别工作，建立贫困户档案，确保资金真正用于需要扶持的贫困人口。要改革贫困县考核、约束以及退出机制，引导藏族聚居区各级党政领导班子和广大干部把工作重点和精力放在扶贫开发上，等等。

目　录

第 **1** 章　导言 …… 1

1.1　研究背景和研究意义 …… 1

1.2　相关理论的简要阐述 …… 3

1.3　研究对象和研究目标 …… 8

1.4　研究内容和概念框架 …… 9

1.5　研究方法和主要观点 …… 12

1.6　创新之处和不足之处 …… 14

第 **2** 章　中国藏族聚居区的基本概况 …… 16

2.1　中国藏族聚居区的范围 …… 16

2.2　中国藏族聚居区的人口 …… 25

2.3　中国藏族聚居区民生有了较大改善 …… 37

第 **3** 章　中国藏族聚居区的总体贫困状况 …… 45

3.1　中国藏族聚居区农村贫困程度较深 …… 45

3.2　中国藏族聚居区经济发展水平较低 …… 54

3.3　中国藏族聚居区公共服务水平较落后 …… 59

3.4　中国藏族聚居区贫困溢出效应较明显 …… 67

第 **4** 章　中国藏族聚居区的县域贫困状况 …… 73

4.1　中国藏族聚居区县域概况 …… 73

4.2　中国藏族聚居区县域经济社会发展的空间特征 …… 76

4.3　中国藏族聚居区县域贫困状况的空间特征 …… 84

第 **5** 章　中国藏族聚居区贫困的空间分布特征：以四川藏族聚居区为例 …… 90

5.1　四川藏族聚居区的总体贫困状况 …… 90

5.2　四川藏族聚居区的县域贫困状况 …… 103

5.3　四川藏族聚居区贫困的空间溢出效应明显 …………………… 124

第6章　中国藏族聚居区农牧民的贫困脆弱性分析：以西藏为例 ……………… 135
6.1　贫困脆弱性的定义和测度 …………………………………… 135
6.2　数据来源、贫困标准与统计方法 ……………………………… 138
6.3　模型构建、变量设置与估计结果 ……………………………… 141
6.4　农牧民家庭的贫困脆弱性水平 ………………………………… 146
6.5　农牧民家庭贫困脆弱性的空间分布 …………………………… 154

第7章　中国藏族聚居区农牧民的生计资本状况和生计策略选择 ……………… 159
7.1　不同贫困程度农牧民的生计资本与生计策略 …………………… 159
7.2　不同脆弱程度农牧民的生计资本状况与生计策略 ………………… 172
7.3　不同生计特征下藏族聚居区农牧民的贫困脆弱性 ………………… 185

第8章　中国藏族聚居区农牧民生计策略选择的影响因素 ……………………… 188
8.1　研究方法和变量构建 ……………………………………… 188
8.2　影响藏族聚居区农牧民家庭规模的因素分析 …………………… 191
8.3　影响藏族聚居区农牧民外出务工的因素分析 …………………… 198
8.4　影响藏族聚居区农牧民虫草采集的因素分析 …………………… 203
8.5　影响藏族聚居区农牧民宗教消费的因素分析 …………………… 211

第9章　中国藏族聚居区贫困人口可持续发展的对策思考 ……………………… 219
9.1　创造机遇，扩大经济机会 …………………………………… 219
9.2　促进赋权，保障机会均等 …………………………………… 222
9.3　增强抗逆力，降低脆弱性 …………………………………… 224
9.4　创新机制，加速减贫进程 …………………………………… 228

主要参考文献 ………………………………………………………… 232
后记 ………………………………………………………………… 240

第1章

导　言

1.1　研究背景和研究意义

1.1.1　研究背景

西藏和四川、青海、甘肃、云南四省藏族聚居区是我国藏族的主要聚居区。20世纪80年代初期，鉴于中国藏族聚居区的经济社会发展相对滞后、贫困问题比较严重的实际情况，党中央、国务院高度重视中国藏族聚居区的扶贫开发工作，先后六次召开西藏工作座谈会。1980年，中央召开第一次西藏工作座谈会，专题研究西藏经济社会发展的大政方针问题，确立了中央的援助和特殊政策；1984年，中央召开第二次西藏工作座谈会，组织国家各部委和兄弟省、市，在人、财、物上给予西藏以大力支援，标志着全国性的援藏工程的开始；1994年，中央召开第三次西藏工作座谈会，正式作出“对口援藏”决策，号召全国各地方和中央各部门都要大力支持西藏的建设；2001年，中央召开第四次西藏工作座谈会，提出“把西藏自治区作为一个特殊的集中连片的贫困地区加以扶持”，21世纪之初要继续贯彻援藏政策；2010年，中央召开第五次西藏工作座谈会，对推进西藏实现跨越式发展和长治久安作出了战略部署，并对加快四川、云南、甘肃、青海四省藏族聚居区经济社会发展作出了全面部署。[①] 2015年，中央召开第六次西藏工作座谈会，强调依法治藏、富民兴藏、长期建藏，加快西藏全面建成小康社会的步伐，并对四川、云南、甘肃和青海四省藏族聚居区发展稳定工作作出了全面部署。党的十八大以来，以习近平同志为总书记的党中央高度重视藏族聚居区工作，提出了“治国必治边、治边先稳藏”的战略思想，进一步强调了中国藏族聚居区工作的特殊重要性。特别是2012年以来，为了进一步加大对西藏和四省藏族聚居区的扶贫力度，中

① 中国西藏网．援藏20年．http：//www. tibet. cn.

央完善了中央财政扶贫资金分配方法，打破了西藏和四省藏族聚居区重点县与非重点县界限，将西藏和四省藏族聚居区作为“特殊集中连片贫困区域”予以大力扶持，制定专项扶贫开发规划，实行连片开发、综合治理，继续加大东西扶贫协作和定点扶贫工作力度。

在中央的大力支持和中国藏族聚居区各族人民的共同努力下，中国藏族聚居区农牧民的收入水平在稳步提高，绝对贫困人口的数量也在逐年下降。但是，由于中国藏族聚居区地处高寒缺氧地带，生态环境脆弱，自然灾害频繁，基础设施薄弱，自我发展能力不强，脱贫人口返贫率较高，藏族聚居区农牧民生计的维持还存在很多亟待解决的困难。当前，中国藏族聚居区仍然是全国最大的集中连片贫困地区，贫困问题仍然是中国藏族聚居区经济社会发展面临的重大问题，是推进中国藏族聚居区经济社会发展、实现全国全面建成小康社会的重大障碍。如果中国藏族聚居区的问题不能尽快实现突破，就难以实现全国到2020年基本消除绝对贫困现象的战略目标，中国藏族聚居区贫困群众就无法与全国人民同步进入全面小康社会。因此，全面加强中国藏族聚居区的扶贫开发工作，努力推动中国藏族聚居区贫困人口的可持续发展，既是中国藏族聚居区人民求发展、谋富裕的强烈愿望，也是到2020年我国全面建成小康社会的迫切需要。

1.1.2 研究意义

中国藏族聚居区是中国贫困发生率最高的区域之一，也是中国乃至世界最重要的生态区域之一，更是少数民族贫困地区最具典型意义的区域之一。2010年，原国务院扶贫办主任范小建在西藏和四省藏族聚居区扶贫开发工作会议上指出，“要使西藏和四省藏族聚居区群众与全国各族人民共同步入小康社会：一是减贫，到2020年基本消除西藏和四省藏族聚居区绝对贫困现象，贫困人口大幅减少；二是增收，西藏农牧民人均收入增长幅度高于全国平均水平，四省藏族聚居区农牧民人均收入增长幅度高于全省平均水平”①。《中国农村扶贫开发纲要（2011～2020）》也明确指出，“在‘十二五’期间和未来十年，中国政府还将把消除绝对贫困，作为扶贫减贫战略的首要目标”②。到2020年，我国要实现全面建成小康社会的奋斗目标，重点在中西部地区，难点在集中连片特困地区。因此，要把西藏及四川、云南、甘肃、青海四省藏族聚居区等14个集中连片特困地区作为扶贫攻坚的主战场。总之，切实解决中国藏族聚居区贫困人口的可持续发展问

① 范小建．在西藏和四省藏族聚居区扶贫工作会议上的讲话，2010年6月12日．

② 国务院扶贫开发领导小组办公室．中国农村扶贫开发纲要（2011～2020年）[Z]．2011年12月．

题，积极推进中国藏族聚居区经济社会发展和长治久安，不仅是21世纪面临的一个经济社会难题，更是一个重大的政治课题。

1.2 相关理论的简要阐述

1.2.1 贫困概念的界定

本书赞同世界银行提出的贫困概念。贫困不仅仅表现为物质的匮乏，而且还表现为低水平的教育和健康；不仅表现为频繁的风险冲击和面临风险时的脆弱性，而且还表现为“不能表达自身的需求和缺乏影响力”①。所有这些形式的贫困，都制约着阿玛蒂亚·森（Amartya Sen）所提出的“一个人所拥有的可行性能力，即他或她享受自己所珍视生活的这种基本的个人自由发展能力。”② 所以，本书认为贫困概念应当包括以下三个方面：（1）物质贫困。物质贫困是传统的贫困概念，它是用货币收入或消费额来确定和测算贫困程度。1899年，朗特里（Seebohm Rowntree）以家庭收入和支出调查为基础，对英国约克市的贫困状况进行了研究，至今这种方法仍然是对贫困进行定量分析和政策论述的主要手段。（2）健康和教育贫困。从健康和教育方面测算贫困也是一项传统做法，可以追溯到古典经济学家马尔萨斯、李嘉图和马克思那里。教育和健康数据是可以通过个人调查来统计的，它可以反映出在贫困的性别差异状况。它克服了物质贫困的一个基本缺陷，因为以家庭为单位收集的收入或消费额数据是无法显示家庭内部各成员的不平等的，因而很可能会低估总体的不平等和贫困状况。比如说，传统的家庭调查方式并不直接测算妇女的收入和消费贫困状况。（3）脆弱性。一些学者通过对一些家庭在不同时期的收入贫困状况的研究发现，很多家庭会脱离贫困，也有许多家庭会陷入贫困；一些家庭会长期处于贫困线以下，而另一些家庭则时不时地降到贫困线以下，而“一直贫困者”比“偶尔贫困者”少。所以，脆弱性是指一个家庭或一个人在一段时间内将要经受的物质贫困、健康和教育贫困的风险。当然，脆弱性还意味着面临其他许多风险（暴力、犯罪、自然灾害和被迫失学等）的可能性。

综上所述，本书认为，贫困是一个动态的、多维度的概念，会随着时间和空间以及人们思想观念的变化而变化；贫困的概念经历了一个从简单到复杂，由狭

---

① 世界银行.2000/2001年世界发展报告：与贫困作斗争［M］.北京：中国财政经济出版社，2001.

② ［印度］阿玛蒂亚·森.以自由看待发展［M］.任赜，于真译.北京：中国人民大学出版社，2002.

义到广义的不断拓展的过程，从最初强调物质和收入数量的多少，逐渐发展为包括社会公平和发展机会等方面。因此，本书研究的贫困是多维度的贫困，它不仅仅指物质上的匮乏、较低的健康和教育水平，还包括人们面对外部不利冲击、自然灾害、疾病等风险时的脆弱性等方面。

1.2.2 贫困脆弱性理论

有关脆弱性的研究可追溯到 20 世纪五六十年代，最初它多与灾害研究相联系，后来不断扩展到自然、人文、社会等各个领域，主要用于考察人类面对各种危害的潜在风险程度。自从世界银行在《世界发展报告》（2000/2001 年）将脆弱性界定为“度量对于风险冲击的抗逆力——风险冲击造成未来福利下降的可能性”，贫困脆弱性的概念就应运而生。作为一种对个人或家庭未来福利前瞻性的研究方法，贫困脆弱性已成为经济学领域的研究热点。[①] 目前，学术界对贫困脆弱性的研究主要是积极探索贫困脆弱性的科学定义和相应的度量方法。大多数学者把贫困脆弱性的研究建立在三种不同的定义上。因而贫困脆弱性的定义主要有三种：（1）乔德里（Chaudhri，2000）、克瑞斯特森（Christiaensen，2004）和苏巴拉奥（Subbarao，2004）、巩特尔（Günther，2006）和哈特根（Harttgen，2006）为代表的学者将贫困脆弱性定义为一个家庭或个人在未来陷入贫困的可能性；（2）黑崎（Kurosaki，2002）、何平（2010）等学者认为，当一个家庭遭受到负面冲击时，消费平滑能力低导致现有消费水平迅速下降，那么这个家庭就是脆弱的；（3）利根（Ligon，2003）与谢克特（Schechter，2003）将贫困脆弱性定义为“确定性等值消费的效用和期望效用之差”。该定义本质上类似于定义一，但它反映了个人偏好的微观基础，而且具有可将消费的不平等性或波动性进行分解和测量的优点。基于三种不同的定义，贫困脆弱性的度量方法一般也有三种：（1）格莱维（Glewwe，1998）和霍尔（Hall，1998）、德尔康（Dercon，2000）和克利希南（Krishnan，2000）、克瑞斯特森（Christiaensen，2001）和苏巴拉奥（Subbarao，2001）等使用家庭消费的变动性来度量贫困的脆弱性；（2）坎麦隆（Kamanou，2002）和麦达克（Morduch，2002）、利根（Ligon，2003）与谢克特（Schechter，2003）等使用未来消费支出（或其期望效用）与贫困线（或其效用）之间的差来度量贫困的脆弱性；（3）乔德里（Chaudhuri，2002）、库尔（Kühl，2003）、克瑞斯特森（Christiaensen，2005）和苏巴拉奥（Subbarao，2005）、拉哈夫（Raghav，2008）、鲁道夫·威特（Rudolf Witt，2009）和赫尔曼·威贝尔（Hermann Waibel，2009）、亚历山大

① 章元．贫困脆弱性研究综述［J］．经济学动态，2006（1）．

（Alejandro，2010）、詹姆斯（James，2011）和阿吉特（Ajit，2011）、玛蒂娜（Martina，2012）等使用未来陷入贫困的概率来度量贫困的脆弱性。由于贫困脆弱性是一个前瞻性的概念，绝大多数的现有研究都使用未来陷入贫困的概率来度量贫困的脆弱性。

国内有关贫困脆弱性问题的研究始于21世纪初，主要是对农村地区农民（农户）的贫困脆弱性的研究，而且主要是从生态环境恶化和自然灾害等自然风险的冲击来考察农户的贫困脆弱性，而将其运用于少数民族地区农村尤其是中国藏族聚居区农牧民生计方面的研究还不多见。从国内已有贫困脆弱性问题的研究来看，大致可以分为三类：一是杨国安（2003）、章元（2006～2011）、万广华（2006～2011）、陈健生（2006）、黄承伟（2010）、王小林（2010）、徐丽萍（2010）、郭劲光（2011）、邰秀军（2012）、李树茁（2012）、李丽（2013）等对贫困脆弱性的概念框架，测量方法及测量准确性等理论问题进行探讨；二是韩峥（2004）、陈传波（2005、2006）、郭劲光（2006、2011）、李小云（2007）、黄伟（2008）、徐志明（2009）、杨在军（2009）、黎洁（2009）、邰秀军（2009）、罗丞（2009）、张国培（2010）、李丽（2011）、徐伟（2011）、武拉平（2012）、李丽（2013）等对中国农村农民（农户）的贫困脆弱性进行的实证研究；三是赵培红（2009）、喻鸥（2010）、阎建忠（2011）、陈贻娟（2011）、潘泽江（2012）、葛珺沂（2013）等对少数民族地区农村农民（农户）的贫困脆弱性问题的研究。

当前，贫困的脆弱性研究已经成为贫困研究的一个热点问题。尽管很多学者都开始研究贫困脆弱性问题，但是对它的研究还处于起步阶段，学者们对于贫困脆弱性的概念界定和测度方法还存在着许多分歧。当然，除了继续研究贫困脆弱性的科学定义和测度方法之外，我们在这一领域还可以挖掘更多的后续研究课题：（1）探讨“在缺乏面板数据的情况下如何度量贫困的脆弱性”将是贫困脆弱性研究中一个重要的课题；（2）“在构建一个严谨科学的理论框架和测度体系之后，再考量贫困脆弱性的决定性因素”将是这一领域中的核心研究课题；（3）考察“个人或家庭的贫困脆弱性与决策行为之间的关系”也是一个非常有意义的课题。贫困脆弱性对家庭或个人的决策行为是否具有重要的影响？是否脆弱的个人或家庭会倾向于减少自身的人力资本投资？是否脆弱的个人或家庭会倾向于借助社会支持网络来回避风险？这些问题都是这一领域中非常重要的研究课题。①

① 章元．贫困脆弱性研究综述［J］．经济学动态，2006（1）．

1.2.3 可持续生计理论

“可持续生计”提供了一种研究贫困与反贫困问题的新视角，从而引起了学术界、非政府组织和政府部门的广泛关注。钱伯斯（Chambers，1991）和康威（Conway，1991）认为，生计是谋生的方式，它建立在能力、资产和活动的基础之上，是一个动态的变化过程；他们认为传统的发展援助、反贫困政策模式不适合大多数农村社会生活的复杂性和多元化，他们结合联合国世界环境和发展委员会在可持续农业发展报告中强调的可持续发展概念，构建了农村发展援助的“可持续生计模式”；指出“可持续生计”主要是指农户综合调动其家庭内外的资产、家庭策略，来促进家庭生计的可持续发展。① 后来，更多的学者和组织加入到这个研究流派，构建各具特色的可持续生计分析框架。莫泽（Moser，1998）强调的是穷人生存环境的脆弱性，以及他们自身所拥有的抗逆反弹能力；斯库恩斯（Scoones，1998）强调的是穷人自身和社区环境中可以挖掘和调动资本的多元性；贝宾顿（Bebbington，1999）借鉴了阿玛蒂亚·森的关于能力和权利对扶贫援助重要性的思想，强调的是穷人的社会资本的重要性以及对资源的接近和使用权利的重要性。②

英国国际发展部（Department For International Development，DFID）在1999年综合了大家的贡献，提出了一个可持续生计分析框架（见图1－1），并在发展中国家进行了大量实践活动。该框架认为，贫困者进行生计行动选择的出发点是其拥有的资源禀赋，因此减贫政策的关键是改善穷人的生计资产状态；该框架支持以积极的态度审视贫困者，“应该识别穷人拥有什么，而不是只关心穷人没有什么”，强调穷人用自己的方法解决贫困，而不是去替代、组织或者破坏穷人自己的解决方案，要突出挖掘穷人自身的能动性。③ 资产五边形是该框架的核心内容，形象地展现了人们的资产状况；在脆弱性背景下，贫困人口的资产状况是其进行生计行为决策、生计策略选择和抵御生计风险的基础，也是获得积极生计成果的必要条件以及实施扶贫工作的重要切入点。可持续生计分析框架的优势是，把个体家庭层面的生计策略和社区层面的资源环境以及宏观制度结构层面的因素整合到一个分析框架中进行分析，便于找出干预和支持的环节，对贫困家庭进行

① Chambers R.，Conway G.. Sustainable rural livelihoods：practical concepts for the 21st century［J］. Brighton，UK，Institute of Development Studies，1992.

② Bebbington. Capitals and capabilities：a framework for analysing peasant viability［J］. rural livelihoods and poverty in the Andes，World Development，1999，27（12）.

③ DFID. Sustainable Livelihoods Guidance Sheets. London：Department for International Development［Z］. 1999.

发展援助，期望实现贫困人口生计的可持续发展。

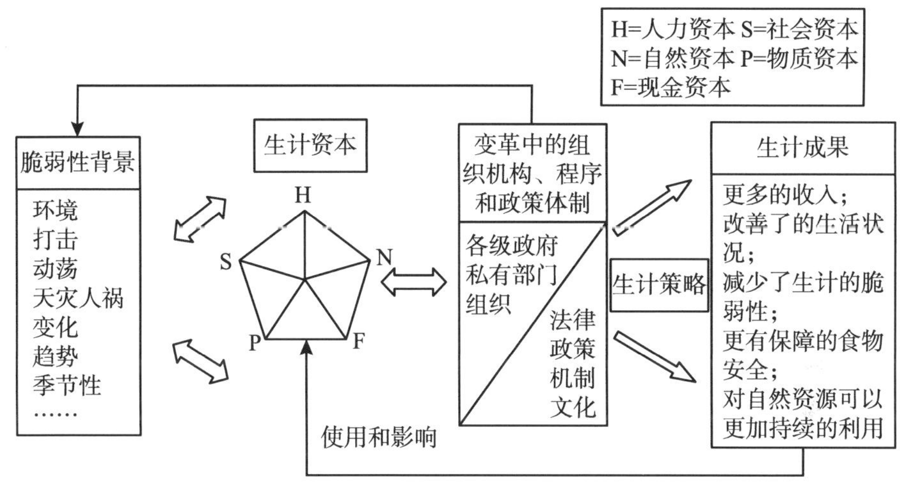

图1-1　可持续生计分析框架

资料来源：英国国际发展部，1999.

国内有关可持续生计的研究始于21世纪初，可持续生计的思想主要用在指导解决失地农民生计问题上，而将其运用于中国藏族聚居区贫困人口生计方面的研究还不多见。在中国藏族聚居区贫困与反贫困研究方面作出贡献的国内学者主要有罗绒战堆（1997~2004）、赵曦（2000~2010）、周炜（2006）、冉光荣（2006，2007）、杨明洪（2005，2006，2013）、何景熙（1995，1997，2005）、杨健吾（2005）、苏海红（2006~2009）、毛阳海（2006）、倪邦贵（2006）、朱玲（2010）、曹洪民（2011）、杜明义（2013）等。罗绒战堆（张明）为了研究西藏的扶贫问题，长期坚持深入到农牧民家中与农牧民同吃、同住，较早提出用小额信贷扶贫等重要扶贫政策和手段来增加西藏农牧民的收入。赵曦、周炜在中国藏族聚居区贫困与反贫困研究方面也做了大量艰苦细致的理论探索工作，他们客观冷静地分析了在中央实施西部大开发战略背景下西藏农牧区反贫困和农牧民增收所面临的若干问题，提出了西藏农牧区反贫困战略的新模式。杨明洪认为，中国藏族聚居区致贫的原因是复杂而多元的，不仅包括了自然地理、人文地理和社会历史因素，还包括内在因素和外在因素，而且这些因素之间交错作用。苏海红指出，中国藏族聚居区的贫困，不是单纯的扶贫问题，而是其整个经济社会如何得以可持续发展的问题。① 冉光荣等认为，应当采用生态

① 苏海红．破解中国藏族聚居区贫困圈的政策建议［J］．青海社会科学，2009（9）．

移民、提高农牧民自身素质等综合性的反贫困措施来达到消除藏族聚居区贫困的目标。

总之，可持续生计理论已成为20世纪90年代后期扶贫援助的主流模式。相对于传统的社会福利救助、发展援助策略，它除了强调以人为本、公平、能力为本、可持续性、整体性等先进时髦的理念以外，还在于“生活形态和生计策略的研究方向可以把我们的注意力集中到人类的能动性和结构化过程中——二者是两种不同的塑造人们生活世界的力量。生活形态是被当作一个综合的概念，它可以把社会资本、信任、能动性、制度、互助性、脆弱、社会构型、结构化过程和非连续性等不同的概念包括进来。”①

1.3 研究对象和研究目标

1.3.1 研究对象

本书研究的区域为中国藏族聚居区，是指以藏族人口为主体的少数民族聚居地区；包括西藏的全部、四川省的西北部、青海省的绝大部分、甘肃省的西南部和云南省的北部。从行政区划来看，中国藏族聚居区主要包括以下地区：西藏自治区；四川省的甘孜藏族自治州、阿坝藏族羌族自治州和木里藏族自治县；青海省的海北藏族自治州、黄南藏族自治州、海南藏族自治州、玉树藏族自治州、果洛藏族自治州和海西蒙古族藏族自治州；甘肃省的甘南藏族自治州和天祝藏族自治县；云南省的迪庆藏族自治州，共1个自治区，10个自治州，2个自治县，②涉及全国5个省（自治区）、19个地（市、州）的151个县。

在中国藏族聚居区，农牧民人口数量占绝对多数，乡村人口占总人口的比重为70%，城镇化率很低；发展基础较差且发展不平衡，贫困问题比较突出，特别是农牧区贫困人口多，解决贫困问题的难度很大。鉴于中国藏族聚居区的减贫问题在很大程度上就是解决农牧民的贫困问题。因此，本书研究的对象主要是中国藏族聚居区农牧区的贫困人口，研究中国藏族聚居区农牧民的贫困状况及生计发展问题。

1.3.2 研究目标

切实解决中国藏族聚居区贫困人口的生计发展问题，积极推进中国藏族

① Hotze Lont，Otto Hospes. Livelihood and Microfinance：Anthropological and Sociological Perspectives on Savings and Debt［M］. Eburon B V，2004.

② 孙怀阳，程贤敏，何景熙. 中国藏族人口与社会［M］. 北京：中国藏学出版社，1999.

聚居区经济社会发展和长治久安，让藏族聚居区农牧民与全国人民同步进入全面小康社会是21世纪一个重大的经济社会课题。在中国藏族聚居区，鉴于西藏自治区是面积最大、人口最多的区域，而四川藏族聚居区素有“治藏之依托”、“稳藏必先安康”之称，在全面介绍了中国藏族聚居区的基本情况和总体贫困后，本书以西藏自治区和四川藏族聚居区作为案例区，基于可持续生计理论分析框架和贫困脆弱性的实证分析模型，主要从空间视角来探讨中国藏族聚居区的贫困问题和农牧民生计的可持续发展问题。本书研究的目标是：（1）为中央相关部门和地方政府进一步改善西部大开发战略和民族地区跨越式发展战略的实施机制提供信息，并为政府规划部门制定中国藏族聚居区的中长期发展战略提供参考。（2）本书的立足点并不是建议寻求一个系统的方法来解决中国藏族聚居区农牧民的生计脆弱性问题，而是帮助他们找出自身面临的约束条件和最有希望的发展机会来削减其贫困脆弱性、增强其自我发展能力，从而推动藏族聚居区农牧民生计的可持续发展。（3）中国藏族聚居区是中国贫困发生率最高的区域之一，也是中国乃至世界最重要的生态区域，更是少数民族贫困地区最具典型意义的区域。中国藏族聚居区的贫困问题如果得不到切实的解决，整个国家就谈不上全面建成小康社会。本书有助于推动相关部门采取积极的事前政策干预，来增强中国藏族聚居区扶贫政策的有效性、减少政策成本，为削减藏族聚居区贫困、推动藏族聚居区全面建成小康社会提供智力支持。

1.4 研究内容和概念框架

1.4.1 研究内容

本书的研究内容主要包括如下几个部分。

第1章，导言。导言作为本书的引论部分，开宗明义地提出了本书的研究背景和研究意义，并且对本书涉及的相关概念和理论进行了简要阐述，明确了研究对象和目标，阐明了研究内容和概念框架、研究方法和主要观点，最后还对可能存在的创新和不足之处作了简要的说明。

第2章，中国藏族聚居区的基本概况。本章主要从中国藏族聚居区的地域范围、人口状况、民生改善情况三个方面对中国藏族聚居区的基本概况进行了分析。中国藏族聚居区地域辽阔，包括西藏和四省藏族聚居区，藏族是中国藏族聚居区的主体民族；中国藏族聚居区人口总量在持续增长但增速放缓，人口总量较小、人口密度小且分布极不均衡；中国藏族聚居区农村人口占绝对多数，农牧民家庭人口抚养比较高；中国藏族聚居区的民生得到了很大的改善。

第 3 章，中国藏族聚居区的总体贫困状况。本章从中国藏族聚居区农村贫困状况、经济发展水平、公共服务水平和空间贫困状况四个方面剖析了中国藏族聚居区的总体贫困状况。改革开放以来，尤其是进入 21 世纪以来，尽管中国藏族聚居区民生有了明显的改善，但由于自然地理环境等外部因素和人口素质等内在因素的制约，中国藏族聚居区的自我发展能力弱，中国藏族聚居区的贫困问题仍然十分突出。

第 4 章，中国藏族聚居区的县域贫困状况。本章从中国藏族聚居区县域概况、县域经济社会发展的空间特征、县域贫困状况的空间特征三个方面剖析了中国藏族聚居区的县域贫困状况。通过对中国藏族聚居区县域经济社会状况进行实证分析，发现空间地理环境对贫困程度有着极强的影响，中国藏族聚居区的县域贫困呈现出较强的空间聚集性，贫困的空间溢出效应十分明显。

第 5 章，中国藏族聚居区贫困的空间分布特征：以四川藏族聚居区为例。本章以四川藏族聚居区为案例区，从空间视角实证分析了四川藏族聚居区的总体贫困状况、四川藏族聚居区的县域贫困状况、四川藏族聚居区贫困的空间溢出效应三个方面的内容。四川藏族聚居区是四川省最大的连片特困地区，也是四川省贫困发生率最高的区域，贫困面广并且贫困程度深；通过对四川藏族聚居区的实证分析，我们发现地理环境对贫困状况有着显著的影响，四川藏族聚居区贫困的空间溢出效应也十分显著。

第 6 章，中国藏族聚居区农牧民的贫困脆弱性分析：以西藏为例。本章以西藏自治区为案例，使用计量经济模型和 R 统计软件，对西藏 1430 户农牧民家庭特征数据资料进行实证分析，并划分区域类型，估算了西藏自治区农区、牧区、半农半牧区的农牧民家庭的贫困脆弱性程度；还使用世界银行评估区域层面贫困状况的贫困地图方法，将农牧民家庭调查数据和县域统计数据结合起来，绘制出样本县域农牧民家庭的贫困脆弱性地图。结果表明，牧区家庭的贫困脆弱性程度最高，贫困家庭往往更脆弱。

第 7 章，中国藏族聚居区农牧民的生计资本状况和生计策略选择。本章从贫困户与非贫困户、高脆弱户和低脆弱户、农牧民家庭生计特征三个方面实证分析了中国藏族聚居区农牧民的生计资本状况、生计策略选择行为。结果表明，贫困家庭往往更脆弱；贫困家庭和高脆弱家庭的各项生计资本水平都比较低，生计策略比较单一，更多依赖农牧业生产，家庭规模比较大，非农就业机会少，等等。

第 8 章，中国藏族聚居区农牧民生计策略选择的影响因素。本章采用实证分析方法，通过变量选择和模型构建，从家庭规模、外出务工、虫草采集和宗教消费四个方面对中国藏族聚居区农牧民的生计策略进行考察。同时，我们通过对贫困户与非贫困户，高脆弱户和低脆弱户，农区、牧区和半农半牧区的农牧民家庭进行细分，对影响中国藏族聚居区农牧民生计策略选择行为的因素进行了充分的实证分析。

第 9 章，中国藏族聚居区贫困人口可持续发展的对策思考。针对第 9 章提出的内外制约因素，本章从创造机遇、促进赋权、增强抗逆力、创新机制四个方面提出了促进中国藏族聚居区贫困人口可持续发展的对策思考。

1.4.2 概念框架

一般而言，暂时性贫困是指由消费的跨期变动而造成的贫困状态，当一个藏族聚居区农牧民家庭的生计受到冲击而短期内又无足够的消费平滑能力，这个家庭就陷入了暂时性贫困当中。持久性贫困则是平均消费持续低迷所导致的贫困状态，当一个藏族聚居区农牧民家庭的生计长期处于低迷状态并且缺乏长期的消费平滑能力，这个家庭就陷入了持久性贫困当中。由图 1 - 2 可知，对藏族聚居区农牧民家庭造成短期生计冲击的直接原因就是该家庭暴露于各种各样的风险当中，例如自然灾害风险、国家宏观政策变动、农牧产品价格波动、家庭成员尤其是主要劳动力生病或死亡、或者短期内丧失获取收入的能力甚至加大家庭医疗等支出负担，等等。而风险暴露的程度又取决于风险发生的频率和程度以及农牧民应对风险的能力。伴随着风险的发生，如果一个农牧民家庭应对风险的能力相对较低，不足以抵消风险带来的损失，那么这个家庭将暴露于风险之中，生计冲击也将受到短期冲击，家庭就会陷入暂时性贫困当中，当然，风险暴露也可能把该农牧民家庭推入持久性贫困的困境。缺乏贷款途径或者缺乏风险控制工具，缺乏生产性或者金融性资产，缺乏劳动力或者家庭成员存在生理和心理上的缺陷，家庭遭受社会排斥或者缺乏足够的社会支持网络，都将降低农牧民家庭应对风险的能力。另外，受教育水平、职业技能、健康状况等人力资本变量决定了农牧民家庭的创收能力，而藏族聚居区缺乏多样化的就业机会也会降低农牧民家庭的创收能力。当然，在风险应对或者平滑消费的过程中，农牧民家庭还可能付出一些不可逆转的代价，例如资产的损失或者变卖家产、减少人力资本投资、过度消耗自然资源、儿童辍学，等等，所有这些又会反过来加大藏族聚居区农牧民家庭的暂时性贫困的脆弱性和结构性贫困的脆弱性。

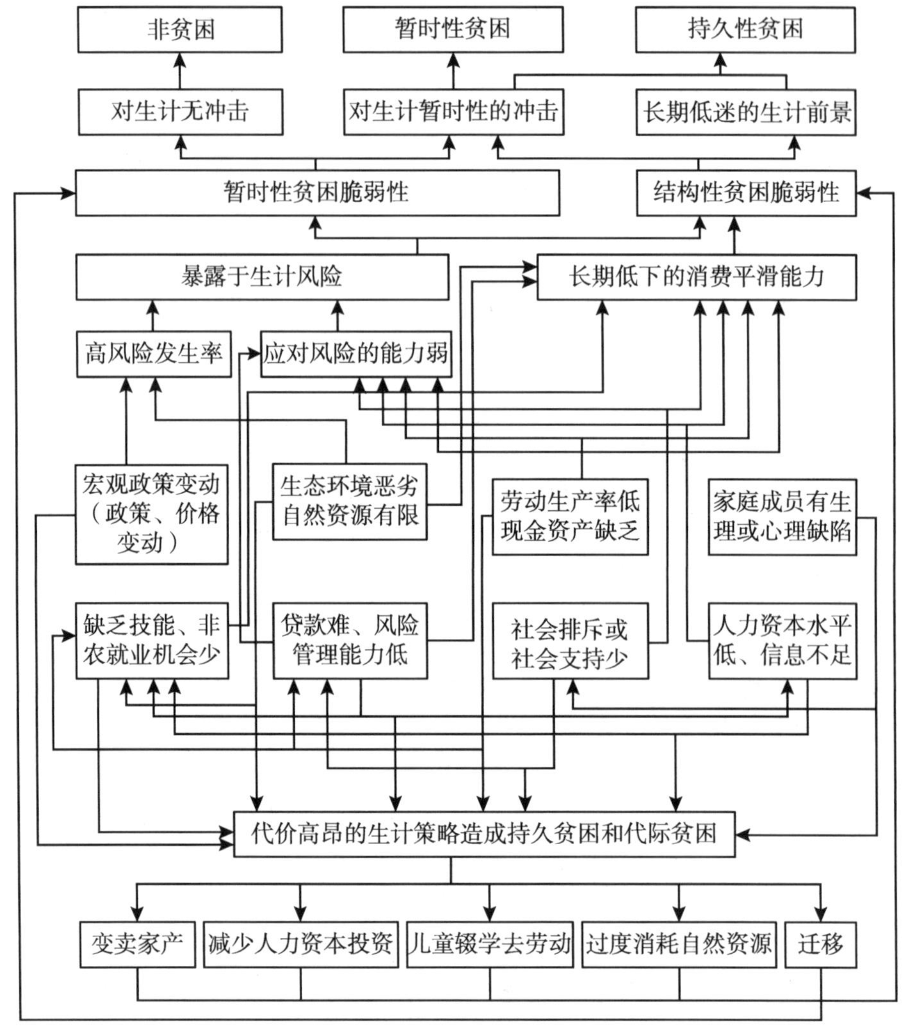

图1-2　藏族聚居区农牧民贫困形成的概念框架

1.5　研究方法和主要观点

1.5.1　研究方法

本书通过综合运用民族学、人口学、经济学、社会学、统计学等学科的研究方法，实现质化和量化分析、动态和静态分析方法的有效结合，具体方法有：（1）文献资料法。通过对与本书所研究的问题相关的理论、文献资料进行回顾，来了解已有的研究成果、研究现状，把握问题研究的发展趋势，并以此来寻求分析中国藏族聚居区可持续发展的思路和突破口。（2）对比分析法。本书不仅仅满足于藏族聚居区内部或自身的论述和比较，还将藏族聚居区与全国、东部地区、中部地区、西部地区和东北地区进行了横向的对比，以凸显藏族聚居区的巨大差距。（3）计量统计法。借助于 ArcGIS、GeoDa 和 R 软件，使用空间计量方法来分析自然地理环境对贫困的影响，并进一步检验中国藏族聚居区贫困的空间溢出效应及其变化趋势。对调查研究过程中采集到的数据资料进行多元统计分析，将 FGLS 模型、均值比较分析和列联表分析等计量统计方法与 PRA 方法等质性分析方法综合运用于中国藏族聚居区贫困人口的生计问题研究中，对藏族聚居区农牧民的贫困脆弱程度进行测度，并对藏族聚居区农牧民的生计特征进行分析，让读者可以了解中国藏族聚居区农牧民的生产生活特征及贫困脆弱性的程度。（4）参与式评估方法（PRA）。参与式评估方法的最大优点是可以通过农牧民的积极参与，快速了解农牧民的基本家庭特征、了解中国藏族聚居区的历史、现状、社会、经济、文化等方面存在的问题、约束和机会，能使农牧民尽量真实地呈现其对生计脆弱性的承受能力和利益诉求，客观反映中国藏族聚居区农牧民的贫困脆弱性程度。

1.5.2 主要观点

本书的主要观点有：（1）中国藏族聚居区的可持续发展要坚持自力更生和外部资源支持相结合，以自力更生为主的原则；要将当前和长远相结合，注重当前兼顾长远；既着重局部又顾及整体，优化人口分布。（2）在贫困脆弱性的环境下，单靠一种生计资产显然不利于藏族聚居区农牧民寻求多样化的生计成果，对藏族聚居区贫困农牧民尤其如此。如果藏族聚居区贫困家庭要获得积极的生计成果，就必须寻求革新和组合利用他们现有的生计资产来维持生存和发展。（3）中国藏族聚居区的扶贫政策需要充分考虑区域文化、生活习俗等方面的差异，积极肯定贫困人口可以利用的资本和机会，充分吸收体现贫困人口合理利益诉求和正当道德主张的乡约村规，协调市场化与当地资源、文化的关系，从而实现国家法律法规和乡村习俗的协调统一，确保中国藏族聚居区扶贫工作取得更大成效。（4）要实现中国藏族聚居区的可持续发展，需要重新审视并确立新型的政府与贫困人口的关系、贫困户与非贫困户的关系、工业与农业的关系、农村建设与农牧民增收的关系、农村经济社会发展与生活质量提升的关系、农村制度建设与人的全面发展的关系。（5）要将中国藏族聚居区发展的关注点从单纯的 GDP 转移到藏族聚居区农牧民家庭的生产生活方式，特别是贫困人口的生产生活方式。因为在市场化的过程中，贫困人口是非常脆弱的，更需要得到关注。要从关注藏族聚居区高速增长转为藏族聚居区稳定发展，从简单地增加农牧民的收入转为尽量减少农牧民的风险。政府不仅要增加在社会福利方面的支出，更要发挥藏族聚居区多种社会文化机制的传统作用，强化农牧民社区的互助功能。

1.6 创新之处和不足之处

1.6.1 创新之处

可能的创新之处有：(1) 研究视角的创新。本书从空间视角来研究中国藏族聚居区的贫困问题，这样的视角与中国藏族聚居区特殊的高原地理环境相吻合，在中国藏学研究中比较少见；另外，本书贫困脆弱性和可持续生计视角试图在微观个体选择和宏观制度供给之间建立联系，并通过“总体贫困—县域贫困—农牧民贫困”的分析思路来寻求中国藏族聚居区贫困问题的答案，以这样的视角来研究中国藏族聚居区的贫困和农牧民生计可持续发展问题具有一定的新意。(2) 研究方法的创新。本书借助于 ArcGIS、GeoDa 和 R 软件，使用空间计量方法来分析自然地理环境对贫困的影响，并进一步检验中国藏族聚居区贫困的空间溢出效应及其变化趋势，这样的实证研究方法在藏族聚居区研究中也比较少见。同时，本书在方法上的创新还在于将 FGLS 模型、均值比较分析和列联表分析等计量统计方法与 PRA 方法等质性分析方法综合运用于中国藏族聚居区农牧民的生计问题研究中，对藏族聚居区农牧民的贫困脆弱程度进行测度，并对藏族聚居区农牧民的生计特征进行分析。(3) 研究内容的创新。众多专家学者围绕少数民族地区的贫困问题展开了广泛的研究，但从空间视角来实证研究中国藏族聚居区贫困问题的还不多见。同时，本书对中国藏族聚居区农牧民贫困脆弱性测度指数的构建、对藏族聚居区贫困人口生计资本和生计策略的实证分析都属于大胆的尝试。

1.6.2 不足之处

不足之处有：(1) 农牧民贫困脆弱性的测度。脆弱性不仅要分析群体应如何面对某种特定威胁危害，而且还要考察群体如何摆脱危险的动态过程以及将来应该如何应对。因此，对脆弱性的动态趋势分析、轨迹过程分析、未来变量考虑是所有详尽的贫困脆弱性分析需要研究的重点问题。由于藏族聚居区的微观面板数据特别难得，跟踪难度很大，本书在考量藏族聚居区农牧民的贫困脆弱性程度时，也只得采用 2012 年西藏自治区 1430 户农牧民家庭的横截面数据作统计分析，更多地也只能从静态上测量藏族聚居区农牧民的脆弱性程度，贫困的动态性体现不够。(2) 贫困脆弱性指数的构建。本书从藏族聚居区农牧民的自然资本、物质资本、人力资本、现金资本和社会资本五种生计资本出发，构建了藏族聚居区贫困人口的贫困脆弱性指数。由于社会资本指标的可量化性差，尤其是社区互助和宗教文化等社会机制的作用影响不好量化，本书也只得选择一些次优的替代指标加以替代。这是笔者在今后的研究中需要加强学习和进一步完善的方向，也是需要突破的“瓶颈”问题。

第2章

中国藏族聚居区的基本概况

中国藏族聚居区涉及西藏、四川、青海、甘肃和云南等5个省（自治区）19个地（市、州）的151个县，共1个自治区、10个自治州、2个自治县，占全国总面积的23%，占全国总人口的0.63%①，是全国区域经济社会发展的特殊类型区域，在维护民族团结、国家稳定、生态安全和促进全国经济社会和谐发展中，具有十分重要的地缘战略地位。

2.1 中国藏族聚居区的范围

2.1.1 中国藏族聚居区地域辽阔

中国藏族聚居区位于青藏高原及其延伸区域，是青藏高原的主体部分，土地总面积约为221.21万平方公里，占西藏、青海、四川、甘肃、云南5省（区）总面积的68.0%，占全国国土总面积的23.0%；西南面与巴基斯坦、尼泊尔、不丹、印度和缅甸接壤，处于国防要冲，地理位置十分重要。

从地图中可以看出，西藏、四川藏族聚居区、青海藏族聚居区、甘肃藏族聚居区和云南藏族聚居区等全国五大藏族聚居区，在地理上实际上是连成一片的。除少部分地区之外，中国藏族聚居区大部分地区平均海拔超过4000米，是世界上最高的高原，素有“世界屋脊”之称。从行政区划来看，中国藏族聚居区主要包括以下地区：西藏自治区；四川省的甘孜藏族自治州、阿坝藏族羌族自治州和凉山彝族自治州的木里藏族自治县；青海省的海北藏族自治州、黄南藏族自治州、海南藏族自治州、玉树藏族自治州、果洛藏族自治州和海西蒙古族藏族自治州；甘肃省的甘南藏族自治州和武威市的天祝藏族自治县；云南省的迪庆藏族自治州，共1个自治区，10个自治州，2个自治县②，涉及全国5个省（自治区）、

① 数据来源：由《2014中国区域经济统计年鉴》及5省（区）2015年统计年鉴整理计算而得。

② 孙怀阳，程贤敏，何景熙．中国藏族人口与社会［M］．北京：中国藏学出版社，1999.

19个地（市、州）的151个县。其中，包括西藏自治区的7个市（地区）的74个县（区、市）、四川省3个州的32个县、青海省6个州的33个县（市、行委）、甘肃省2个州（市）的9个县（市）和云南省迪庆藏族自治州的3个县。

在中国藏族聚居区中，西藏自治区的土地面积最大，为1202369平方公里，占中国藏族聚居区的54.4%；其次为青海藏族聚居区，土地面积为697012平方公里，占中国藏族聚居区的31.5%，占青海省土地面积的96.6%；排在第3位的是四川藏族聚居区，土地面积为245837平方公里，占中国藏族聚居区的11.1%，占四川省土地面积的50.7%；而排在第4位和第5位的分别为甘肃藏族聚居区和云南藏族聚居区，土地面积分别为43741平方公里和23186平方公里，分别占中国藏族聚居区的2%和1%，分别占甘肃省和云南省土地面积的9.6%和5.9%（见图2-1）①。

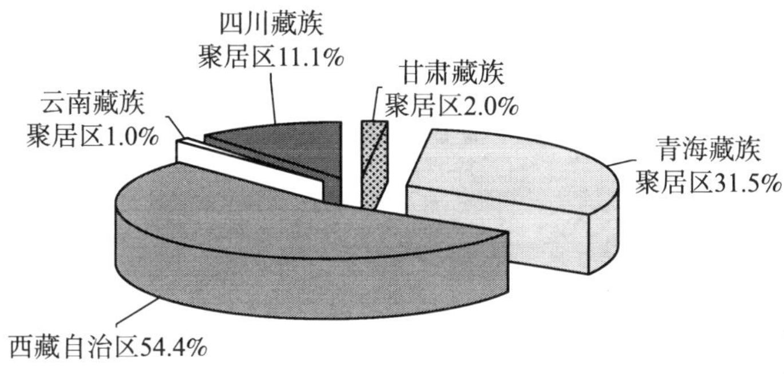

图2-1　中国藏族聚居区土地面积构成图

数据来源：由《2014中国区域经济统计年鉴》整理绘制而得。

2.1.2　西藏是面积最大且人口最多的藏族聚居区

西藏自治区（以下简称西藏）是青藏高原的主体，素有“雪域高原”和“世界屋脊”之称，位于北纬26°51′~36°28′和东经78°23′~99°08′之间，东西长约2000公里，南北宽达1000公里。西藏北界昆仑山、唐古拉山，与新疆维吾尔自治区和青海省毗邻；东隔金沙江，与四川省相望；东南与云南省相邻；南界喜马拉雅山脉，与尼泊尔、印度、不丹和缅甸接壤；西与克什米尔地区相邻。西藏国境线长达4000多公里，占全国陆地边境线1/6以上，是我国西南边疆的重要门户和屏障，战略位置十分重要。②

西藏幅员面积达120多万平方公里，是中国藏族聚居区最大的区域，占中国

① 数据来源：由《2014中国区域经济统计年鉴》整理计算而得。

② 西藏自治区人民政府. 西藏自治区主体功能区规划［Z］. 2014.

藏族聚居区幅员面积的54.4%；约占全国国土面积的1/8，为我国第二大省（区）；设1个地级市（拉萨市）、6个地区（昌都地区、山南地区、日喀则地区、那曲地区、阿里地区、林芝地区）和74个县（市、区）。在西藏自治区74个县（市、区）中，有35个农业县，有15个牧业县，还有24个半农半牧业县（见表2－1）。2014年末，西藏总人口达317.55万人，占中国藏族聚居区总人口的36.45%，是中国藏族聚居区人口最多的区域；其中，藏族占92%以上。除藏族外，西藏还有汉族、蒙古族、回族、纳西族、怒族、独龙族、门巴族、珞巴族以及僜人、夏尔巴人等40多个民族成分。西藏湖泊星罗棋布，大小湖泊有千余个，是全国湖泊最多的地区，面积达2.38万平方公里。分布有盐湖490个，是全球海拔最高、范围最大、数量最多、资源最为丰富的高原盐湖分布区，氯化钠、硼、芒硝、钾、锂、镁、铯等资源储量大、品位高。湖泊淡水资源十分丰富，贮量约为626亿立方米。海拔在4000米以上的地区，占西藏土地总面积的92%；地势总体呈西北高，东南低，特别是羌塘高原原始地面几乎没有受到破坏，保存着完好的高原面貌。

表2－1　　西藏自治区县（市、区）范围

分类	个数	县（市、区）名单
农业县	35	城关区　墨竹工卡县　达孜县　堆龙德庆县　曲水县　尼木县　墨脱县　米林县　林芝县　波密县　察隅县　朗　县　芒康县　左贡县　洛隆县　边坝县　乃东县　扎囊县　贡嘎县　桑日县　琼结县　洛扎县　加查县　隆子县　桑珠孜区　南木林县　江孜县　定日县　萨迦县　拉孜县　白朗县　仁布县　定结县　吉隆县　聂拉木县
牧业县	15	当雄县　仲巴县　萨嘎县　那曲县　嘉黎县　聂荣县　安多县　申扎县　班戈县　巴青县　尼玛县　双湖县　革吉县　改则县　措勤县
半农半牧县	24	林周县　工布江达县　昌都县　江达县　贡觉县　类乌齐县　丁青县　察雅县　八宿县　曲松县　措美县　错那县　浪卡子县　昂仁县　谢通门县　康马县　亚东县　岗巴县　比如县　索县　普兰县　札达县　噶尔县　日土县

资料来源：2015年西藏统计年鉴。

西藏拥有除海洋生态系统之外的所有陆地生态系统类型，是中国和全球重要的生物物种基因库和生物多样性保护重点地区。水、气、声、土壤、辐射及生态环境质量均保持良好状态，江河、湖泊、森林、草场、湿地、冰川、雪山和野生动植物等都得到了有效保护，大部分区域仍处于原生状态。目前，西藏已建立各级各类自然保护区 47 处，总面积 41.22 万平方公里，约占西藏国土面积的 34.35%。西藏有天然草地面积 8433 万公顷，其中可用天然草地面积 7067 万公顷；森林覆盖率已达 11.98%。（1）西藏国土空间面积大，但适宜开发的面积少。海拔 < 3000 米的国土面积仅有 5.74 万平方公里，仅占国土空间面积的 4.7%；海拔 > 4500 米的不适宜人类生存的面积达到 96.04 万平方公里，占国土空间面积近 80%。气候寒冷、干旱，又是地震多发区域，不适宜发展高层建筑，人均建设用地面积较我国东中部需求偏大。适宜种植业利用的宜农土地资源面积少，仅占土地总面积的 0.41%，大多集中分布在少数几条大河谷地之中。耕种的土地资源主要集中在经济较为发达的中心城镇，城镇发展与保护耕地间的矛盾较为突出。（2）能源和矿产资源藏量丰富，但开发利用程度低。西藏能源资源主要有水能、太阳能、地热能、风能、林木和畜粪等可再生能源，探明的石油、天然气和煤炭等能源资源匮乏，总体上“可再生能源丰富，化石能源短缺”，受开发条件和开发成本影响，开发利用程度低。矿产资源储量大，开发潜力巨大，但受自然地理、基础设施条件的制约，开发利用程度较低。（3）生态类型多样，但生态系统比较脆弱。西藏生态类型多样，生物资源较为丰富，森林、湿地、草原、荒漠等生态系统均有分布。生态系统极其脆弱，抗干扰能力差，一旦遭到破坏，影响极大且很难恢复。水土流失、草场退化、土地沙化等问题较为严重，冰川、雪山、湿地面积逐年减小，泥石流、山体滑坡、雪灾、地震等自然灾害时有发生，生物多样性面临挑战。脆弱的生态环境，使工业化城镇化只能在很有限的国土空间集中展开①。

2.1.3　四川藏族聚居区人口居中国藏族聚居区第二位

四川藏族聚居区位于青藏高原东部边缘，位于川、藏、滇、青、甘 5 省交界处，属横断山系北段高山高原区，是长江、黄河上游生态屏障。在行政区域上，四川藏族聚居区包括甘孜藏族自治州 18 个县、阿坝藏族羌族自治州 13 个县和凉山彝族自治州的木里藏族自治县，共计 32 个县（见表 2－2）；辖 577 个乡镇、4202 个行政村，幅员面积 24.58 万平方公里，占四川省总面积的 50.7%，占中国藏族聚居区总面积的 11.1%。四川藏族聚居区历史源远流长、文化积淀厚重、民族成分多元，既是藏族康巴文化的腹心地带，也是我国五大藏族聚居区的结合区域，同时也是汉藏文明水乳交融重要的“桥梁与纽带”。四川藏族聚居区战略

① 西藏自治区人民政府．西藏自治区主体功能区规划［Z］. 2014.

地位十分重要，素有“治藏之依托”、“稳藏必先安康”之称，是保障长江黄河上游生态安全，促进民族团结与进步、维系藏族聚居区安定的核心区域。[①]

2014 年末，四川藏族聚居区的人口数为 220.02 万人，仅次于西藏，占中国藏族聚居区总人口的 25.26%；人口数居中国藏族聚居区第二位。四川藏族聚居区有藏族、羌族、彝族、回族等少数民族，其中藏族人口近 150 万人，约占全国藏族人口的 25%；是全国第二大藏族聚居区，也是唯一的羌族聚居区，集民族地区、汶川地震灾区、革命老区、贫困地区、生态敏感区于一体，是四川省面积最大的集中连片特殊困难地区。

表 2－2　　四川藏族聚居区分县名单

区域	州名	县名
四川藏族聚居区（32 个县）	甘孜藏族自治州	康定县、泸定县、丹巴县、九龙县、雅江县、道孚县、炉霍县、甘孜县、新龙县、德格县、白玉县、石渠县、色达县、理塘县、巴塘县、乡城县、稻城县、得荣县
	阿坝藏族羌族自治州	汶川县、理县、茂县、松潘县、九寨沟县、金川县、小金县、黑水县、马尔康县、壤塘县、阿坝县、若尔盖县、红原县
	凉山彝族自治州	木里藏族自治县

资料来源：2015 年四川统计年鉴。

四川藏族聚居区属典型的高原季风气候，雨热同季，冬寒夏凉，气候垂直变化大，年平均气温 7.6°C 左右，大气平均含氧量仅为内地的 60%。四川藏族聚居区地貌类型以极高山峰、高寒草原、高原丘陵和高山峡谷为主，地势西北高东南低，平均海拔高度 3000 米以上，海拔高低落差达 6500 米；区内生物多样性突出，生物物种丰富，森林、草原和湿地面积大，是国家生物多样性的重要保护区域和长江、黄河上游水源涵养生态功能区。四川藏族聚居区水能资源蕴藏量大，沼泽、湖泊、冰川众多，金沙江、雅砻江、岷江、大渡河、贾曲河、扎曲河等长江、黄河水系发达，水能蕴藏量约 6158 万千瓦，占四川省总量的 41.1%。四川藏族聚居区光热资源丰富，矿产资源品种多样，金、银、锡、铜等有色金属储量居四川省第一位。四川藏族聚居区地处青藏高原和四川盆地过渡地带，气候带谱

① 四川省藏族聚居区民生工程办公室．美好新藏族聚居区——四川藏族聚居区三大民生工程纪实［M］．成都：四川出版集团，2012.

完整，地形地貌复杂多样，由于特定的地理位置和气候条件，形成了得天独厚、独具特色的旅游资源。总之，四川藏族聚居区自然资源和藏羌文化旅游资源极为丰富，开发潜力很大。

2.1.4 青海藏族聚居区面积居中国藏族聚居区第二位

青海藏族聚居区位于青藏高原东北部，是长江、黄河、澜沧江的发源地，北接甘肃、新疆，西连西藏，南邻四川，东接甘肃，平均海拔为3370米。全国10个藏族自治州中，6个分布在青海藏族聚居区。青海藏族聚居区土地面积为69.7万平方公里，仅次于西藏，居中国藏族聚居区第二位，占中国藏族聚居区面积的31.5%，占全国10个藏族自治州面积的58%，占青海省总面积的96.6%。就行政区划范围而言，青海藏族聚居区包括海北、黄南、海南、果洛、玉树等5个藏族自治州和海西蒙古族藏族自治州，下辖30个县（市）和3个行委，221个乡镇、1648个行政村（见表2－3）。

表2－3　青海藏族聚居区分县名单

区域	州名	县名
青海藏族聚居区（33个县、市、行委）	海北藏族自治州	门源回族自治县、祁连县、海晏县、刚察县
	黄南藏族自治州	同仁县、尖扎县、泽库县、河南蒙古族自治县
	海南藏族自治州	共和县、同德县、贵德县、兴海县、贵南县
	果洛藏族自治州	玛沁县、班玛县、甘德县、达日县、久治县、玛多县
	玉树藏族自治州	玉树县、杂多县、称多县、治多县、囊谦县、曲麻莱县
	海西蒙古族藏族自治州	格尔木市、德令哈市、乌兰县、都兰县、天峻县、冷湖行委、大柴旦行委、茫崖行委

资料来源：2015年青海统计年鉴。

2014年末，青海藏族聚居区的人口数为205.2万人，低于西藏和四川藏族聚居区，占中国藏族聚居区总人口的23.55%，占青海省总人口的35.2%。青海藏族聚居区有藏族、回族、蒙古族、土族等少数民族，少数民族人口有152.5万人；其中藏族人口为120.3万人，占青海藏族聚居区总人口的58.6%，占青海藏族聚居区少数民族人口的78.9%。

青海藏族聚居区是名山大川的故乡，被誉为“众山之宗、千湖之地、江河之源”，在全国乃至世界上都具有无与伦比的生态地位。这里发轫了昆仑山、祁连山、唐古拉山、巴颜喀拉山、阿尼玛卿山等著名山脉，发源了长江、黄河、澜沧江，以及我国第二大内陆河——黑河等大江大河，是中华民族最重要的水源地。青海藏族聚居区的美，具有原生态、多样性、不可替代的独特魅力。青海湖是我国最大的内陆咸水湖，柴达木盆地以“聚宝盆”著称于世。青海藏族聚居区地区间差异大，垂直变化明显；太阳辐射强度大，光照时间长，年总辐射量每平方厘米可达 690. 8 ~753. 6 千焦耳，直接辐射量占辐射量的 60% 以上，年绝对值超过 418. 68 千焦耳，仅次于西藏，位居全国第二。青海藏族聚居区是世界生物多样性的重要基地，被联合国教科文组织誉为世界四大无公害超净区之一。独特的生态环境造就了世界上高海拔地区独一无二的大面积湿地生态系统，起着大江大河水循环的初始作用，不仅直接影响着我国的气候、水文的形成和演变，而且对东亚甚至对北半球的大气环流都有极其重要的影响，是全球气候的启动器和调节区。青海生态环境的保护和建设不仅关系到青海发展，还关系着全国的可持续发展和中华民族的长远利益，甚至关系到全球的生态安全。

2. 1. 5　甘肃藏族聚居区是离内地最近的雪域高原

甘肃藏族聚居区地处青藏高原东北边缘，甘肃省西南部，甘、青、川交界处；处于青藏高原和黄土高原过渡地带，地势西北部高，东南部低；境内海拔 1100 ~4900 米，大部分地区在 3000 米以上。从表 2 -4 可以看出，甘肃藏族聚居区包括甘南藏族自治州和武威市的天祝藏族自治县，辖 8 县 1 市，118 个乡（镇、街道办）；土地面积为 4. 4 万平方公里，占中国藏族聚居区总面积的 2. 0%，占甘肃省总面积的 9. 6%。2014 年末，甘肃藏族聚居区人口数为 87. 68 万人，占中国藏族聚居区总人口的 10. 07%，占甘肃省总人口的 3. 38%；有藏族、回族、土族、蒙古族等少数民族，其中藏族人口大约占甘肃省藏族人口的一半。

表 2 -4　　甘肃藏族聚居区分县名单

区域	市（州）名	县名
甘肃藏族聚居区	武威市	天祝藏族自治县
	甘南藏族自治州	合作市、临潭县、卓尼县、舟曲县、迭部县、玛曲县、碌曲县、夏河县

资料来源：2015 年甘肃统计年鉴。

甘肃藏族聚居区是古丝绸之路唐蕃古道的重要通道，是离内地最近的雪域高原，自然风光秀丽，民族特色浓郁，风土人情独特；有尕海—则岔国家级自然保护区、莲花山和冶力关国家森林公园以及桑科草原、黄河首曲、大峪沟、沙滩森林公园等几十处优美的自然景区；有120多座藏传佛教寺院，有20多处历史遗址；有香浪节、晒佛节、采花节、花儿会、插箭节等几十种民俗节庆活动。甘肃藏族聚居区境内河流众多，水力资源理论蕴藏量361万千瓦，大约占甘肃省水能总蕴藏量的21%，可利用量200多万千瓦。甘肃藏族聚居区地下矿藏储量丰富，已探明270多处矿产地，探明矿种20多种，其中14个矿种储藏量居甘肃省前五位，黄金产量居甘肃省第一位，矿产潜在经济价值100多亿元。境内天然草原占土地总面积的70%左右，80%的天然草场连片集中。森林总面积2500多万亩，大约占甘肃省森林资源总面积的30%，林区蕴藏着极其丰富的野生动物资源和药材、山珍野菜等植物资源。

2.1.6 云南藏族聚居区是中国藏族聚居区旅游发展典范

云南藏族聚居区即迪庆藏族自治州，“迪庆”在藏语中的意思为“吉祥如意的地方”。迪庆藏族自治州是云南省唯一的藏族自治州，位于云南省的西北部，地处云南、四川、西藏三省区结合部的青藏高原南延地段。迪庆藏族自治州是滇西北高原上一颗璀璨的明珠，地处世界自然遗产“三江并流”[①] 核心区，拥有“雪山为城，江河为池”的特殊地貌，是人们向往的“香格里拉”[②]。在历史上，迪庆是西南“茶马古道”的要冲，是东部藏族聚居区重要的物资集散地和中转站，是云南省进出西藏的咽喉。近年来，随着区域经济的快速发展，迪庆在日益形成的滇川藏族聚居区域经济中开始显现出其独特的影响力，“香格里拉”和“三江并流”两张世界级品牌对迪庆及周边地区经济社会发展的辐射和影响不断扩大。

云南藏族聚居区即迪庆藏族自治州，包括香格里拉县、德钦县和维西傈僳族自治县等3个县，29个乡镇，188个村（居）委会；国土面积为2.32万平方公里，占中国藏族聚居区总面积的1.0%，占云南省土地面积的5.9%（见表2－5）。2014年末，云南藏族聚居区常住人口为40.7万人，占中国藏族聚居区总人口的4.67%，占云南全省人口的0.9%；其中，少数民族人口为32.3万人，占云南藏族聚居区总人口的79.4%。在云南藏族聚居区，生活着藏、傈僳、纳西、白、彝族等26个少数民族，其中藏族人口13.1万人，占35.9%；傈僳族人口11.0万人，占30.1%；千人以上的有藏、傈僳、汉、纳西、白、回、彝族、苗、普米9

① “三江并流”是指金沙江、澜沧江和怒江这三条发源于青藏高原的大江在云南省境内自北向南并行奔流170多公里，穿越在崇山峻岭之间，形成世界上罕见的“江水并流而不交汇”的奇特自然地理景观。其间澜沧江与金沙江最短直线距离为66公里，澜沧江与怒江的最短直线距离不到19公里。

② “香格里拉”是1933年英国著名作家詹姆斯·希尔顿的成名小说《失去的地平线》中所描绘的一个永恒、和平、宁静的地方。

个民族。迪庆藏族自称“博”，操藏语康巴方言，使用藏文。迪庆藏族性格刚毅，能歌善舞，长于骑射，热情好客；主要分布在香格里拉县、德钦县和维西傈僳族自治县的塔城镇、巴迪乡等地，信奉藏传佛教。总之，世居这里的藏族、傈僳、纳西等民族创造了丰富多彩的民族文化；多民族和睦共处、多宗教共存共荣，向我们有力展现了各民族之间平等、团结、互助、共同发展的美丽画卷。

表 2－5　　云南藏族聚居区分县名单

区域	州名	县名
云南藏族聚居区	迪庆藏族自治州	香格里拉县、德钦县、维西傈僳族自治县

资料来源：2015 年云南统计年鉴。

在云南藏族聚居区，高山大川与古高原携手并肩，形成了“三山挟两江”的雄奇地貌：梅里雪山山脉、云岭雪山山脉、中甸雪山山脉横亘天际，澜沧江和金沙江自北向南贯穿全境。迪庆州地处“亚洲水塔”东南端，境内地势北高南低，平均海拔 3380 米；境内海拔高低悬殊，出现了垂直气候和立体生态环境特征，有“一山分四季，十里不同天”的说法。特殊的地理条件形成了云南藏族聚居区无与伦比的自然景观。（1）旅游资源。迪庆地处“三江并流”世界自然遗产的腹心区，旅游资源集雪山、峡谷、高山草甸、宗教和民族风情于一体，构成了人与自然和谐共生、多民族、多文化、多宗教和睦相处的“香格里拉”胜地。（2）生物资源。迪庆被誉为“动植物王国”和“天然高山花园”，是世界著名花卉杜鹃、报春、龙胆、绿绒蒿等的分布中心，有世界著名园林园艺植物珙桐、秃杉等，有以松茸、羊肚菌、木耳为代表的野生食用菌 136 种，野生药用植物有虫草、天麻、贝母、杜仲、当归等 867 种，分布在迪庆境内的高等植物多达 187 科 5000 余种，其中银杏、云南红豆杉等 30 余种为国家一二级保护树种。仅维西兰花、高山杜鹃等观赏植物就达 1578 种，境内有野生动物共 1400 余种。（3）水能资源。澜沧江、金沙江和怒江三条大河的上游都纵贯迪庆州；特别是长江，流经里程达 430 公里，流域面积 16810. 8 平方公里，澜沧江在州境内流程 320 公里，流域面积 7059. 2 平方公里，全州共有大小支流 221 条，水能蕴藏量达 1650 万千瓦，占云南省的 15%。可开发利用水能资源在 1370 万千瓦以上，水电产业开发前景十分广阔。（4）矿产资源。迪庆地处“三江成矿带”腹心地带，是全国十大矿产资源富集区之一。到目前，共计发现铜、钨、钼、铅锌等 30 多种矿，探明铜金属储量达 500 多万吨。迪庆州的矿产资源与全国其他地区相比，具有富集程度高，分布集中，品位高，规模大，矿种配套性强，资源潜力大等特点，从而使迪庆州从整体上成为具有世界级矿规模的地区。丰富的矿产资源为实现迪庆州提出的走“矿电结合”产业路子，把矿业培育成支柱产业，把迪庆建成中国最大的铜业基地的目标提供了良好的资源保障。（5）森林资源。迪庆州林业用地161.5万公顷，森林覆盖率达73.9%，高于云南省平均水平。主要树种有云杉、红杉、冷杉、高山松、红豆杉、云南松、华山松等。有白茫雪山国家级自然保护区，哈巴雪山、碧塔海、纳帕海三个省级自然保护区，保护区总面积达32万多公顷。（6）畜牧资源。迪庆境内共有草地面积913万亩，占全州国土总面积的18.8%；其中，可利用草地629万亩，是云南最大的天然牧场；主要牲畜有牦牛、犏牛、猪和羊等。[①]

2.2　中国藏族聚居区的人口

2.2.1　藏族是中国藏族聚居区的主体民族

藏族是中国最古老的民族之一，主要聚居于青藏高原。它是公元7世纪由吐蕃王朝统一青藏高原许多部落后发展而成，对中华民族的形成和发展发挥了重要的作用。在中国漫长的历史时期里，经过长时间的历史沉淀和人口迁移，中国藏族聚居区形成了以藏民族为主体、多民族共同居住的格局。

全国90%以上的藏族人口都居住于西藏及四省藏族聚居区，而且藏族人口占各藏族聚居区总人口的比重都是最高的。根据第六次人口普查数据，2010年中国人口总数为1332810869人，其中全国藏族总人口为6282187人，占全国总人口的比重为0.5%。2010年，中国藏族聚居区户籍人口为8409748人，占全国总人口的0.6%。其中，藏族人口为5784301人，占藏族聚居区总人口的68.8%，占全国藏族总人口的92.1%。从图2-2可以看出，在中国藏族聚居区各区域中，西藏的总人口和藏族人口数量都是最多的，分别为3002165人和2716388人，藏族人口占西藏总人口的比重高达90.5%；四川藏族聚居区位列第2，总人口和藏族人口数量分别为2122306人和1386873人，藏族人口占总人口的比重为65.3%；人口数量排名第3位的是青海藏族聚居区，总人口和藏族人口数量分别为2021170人和1121011人，藏族人口占总人口的比重为55.5%；第4位和第5位的分别是甘肃藏族聚居区和云南藏族聚居区，藏族人口分别占本省总人口的49.8%和32.4%。

西藏的藏族人口最多。根据第六次人口普查数据，2010年中国藏族聚居区藏族总人口为5784301人，其中有近1/2的藏族人口居住在西藏，剩下的则分别

① 资料来源：由《2014年迪庆领导干部经济工作手册》整理计算而得。

分布在四川、青海、甘肃、云南藏族聚居区。具体而言，西藏的藏族人口数量最多，占中国藏族聚居区藏族总人口的47.0%；藏族人口数量排名第2位的是四川藏族聚居区，占中国藏族聚居区藏族总人口的24.0%；排在第3位的是青海藏族聚居区，其藏族人口占中国藏族聚居区藏族总人口的19.4%；而第4位和第5位分别是甘肃藏族聚居区和云南藏族聚居区，分别占中国藏族聚居区藏族总人口的7.4%和2.2%（见图2-3）。

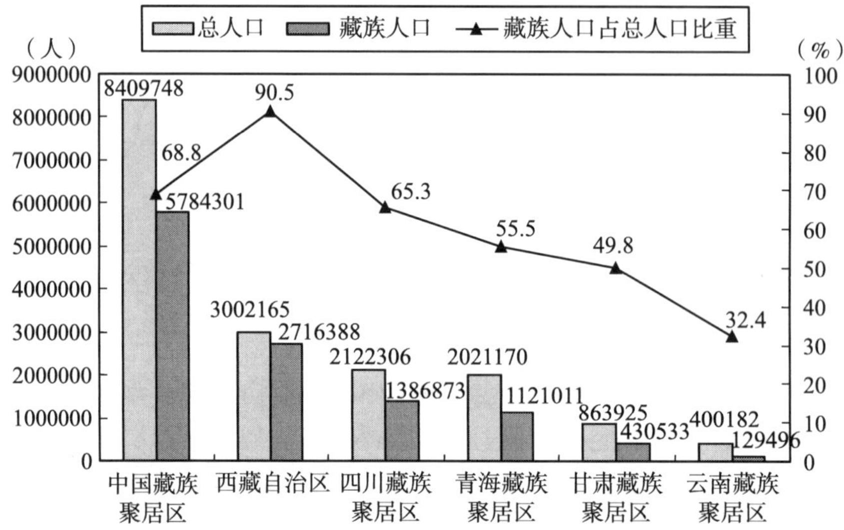

图2-2　各藏族聚居区总人口、藏族人口及其比重对比

数据来源：中国、五省（区）2010年人口普查资料和中国2010年人口普查分县资料。

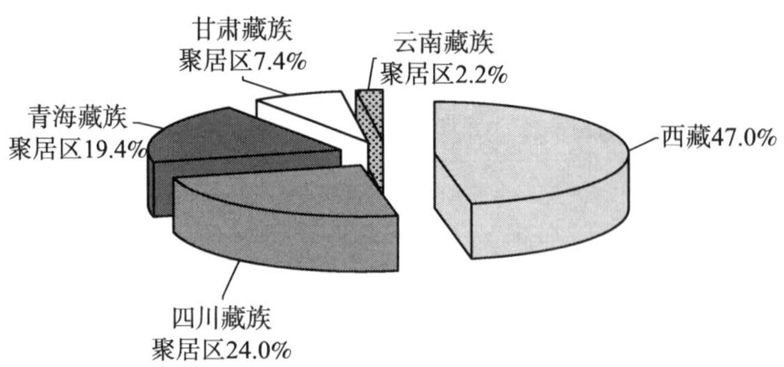

图2-3　各藏族聚居区的藏族人口占中国藏族聚居区藏族总人口的比重

数据来源：根据“中国及五省（区）2010年人口普查资料、中国2010年人口普查分县资料”计算而得。

藏族人口数量在各藏族聚居区都处于绝对优势。从图 2－4 中我们可以看出，就各个藏族聚居区人口排名前五位的民族来看，西藏自治区分别是藏族、汉族、回族、门巴族、珞巴族，藏族人口为 271.6 万人，占绝对多数；四川藏族聚居区排名前五位的民族分别为藏族、汉族、羌族、彝族、回族，藏族人口为 138.7 万人；青海藏族聚居区排名前五位的民族分别为藏族、汉族、回族、蒙古族、土族，藏族人口为 112.1 万人；甘肃藏族聚居区排名前五位的民族分别为藏族、汉族、回族、土族、蒙古族，藏族人口为 43.1 万人；云南藏族聚居区排名前五位的民族分别为藏族、傈僳族、汉族、纳西族、白族，藏族人口为 12.9 万人。可见，各藏族聚居区的藏族人口均是最多的，其他民族的人口数量相对于藏族人口数而言都比较少。另外，除云南藏族聚居区排名第二位的人口为傈僳族外，其他藏族聚居区排名第二位的民族则均为汉族。

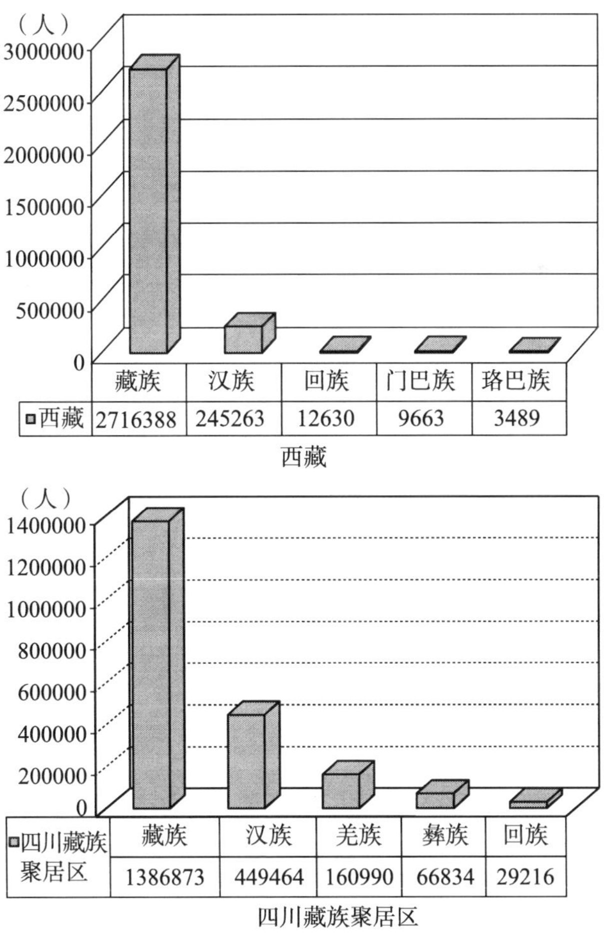

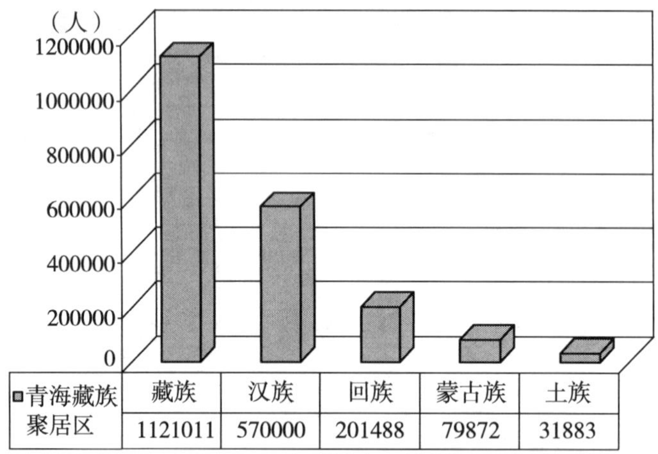

青海藏族聚居区

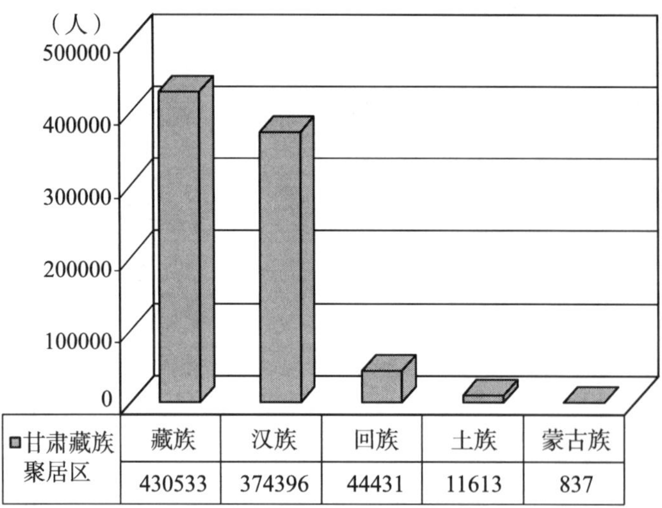

甘肃藏族聚居区

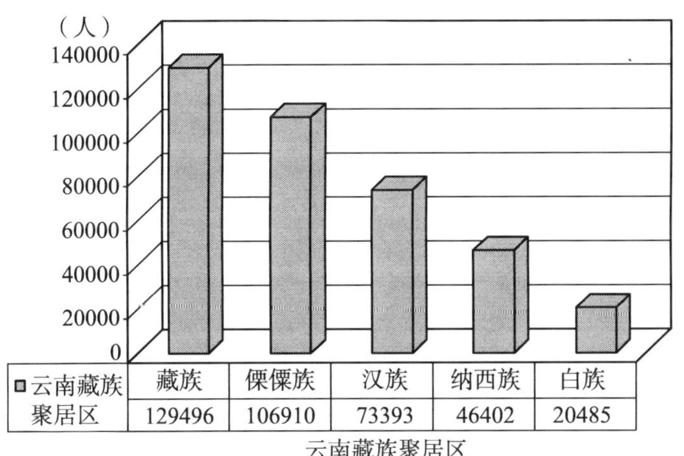

图2－4　各藏族聚居区排名前五位的民族人口情况

数据来源：西藏、四川、青海、甘肃和云南2010年人口普查资料。

总的来说，无论从人口数量、人口比重、居住地域面积，或是悠久的历史文化来看，藏族都是中国藏族聚居区的主体民族，他们对青藏高原的开发和青藏高原文化的发展起着重要作用。同时，我们还发现，愈接近青藏高原腹心地区，藏族人口的聚居度愈高。青藏高原腹地不仅地理位置处于高原的中心区域，而且空间位置也处于相对更高的海拔区。西藏无疑是青藏高原的腹地和最高海拔区域，藏族人口占西藏总人口的比重超过90%，是中国藏族聚居区藏族人口聚居度最高的地区。在西藏的外围，越靠近西藏的其他藏族自治地方，藏族人口的聚居度也明显高于距离西藏较远的藏族自治地方。

2.2.2　人口总量持续增长但增速放缓

2000～2014年间，除云南藏族聚居区外，各藏族聚居区的人口自然增长率均高于全国平均水平。从表2－6中可以看出，2000～2014年间，中国藏族聚居区总人口从728.21万人增长到871.11万人，增长幅度为19.6%。其中，西藏人口从261.63万人增长到317.55万人，人口增长的绝对量最大，增长幅度（21.4%）居第二位；青海藏族聚居区人口从158.17万人增长到205.16万人，增长幅度最高（29.7%）；四川藏族聚居区人口从186.92万人增长到220.02万人，增长幅度为17.7%；云南藏族聚居区人口从35.35万人增长到40.70万人，增长幅度为15.1%；甘肃藏族聚居区人口从86.14万人增长到87.68万人，增长幅度仅为1.8%。

表 2-6　　全国、五省（区）及藏族聚居区的人口自然变动情况

地区	总人口（万人）		出生率（‰）		死亡率（‰）		自然增长率（‰）	
	2000 年	2014 年	2000 年	2014 年	2000 年	2014 年	2000 年	2014 年
全国	129533	136782	14.0	12.4	6.4	7.2	7.6	5.2
中国藏族聚居区	728.21	871.11	18.2	15.4	6.7	5.3	11.5	10.1
四川省	8235	8140	12.1	10.2	7.0	7.0	5.1	3.2
青海省	517	583	19.3	14.7	6.6	6.2	13.1	8.5
甘肃省	2515	2591	14.4	12.2	6.4	6.1	8.0	6.1
云南省	4241	4714	19.1	12.7	7.6	6.5	11.5	6.2
西藏	261.63	317.55	19.9	15.8	7.0	5.2	12.9	10.6
四川藏族聚居区	186.92	220.02	15.7	9.8	6.7	4.6	9.0	5.2
青海藏族聚居区	158.17	205.16	19.3	22.3	5.3	5.4	14.0	16.8
甘肃藏族聚居区	86.14	87.68	16.8	14.5	7.7	6.9	9.1	7.5
云南藏族聚居区	35.35	40.70	17.6	10.0	8.8	5.7	8.8	4.3

数据来源：由《中国 2000 年人口普查分县资料》、2015 年五省（区）统计年鉴整理计算而得。

2000~2014 年间，虽然各藏族聚居区人口总量在持续增长，但人口出生率、人口死亡率和人口自然增长率均缓慢下降，人口增长速度放缓。由表 2-6 可知，2000~2014 年连续 15 年间，中国藏族聚居区人口出生率大于人口死亡率，人口自然增长率呈增长态势；中国藏族聚居区人口出生率从 18.2‰降至 15.4‰，人口死亡率从 6.7‰降至 5.3‰，人口自然增长率从 11.5‰降至 10.1‰。2014 年，除四川藏族聚居区人口出生率（9.8‰）外，其他藏族聚居区的人口出生率均达到或超过 10‰；另外，各藏族聚居区人口死亡率均低于全国平均水平（7.2‰）；除云南藏族聚居区（4.3‰）外，各藏族聚居区人口自然增长率均高于全国平均水平，青海藏族聚居区人口自然增长率（16.8‰）和西藏人口自然增长率（10.6‰）都高于 10‰。

2.2.3　人口分布不平衡且人口密度低

整体而言，中国藏族聚居区人口分布密度随着海拔高度的递增而递减，随着气温的降低而减少，人口相对集中分布于自然条件较好的城镇和河谷地带。譬如，西藏总人口中 80% 的人口分布在雅鲁藏布江流域和藏东三江流域，而“一江四河”地区[①]仅占西藏自治区总面积的5.4%，却集聚了全西藏近40%的人口和近50%的工农业总产值。可见，藏族聚居区人口的地域分布极不平衡。

从各藏族聚居区人口分布情况来看，截至2014年底，西藏的人口占中国藏族聚居区总人口的比重是最高的，为36.45%；排名第二位的是四川藏族聚居区，人口占中国藏族聚居区总人口的比重为25.26%；第三是青海藏族聚居区，人口比重为23.55%；第四是甘肃藏族聚居区，人口比重为10.07%；排在最后一位的是云南藏族聚居区，人口比重仅为中国藏族聚居区总人口的4.67%，如图2-5所示。

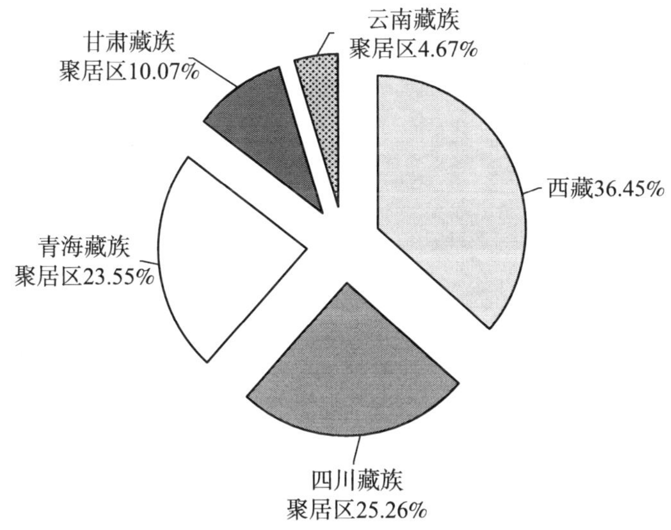

图2-5　2014年西藏及四省藏族聚居区的人口构成

数据来源：由2015年西藏、四川、青海、甘肃和云南五省（区）统计年鉴整理计算而得。

中国藏族聚居区地广人稀、人口密度极小。相对于全国尤其是东部地区和中部地区，中国藏族聚居区的人口密度相当低。2014年，中国藏族聚居区的人口密度为平均4人/平方公里，远远小于全国平均人口密度（142人/平方公里）、东部地区（570人/平方公里）、中部地区（353人/平方公里）（见表2-7），也低于东北地区（139人/平方公里）和西部地区（54人/平方公里），地广人稀的特征非常明显。其中，西藏和青海藏族聚居区的人口密度最低，平均仅3人/平方公里；四川藏族聚居区人口密度为平均9人/平方公里；云南藏族聚居区和甘肃藏

① 西藏境内的“一江四河”地区，包括雅鲁藏布江、拉萨河、年楚河、狮泉河和尼洋河流域。

族聚居区的人口密度稍高一些，平均分别为18人/平方公里和20人/平方公里。

表2-7　　2014年全国、东中西部、东北部和藏族聚居区的人口数、土地面积及人口密度

地区	总人口（万人）	国土面积（万平方公里）	人口密度（人/平方公里）
全国	136782	960	142
东部地区①	52168.8	91.6	570
中部地区	36262.3	102.8	353
西部地区	36839.2	686.7	54
东北地区	10976.4	78.8	139
中国藏族聚居区	876.0	221.2	4
西藏	317.6	120.2	3
四川藏族聚居区	220.0	24.6	9
青海藏族聚居区	210.0	69.7	3
甘肃藏族聚居区	87.7	4.4	20
云南藏族聚居区	40.7	2.3	18

数据来源：2015年中国统计年鉴和2015年西藏、四川、青海、甘肃、云南五省（区）统计年鉴。

从表2-8也可以清晰地看出，通过将四省藏族聚居区的十个藏族自治州的人口密度进行比较，青海藏族聚居区的海西蒙古族藏族自治州和玉树藏族自治州的人口密度最小，平均仅2人/平方公里；果洛藏族自治州平均为3人/平方公里。甘肃藏族聚居区的甘南藏族自治州的人口密度是最高的，平均19人/平方公里；云南藏族聚居区的迪庆藏族自治州紧跟其后，平均18人/平方公里。青海藏族聚居区除海北、黄南和海南藏族自治州的人口密度等于或高于青海省的平均人口密度外，其他藏族聚居区各州（县）的人口密度均远低于对应各省的人口密度。尤其在四川藏族聚居区，阿坝州、甘孜州和木里县的人口密度分别为11人/平方公里、8人/平方公里和10人/平方公里，远远小于四川省的平均人口密度

① 国家统计局从2011年起将我国的经济区域划分为东部、中部、西部和东北四大地区。东部地区包括10个省（市）：北京、天津、河北、上海、江苏、浙江、福建、山东、广东和海南；中部地区包括6个省：山西、安徽、江西、河南、湖北和湖南；西部地区包括12个省（区、市）：内蒙古、广西、重庆、四川、贵州、云南、西藏、陕西、甘肃、青海、宁夏和新疆。东北地区包括3个省：辽宁、吉林和黑龙江。

167人/平方公里。在木里和天祝2个藏族自治县中，木里县的人口密度（10人/平方公里）低于天祝县的人口密度（25人/平方公里）。

表2-8　　2014年四省及四省藏族聚居区的人口数量及人口密度比较

地区		总人口（万人）	国土面积（万平方公里）	人口密度（人/平方公里）
四川省		8140	48.61	167
四川藏族聚居区	阿坝藏族羌族自治州	92.03	8.30	11
	甘孜藏族自治州	114.79	14.96	8
	木里藏族自治县	13.20	1.32	10
青海省		583	71.75	8
青海藏族聚居区	海北藏族自治州	27.73	3.34	8
	黄南藏族自治州	26.65	1.80	15
	海南藏族自治州	45.90	4.34	11
	果洛藏族自治州	19.42	7.64	3
	玉树藏族自治州	39.77	19.80	2
	海西蒙古族藏族自治州	50.54	32.80	2
甘肃省		2591	42.29	61
甘肃藏族聚居区	甘南藏族自治州	70.18	3.66	19
	天祝藏族自治县	17.50	0.71	25
云南省		4714	38.99	121
云南藏族聚居区	迪庆藏族自治州	40.7	2.32	18

数据来源：由《2014中国区域经济统计年鉴》及各省（区）2015年统计年鉴整理计算而得。

客观地讲，中国藏族聚居区人口密度的地区差异主要是由地理气候条件和农牧业生产资源禀赋的不同决定的。受地理气候条件制约，藏族聚居区人口呈垂直分布趋势，人口密度随着海拔高度的升高而降低；受农牧业生产资源禀赋制约，资源禀赋丰裕的河谷地带人口密度高，而不能种植农作物的高寒山区人口密度则很低。由此可知，相对于藏族聚居区极其脆弱的生态环境和极少的可利用土地面积，中国藏族聚居区的人口密度并不低。

2.2.4 农村人口占绝对多数而城镇化率低

中国藏族聚居区的农牧民人口数量占绝对多数，城镇人口数量较少。从表2－9中我们可以看出，2014年末，中国藏族聚居区乡村人口为605.2万人，占总人口的69.5%，高于全国（45.2%）、东部地区（36.4%）、中部地区（50.2%）、西部地区（52.6%）、东北地区（39.2%）；中国藏族聚居区城镇化率仅为30.5%，与全国、东部地区、中部地区、西部地区和东北地区的水平差距较大。

表2－9　2014年全国、东中西部、东北部和藏族聚居区的人口数及构成

地区	人口数（万人）		比重（%）	
	城镇	乡村	城镇	乡村
全国	74916	61866	54.8	45.2
东部地区	33200.7	18968.1	63.6	36.4
中部地区	18056.0	18206.3	49.8	50.2
西部地区	17450.6	19388.6	47.4	52.6
东北地区	6676.3	4300.1	60.8	39.2
中国藏族聚居区	266.1	605.2	30.5	69.5
西藏	81.8	235.8	25.8	74.2
四川藏族聚居区	65.5	154.6	29.7	70.3
青海藏族聚居区	80.1	125.1	39.0	61.0
甘肃藏族聚居区	26.7	61.0	30.5	69.5
云南藏族聚居区	12.0	28.7	29.5	70.5

数据来源：由2015年中国、西藏、四川、青海、甘肃和云南统计年鉴整理计算而得。

从五个藏族聚居区来看，西藏的乡村人口比重最高，比重为74.2%；城镇化水平最低，仅为25.8%；而青海藏族聚居区的乡村人口比重最低，为61.0%；城镇化水平最高，但也只有39.0%，仍然低于全国平均水平。从四省藏族聚居区内部来看，各藏族自治地方的整体城镇化水平也很低。除海西蒙古族藏族自治州外，四省藏族聚居区中其他9个藏族自治州和2个藏族自治县的城镇化率均远低于所在省的平均城镇化水平。由表2－10可知，2014年末，在四省藏族聚居区的十大藏族自治州中，海西蒙古族藏族自治州的城镇化率最高，达到70.63%；其次是阿坝藏族羌族自治州，城镇化率为35.69%。而果洛藏族自治州的城镇化率最低，仅为25.57%；甘孜藏族自治州的城镇化率倒数第二，为26.87%。在木里和天祝2个藏族自治县中，天祝县的城镇化率较高，为36.63%；而木里县的城镇化率则很低，仅为13.39%。

表2-10　　2014年四省及四省藏族聚居区的人口数及构成

地区		人口数（万人）		比重（%）	
		城镇	乡村	城镇	乡村
四川省		3769	4371	46.30	53.70
四川藏族聚居区	阿坝藏族羌族自治州	32.85	59.18	35.69	64.31
	甘孜藏族自治州	30.84	83.95	26.87	73.13
	木里藏族自治县	1.77	11.43	13.39	86.61
青海省		290	293	49.78	50.22
青海藏族聚居区	海北藏族自治州	9.45	18.28	34.08	65.92
	黄南藏族自治州	7.61	19.04	28.56	71.44
	海南藏族自治州	14.70	31.20	32.03	67.97
	果洛藏族自治州	4.97	14.45	25.57	74.41
	玉树藏族自治州	13.13	26.64	33.01	66.99
	海西蒙古族藏族自治州	35.70	14.84	70.63	29.36
甘肃省		1080	1511	41.68	58.32
甘肃藏族聚居区	甘南藏族自治州	20.33	49.85	28.97	71.03
	天祝藏族自治县	6.41	11.09	36.63	63.37
云南省		1967	2747	41.73	58.27
云南藏族聚居区	迪庆藏族自治州	12.0	28.7	29.48	70.52

数据来源：由2015年四川、青海、甘肃和云南五省（区）统计年鉴整理计算而得。

2.2.5 人口性别比偏高且人口负担水平重

藏族聚居区的人口性别比偏高，人口性别结构①偏离均衡水平。根据“六普”数据计算，如表2-11所示，全国、东部地区、中部地区、西部地区和东北

① 人口性别结构是指一个地区或国家男性和女性的构成，通常用每100名女性人口相对应的男性人口数来表示。计算公式为：人口性别比=（男性人口数/女性人口数）×100%。绝大多数国家或地区的人口生育史说明，在不进行人为控制的情况下，全体人口性别比在96~106范围都属正常或均衡。

地区的人口性别比都在均衡范围内。而中国藏族聚居区人口性别比为107.8，比全国人口性别比高2.6；男女性别比偏高，超出了均衡范围。

2010年，从中国藏族聚居区内部比较来看，除了西藏的人口性别比（105.7）属于均衡水平以外，其他四省藏族聚居区的人口性别比均超出了均衡范围。其中，云南藏族聚居区的人口性别比最高，为113.9；青海藏族聚居区的人口性别比为110.3，超出人口性别比均衡范围的最高限（106）。

表2-11　2010年全国、东中西部、东北部和藏族聚居区人口性别构成情况

区域	性别比	区域	性别比
全国	105.2		
东部地区	105.0	西藏	105.7
中部地区	104.5	四川藏族聚居区	107.8
西部地区	105.7	青海藏族聚居区	110.3
东北地区	102.8	甘肃藏族聚居区	106.4
中国藏族聚居区	107.8	云南藏族聚居区	113.9

数据来源：根据《2010年全国第六次人口普查数据》整理计算而得。

中国藏族聚居区人口抚养比①偏高，劳动力抚养负担较重。现实经济中，人口可大体分为少儿人口、劳动力人口、老龄人口三类。这里少儿人口是指0～14岁人口，劳动力人口指15～64岁人口，老龄人口则指65岁以上人口（下同）。一般来说，人口总抚养系数越大，说明每个劳动力抚养的人口数就越多，同时也表明劳动力的负担就越重。根据表2-12可知，中国藏族聚居区劳动力人口的抚养负担较重，西藏自治区和青海藏族聚居区尤为明显。2010年，中国藏族聚居区的总人口抚养比为40.5%，比全国平均水平高出6.2个百分点；少儿抚养比为32.5%，高出全国平均水平10.2个百分点；老年抚养比则比全国平均水平低4个百分点，仅为8.0%。更进一步地来说，在中国藏族聚居区，劳动力人口的抚养负担主要体现在对少年儿童的抚养负担上，即少儿抚养比较高而老年抚养比并不高，这种现象与中国藏族聚居区人口老龄化进程较慢、相对年轻的人口年龄结构特征有一定关系。

① 人口抚养比又称抚养系数，是指在一个国家或地区的总人口当中，非劳动年龄人口数量与劳动年龄人口数量之比，包括老年抚养比和少儿抚养比。即：总抚养比=（老龄人口+少儿人口）/劳动力人口；老年抚养比=老龄人口/劳动力人口；少儿抚养比=少儿人口/劳动力人口。

表 2 - 12　　2010 年全国及中国藏族聚居区的人口抚养比情况　　单位：%

区域	总抚养比	少儿抚养比	老年抚养比
全国	34.3	22.3	12.0
中国藏族聚居区	40.5	32.5	8.0
西藏	41.8	34.6	7.2
青海藏族聚居区	41.5	34.7	6.8
四川藏族聚居区	40.0	30.4	9.6
甘肃藏族聚居区	38.9	29.0	9.9
云南藏族聚居区	32.9	24.2	8.7

数据来源：根据《2010 年全国第六次人口普查数据》整理计算而得。

从中国藏族聚居区内部来看，西藏和四省藏族聚居区的人口抚养负担程度有着较大的差距。首先，西藏自治区总抚养比最高，为 41.8%，少儿抚养比为 34.6%，老年抚养比相对较低，为 7.2%；其次，青海藏族聚居区总抚养比为 41.5%，少儿抚养比为 34.7%，老年抚养比属中国藏族聚居区最低，为 6.8%；四川藏族聚居区位列第三，总抚养比为 40.0%，少儿抚养比和老年抚养比分别为 30.4% 和 9.6%；甘肃藏族聚居区总抚养比为 38.9%，少儿抚养比和老年抚养比分别为 29.0% 和 9.9%；云南藏族聚居区的劳动力负担最低，总抚养比为 32.9%，比全国平均水平低 1.4 个百分点，少儿抚养比和老年抚养比分别为 24.2% 和 8.7%。

2.3　中国藏族聚居区民生有了较大改善

近年来，随着国家在西藏自治区以及青海、四川、甘肃、云南四省藏族聚居区投入不断加大，西藏和四省藏族聚居区继续把改善民生放在突出位置，藏族聚居区公共服务水平持续提高，教育、卫生、交通等民生问题成为发展的重中之重，广大农牧民正在从不断改善的生活中感受着祖国大家庭的温暖。

2.3.1　藏族聚居区教育事业得到优先发展

在西藏，所有县（区）全面完成普及九年义务教育，一个涵盖学前教育、基础教育、职业教育、高等教育、成人教育、特殊教育的比较完整的现代教育体系已经形成。实现了从学前到高中阶段 15 年免费教育，农牧区义务教育学生营养改善计划全面落实，政策和资金覆盖率均达到 100%。“三包”（包吃、包住、包学习费用）政策覆盖学前教育到高中阶段所有农牧民子女和城镇困难家庭子女，且不断提高标准，年生均标准已提高到3000元。全面启动实施城镇三年、农牧区两年学前双语教育工程。2014年底，幼儿园在园幼儿达8万多人，学前教育毛入园率达60%。2014年底，全区拥有普通高等院校6所；中等职业学校9所，在校生1.7万人；高级中学22所，完全中学4所，初级中学93所，十二年和九年一贯制学校各3所，小学829所。小学适龄儿童入学率达到99.6%，青壮年文盲率下降至0.6%以内，人均受教育年限达到8.6年，新增劳动力受教育年限达到12年以上。1984年，中央政府作出"在内地为西藏办学培养人才"的重大战略决策，现有21个省市办有西藏班（校），已累计为西藏培养了大中专毕业生3.2万余人。目前西藏不仅有了自己培养的硕士、博士，而且有了一批享誉全国的专家、学者，逐步建立了近30个科研院所，有各类专业技术人员69709人，学科领域涉及历史、经济、人口、语言、宗教和农业、畜牧、林业、生态、生物、藏医药、盐湖、地热、太阳能等数十个门类。其中，藏学、高原生态、藏医药等学科研究在全国处于领先水平，产生了一批有世界影响的学术成果。①

在四川藏族聚居区，围绕就业调整优化教育结构，全面实施从幼儿园到高中的15年免费教育，小学入学率比2009年提高8.79个百分点，幼儿园学前两年入学率比2009年提高近30个百分点。在全国率先实施"9+3"免费教育，累计招收学生5万余人，毕业生初次就业率98%，探索出民族地区职业教育的新路子。2014年，四川藏族聚居区教育发展振兴计划投入11.4亿元，藏族聚居区所有在园幼儿2014年春季学期保教费全部减免，营养改善计划在藏族聚居区义务教育阶段学生中实现全覆盖；四川藏族聚居区教育发展振兴项目突出解决难点问题，校舍建设项目在建46个、完工38个，超额完成2014级"9+3"学生招收计划。四川省还将在免费教育基础上，通过加快建立现代远程教育试点、加大藏族聚居区师资力量培训、开展内地优秀教师支教等，逐步提高藏族聚居区整体教学质量。②

在青海藏族聚居区，2014年继续组织实施中小学标准化、学前教育建设、农村初中校舍改造、薄弱县普通高中、教师周转房、中等职业教育建设及进城务工农民工随迁子女义务教育补助金等项目。继续实施三江源地区"1+9+3"教育经费保障补偿机制和异地办学奖补机制。2014年，青藏藏族聚居区学龄儿童入学率99.4%，初中毕业生升学率为73.06%。今后，青海藏族聚居区将以扩大学前教育资源为重点，加快双语幼儿园的建设，进一步推进政府购买学前教育服

① 中华人民共和国国务院新闻办公室．民族区域自治制度在西藏的成功实践［R］．2015年9月．

② 刘坪．进一步推进四川藏族聚居区经济社会发展和长治久安［J］．四川党的建设，2015（10）．

务，解决师资短缺问题；将以提高普及水平为重点，通过全面改薄项目工程，完善义务教育学校配套设施，建立均衡发展奖补机制，并对藏族聚居区所有学生普及 15 年免费教育。

在甘肃藏族聚居区，教育优先和就业第一落到实处，免除了藏族聚居区学前教育和高中阶段学杂费，启动了甘南州 519 所“双语”幼儿园建设项目，2014 年开工建设 115 所。加强和完善“双语”教育，逐步增加国家通用语言教学内容，强化“9 +3”职业教育，让越来越多藏族聚居区农牧民的孩子享受到良好教育。从 2016 年起，甘肃省将重点推进学前教育资源向贫困地区行政村延伸，到 2017 年，依托小学新建、改扩建幼儿园，使有实际需求的贫困村学前三年毛入园率达到 70%，按标准配齐配足幼儿教师，配备保教和生活设施设备，优先实现藏族聚居区有需求的贫困村幼儿园全覆盖。

在云南藏族聚居区，优先发展教育事业，通过实施高原农牧民子女学生生活补助、义务教育阶段农村中小学校营养改善计划、国家“两免一补”等教育惠民政策，投入教育项目建设资金 25 亿多元，基础教育条件得到了根本改善，5 万多名农牧民子女从中受益，在促进城乡基础教育均衡发展方面走在了全国藏族聚居区及云南省的前列。在迪庆州德钦县第一小学，每名学生每年可获补助 3000 元，学生的食宿完全免费，学校还为学生统一配发学习用具和生活用品。目前，云南迪庆藏族聚居区的小学适龄儿童入学率和初中毛入学率均接近 100%。

2. 3. 2　藏族聚居区公共服务水平明显提高

目前，西藏已经建成了中、西、藏医结合，以拉萨为中心、遍布城乡的医疗卫生网。以免费医疗为基础的农牧区医疗制度覆盖全体农牧民，全区已建成 71 个县医院和 678 个乡镇卫生院，覆盖城乡的医疗卫生服务体系逐步完善。2014 年底，全区医疗卫生机构发展到 1430 所，每千人病床数和卫生技术人员数分别达到 3. 79 张和 4. 08 人，建成了覆盖县乡村三级的医疗卫生网络。城镇居民基本医疗保险财政补助标准提高到年人均 380 元，政策范围内住院费用支付比例达到 75% 左右。农牧民人口 100% 被纳入以免费医疗为基础的医疗保障体系之中，农牧区政府医疗补助标准达到年人均 420 元，政策范围内报销补偿比例达到 80% 以上。将寺庙僧尼等人群全部纳入基本医疗保险范围，取消了医疗救助起付线，率先在全国实现了医疗救助城乡一体化和社会全覆盖。近年来，西藏继续加强“五大险种”保障制度，完善城乡居民社会养老保险制度，扩大最低生活保障，实施免费意外保险，建立了寺庙僧尼基本养老和医疗保险制度。在西藏，人们的精神生活不断丰富。目前，西藏全面建成 5609 个农家书屋、1700 多个寺庙书屋，实现所有行政村有农家书屋、寺寺有寺庙书屋，有效地解决了农牧民群众和寺庙僧尼读书难、用书难问题。另外，西藏广播、电视综合覆盖率由1965年的12%和0提高到现在的94.8%和95.9%，90%以上农牧户实现了“户户通”。①

在四川藏族聚居区，2014年城镇新增就业1.5万人，城镇登记失业率控制在4.0%以内。通过牧民定居行动和藏族聚居区新居建设，四川藏族聚居区建成新居14.2万套，近70万农牧民居住条件大幅改善。目前，四川藏族聚居区县县有甲级医院，乡乡有卫生院，74%的村有卫生室，实现农牧区新型合作医疗制度全覆盖；已建成水利工程1.3万处，解决157.7万人饮水安全问题。广播、电视综合覆盖率分别达91.4%和95%，农牧民听不到、看不到中央和省广播电视问题逐渐成为历史。2014年，四川藏族聚居区贫困人口减少4.68万人；藏农牧民人均纯收入增长16.4%，高于四川省平均水平。2015年，四川省将重点做好藏族聚居区民生工程“提标扩面”工作，重点解决高半山区和偏远牧区就业、教育、文化、医疗卫生、社会保障等薄弱环节。对已建成的民生项目提供后期“管养保障”，确保其长期发挥经济社会综合效益。

在青海藏族聚居区，近五年来，中央累计安排青海藏族聚居区各类补助资金1700多亿元；累计完成藏族聚居区项目投资1434.81亿元（其中中央投资701亿元）。2014年底，青海藏族聚居区拥有医疗、卫生机构床位数10803张，医疗、卫生机构卫生技术人员数8930人，医生3386人；已解决了64.4万人的饮水安全问题，宽带网络基本覆盖乡镇，美丽城镇和美丽乡村建设加速推进，基本实现了水、电、路、通信、广电、邮政、金融和优美环境“八到乡村”，藏族聚居区发展环境不断优化，城乡一体化建设初见成效。以游牧民定居工程、藏族聚居区学前双语教育幼儿园、藏族聚居区公共卫生服务建设、藏族聚居区集中供热项目建设等民生工程为核心内容，农牧区生产生活条件不断改善。

在甘肃藏族聚居区，大力实施扶贫攻坚行动计划，加大了通村道路硬化、安全饮水工程、农村危旧房改造、牧民定居工程建设力度。截至2014年底，甘肃藏族聚居区通行政村道路硬化率达到60%，自来水入户率达到70%，农村危旧房改造面达到70%，牧民定居率达到90%，乡村通电率达到100%，各项社会保障全面落实，藏族聚居区贫困面由2012年的38.6%下降到2014年的22.3%。大力改善医疗卫生条件，实施各级医疗卫生机构基础设施建设项目167项，实现了藏族聚居区州县乡医疗急救体系全覆盖，基本医疗参保率达到95%以上。

在云南藏族聚居区，2010～2014年城镇累计新增就业、实现再就业4万余人，开展下岗失业人员及农村劳动力技能培训8.5万人，城镇登记失业率连续控制在4%以内；累计增加各类医疗卫生机构15个，新农合参合率达97.1%，藏

① 中华人民共和国国务院新闻办公室．民族区域自治制度在西藏的成功实践［R］. 2015.

族聚居区群众看病贵、看病难的问题得到进一步缓解。社会保障补助标准不断提高，就业和社会保障体系进一步完善，各类社会保险参合实现制度全覆盖，初步构建起惠及全民的社会保障安全网。云南藏族聚居区还着力推进整乡、整村扶贫开发和生态移民搬迁，贫困人口由 2010 年末的 19.9 万人减少到 2014 年末的 11.58 万人，贫困发生率从 63.7% 下降到 36.4%；扎实推进安居工程，实施农村危房改造及地震安居工程，建设保障性住房 13122 套，受益群众 11 万余人。

2.3.3　藏族聚居区基础设施建设力度加大

在西藏，以公路、铁路、航空为主的综合交通运输体系基本形成，交通更加便利。以拉萨为中心，东连四川、云南，西接新疆，北连青海，南通印度、尼泊尔，地市相通，县乡连接的公路交通网络基本建成。2014 年底，西藏全区公路通车里程达到 7.5 万公里，次高级以上路面里程达到 8891 公里，占 12.6%。全区 74 个县中 65 个县通了柏油路，占 88%；690 个乡镇通公路，通达率 99.7%；5408 个行政村通公路，通达率 99.2%。格尔木至拉萨、拉萨至日喀则铁路相继通车运营，拉萨至林芝铁路开工建设。组建了西藏航空公司，区内通航机场 5 个，8 家航空公司在西藏运营，开通国内外航线 48 条，通航城市达 33 个，形成以拉萨贡嘎机场为中心，昌都邦达、林芝米林、阿里昆莎和日喀则和平机场为支线的五大民用机场网络。西藏实现了行政村全部通电，基本解决无电人口用电问题。现在的西藏已进入了卫星、光缆、网络、信息新时代，以光缆、卫星、网络为主的现代通讯网络体系已逐步建立健全。西藏全区光缆线路长度达到 9.7 万公里，其中长途光缆线路为 3 万多公里，累计实现 74 个县、668 个乡镇通光缆，乡镇通光缆率为 97.8%；实现 5261 个行政村移动信号覆盖；互联网用户达到 217.7 万户，普及率为 70.7%，农牧区移动互联网覆盖率达到 65% 以上。①

在四川藏族聚居区，近年来基础设施得到极大改善。已建成稻城亚丁机场和红原机场，甘孜机场正在筹划之中，连通各州府的高速公路也在积极建设中。截至 2014 年底，四川藏族聚居区的公路通车里程已经达到 45000 公里，90% 的行政村已经通了公路，77% 的乡镇也已经通了油路。② 稻城亚丁、阿坝红原机场投入运营，藏族聚居区机场由 2 个增加至 4 个。另外，鉴于四川藏族聚居区缺电率高、供电质量差的状况，国家电网加大了电网建设力度，并启动了四川藏族聚居区最大规模的电网建设工程。随着新甘石“电力天路”工程和川藏电力联网工程的建成完工，让藏族聚居区所有县接入主干电网，解决了 8.1 万户 36 万无电人

---

① 中华人民共和国国务院新闻办公室．民族区域自治制度在西藏的成功实践［R］．2015.

② 李梦媛．四川藏族聚居区公路里程超 4.5 万公里［N］．四川日报，2014－12－25.

口的用电问题，实现所有无电村通电。

在青海藏族聚居区，交通建设快速推进，通自治州高速公路、国省道升级改造、出省通道、通县沥青（水泥）路、县际公路和农村公路建设不断加快。当前，青海藏族聚居区各县均通等级路，93.2%的乡镇和57.9%的行政村实现道路通畅。2015年，青海藏族聚居区公路通车里程将突破7万公里，打通与四川、西藏、新疆的高速公路通道，建成东连兰西经济区、西接丝绸之路经济带、南通成渝经济区的快速交通网络。到2020年，青海藏族聚居区将织出一张“外通内联、通村畅乡、班车到达、安全便捷”的公路交通网。

在甘肃藏族聚居区，基础设施建设取得历史性突破，夏河机场建成投运、兰州至合作铁路开工建设、临夏至合作高速公路建成通车、尕秀至玛曲等5条二级公路基本完工，公路通车总里程达10044公里，所有县城实现了通二级以上公路；开工建设一批城镇基础设施项目，新增供水能力7.5万吨/日，新改扩建城镇道路195.8公里，合作市、天祝县污水垃圾处理能力大幅提升。甘南州和天祝县被整体确定为国家和省级重点生态功能区。石门河调蓄引水、引洮济合、引洮入潭、拉卜楞寺文物保护等一大批重点工程进展顺利。

在云南藏族聚居区，2014年重点推进以出入境通道建设和丽江—香格里拉铁路、丽江—香格里拉高速公路为主的交通建设，以澜沧江流域梯级电站为主的能源建设，以小中甸水利枢纽工程、康思水库为重点的水利设施建设，以网络基础设施为主的电力通讯设施建设。总之，香格里拉机场改扩建、丽香铁路、丽香高速公路、小中甸水利枢纽等一批对藏族聚居区经济社会发展全局性、带动性强的基础设施项目开工建设、落地见效，交通、水利、市政等基础设施不断改善，云南藏族聚居区经济社会发展后劲显著增强。

2.3.4 藏族聚居区特色优势产业快速发展

近年来，西藏和四省藏族聚居区立足于各自的资源禀赋优势，将生态旅游、现代农牧业和藏族文化产业作为发展的重点，有力加快了当地农牧民脱贫致富的步伐。随着藏族聚居区经济社会的发展，神秘、悠久的藏文化越来越受到国内外民众的欢迎，唐卡等艺术产品走向了全球市场。西藏和四省藏族聚居区均也加大了藏传佛教寺院等宗教场所的保护力度，而且重点加强了优秀藏文化的保护和传承。“藏装”，对于每一个藏族人来说是必不可少的行头。经过多年的发掘和推广，目前，融合传统与现代元素的藏装不仅在藏族聚居区市场广阔，甚至已走下青藏高原，冲出了国门。

在西藏，藏医药业、民族手工业、绿色食饮品和新能源等特色产业得到优先发展。当前，西藏正在充分利用其独特的自然、文化资源，突出“世界屋脊·神奇西藏”和“高山、雪域、阳光、藏文化”主题，大力发展高原生态游和藏文化游两大旅游品牌形象，着力打造重要的世界旅游目的地。同时，西藏还积极鼓励企业和农牧民兴办原生态民间歌舞、文博、民俗村、藏家乐等特色项目，发展文化体验游；并积极探索发展藏医药文化、疗养保健旅游等。总之，当前西藏正围绕着中央提出的“西藏是我国重要的战略资源储备基础、重要的高原特色农产品基础、重要的中华民族特色文化保护基础和重要的世界旅游目的地”的方向，加快特色优势产业发展的步伐。目前，7 个产业带已初步形成，建设农业标准化示范区 20 个，培育地市级以上农牧业产业化龙头企业 95 家。建工、矿业、旅游、藏药、商贸等九大集团相继组建。藏药产业初具规模，西藏全区藏药企业 18 家，藏药品种 360 多个。天然饮用水产量突破 30 万吨，成为新的经济增长点。2014 年，西藏接待游客 1553 万人次，比旅游业起步时的 1980 年增长 4436 倍，年均增长 28. 0%；实现旅游总收入 204 亿元，增长 20400 倍，年均增长 32. 8%。[①]

在四川藏族聚居区，旅游业已成为促进四川藏族聚居区快速发展的“支柱产业”、四川藏族聚居区富民惠民的“民生产业”、藏族聚居区加快开放开发的“窗口产业”、维护藏族聚居区社会稳定的“和谐产业”。四川藏族聚居区凭借黄龙、九寨沟等地区浓郁的藏民族文化和仙境般自然风光，吸引着五湖四海的游客和投资者，有力地带动了当地农牧民的增收致富，推动了当地的可持续发展。目前，四川藏族聚居区已初步建立以“大熊猫、大九寨、大草原、大香格里拉”为代表的旅游产品和品牌体系，形成了集高原特色、藏羌文化、生态休闲于一体的旅游发展新格局。2014 年，四川藏族聚居区旅游呈现快速增长，实现国内旅游收入 320 亿元，同比增长 26%，外汇收入 2. 21 亿美元，同比增长 22. 43%。产业旅游规模进一步扩大，质量大幅提升。四川藏族聚居区 17 家 A 级旅游景区 2014 年实现旅游收入 87. 78 亿美元，增长 57. 73%；旅游投资不断增长，项目建设进一步加快。2014 年，四川藏族聚居区投入旅游基础设施项目资金 108. 9 亿元，支持项目 130 个。

在青海藏族聚居区，以生态畜牧业、优势矿产资源开采及加工业、特色文化产业等为特色，青海藏族聚居区资源优势不断转化为经济优势，逐步形成不可替代的特色优势产业。目前，青海藏族聚居区加大了三江源地区生态保护力度，努力建设国家重要的生态产品供给地、生态安全屏障和特色文化旅游目的地，环青海湖地区发展种养、加工、旅游等特色产业，建成生态旅游、现代生态畜牧业发展示范区，已形成了牦牛、藏羊、马铃薯、青稞、枸杞等特色优势产业带。目

① 中华人民共和国国务院新闻办公室. 民族区域自治制度在西藏的成功实践［R］. 2015.

前，青海藏族聚居区现代农牧业实验区建设风生水起，有力地带动了一批藏毯、肉食、乳制品及少数民族手工艺品生产项目，25%的纯牧业村建立了生态畜牧业专业合作社。高原生态旅游业作为藏族聚居区现代化服务业的龙头产业，正在成为藏族聚居区经济社会发展的战略性支柱产业；2014 年青海藏族聚居区实现旅游总收入 58.4 亿元，旅游人数达 1803 万人次。从特色畜牧业到特色轻工业，再到生态旅游业，目前这些特色产业正在不断放大集聚效应，在消除贫困、促进就业中，为青海藏族聚居区发展注入了源源不断的发展活力。

在甘肃藏族聚居区，特色优势产业发展壮大，一批有高原特色的繁育养殖、乳制品、肉类生产企业创新发展能力不断提高，现代农牧业生产链条得到延长拓展；因为生态优美，加上独特的地理环境和民俗风情，部分藏族聚居区将生态自然环境转化为旅游资源，大力开发旅游产品，从而增加藏族聚居区农牧民收入，带动当地经济社会发展。旅游业正成为藏族聚居区发展的支柱产业，2014 年旅游综合收入 26.38 亿元，是 2010 年的 3.7 倍，自驾旅游、文化旅游、农牧旅游初具规模，联动促进交通、文化、农牧等行业产业发展。

在云南藏族聚居区，目前已初步形成旅游、生物、水电、矿产 4 个特色支柱产业。在旅游产业方面，普达措国家公园进入国家 5A 级景区行列，2010 年～2014 年，旅游总人数由 603 万人次增长到 1441 万人次，旅游总收入由 61.6 亿元增长到 129.6 亿元。云南藏族聚居区还着力发展高原特色农业、生物产业，从规模速度粗放增长向质量效益集约增长转变，青稞、葡萄、中药材、核桃、牦牛、藏香猪、尼西鸡等一批特色产业项目形成一定规模，生物产业总产值从 22.7 亿元增长到 38 亿元。水电产业稳步发展，装机容量从 85.6 万千瓦增加到 128.3 万千瓦。矿产业逐步向深加工型发展，加工能力和生产效益稳步上升。

第3章

中国藏族聚居区的总体贫困状况

新中国成立后，特别是改革开放以来，中央高度重视中国藏族聚居区的贫困问题，出台了一系列的援藏政策和措施，援藏力度持续加强，藏族聚居区反贫困工作取得了显著成绩：贫困农牧民的温饱问题基本解决、基本生产生活条件得到明显改善，优势特色扶贫产业发展迅速。但是，由于青藏高原独特而脆弱的自然生态环境、频繁的地质灾害和自然灾害等造成了更大的人员和财产损失，使得中国藏族聚居区的返贫率较高，加之中国藏族聚居区的贫困面较广、贫困程度较深等现实问题，扶贫投入与实际需求之间的差距较大，扶贫工作机构力量相对薄弱。目前，贫困现象仍然是中国藏族聚居区经济社会发展面临的重大问题之一。

3.1 中国藏族聚居区农村贫困程度较深

3.1.1 藏族聚居区扶贫成效显著，但农牧民贫困状况依然严峻

3.1.1.1 扶贫减贫工作取得很大成效

联合国《千年发展目标2015年报告》显示，1990~2015年全球极端贫困人口减少10.64亿人，中国的贡献率超过70%①。总的来说，改革开放以来，经过不断努力，中国的扶贫减贫工作取得了很大的成绩。

首先，中国贫困人口规模大幅减少。按当年价现行农村贫困标准衡量，1978年农村居民贫困发生率约为97.5%；以乡村户籍人口作为总体推算，农村贫困人口规模有7.7亿。从1978到2014年，农村贫困人口减少7亿多人，年均减贫人口规模为1945万人；贫困发生率下降90.3个百分点，年均下降2.5个百分点。21世纪以来，农村贫困人口减少规模占减贫总规模的一半以上；尤其是2010年

① United Nations, The Millennium Development Goals Report 2015 [R]. New York. 2015.

以来，农村贫困人口规模减少了近1亿人（见表3－1）。

表3－1　　按现行农村贫困标准（2010年标准）衡量的农村贫困状况

年份	当年价贫困标准（元/年·人）	贫困人口规模（万人）	贫困发生率（%）
1978	366	77039	97.5
1980	403	76542	96.2
1985	482	66101	78.3
1990	807	65849	73.5
1995	1511	55463	60.5
2000	1528	46224	49.8
2005	1742	28662	30.2
2010	2300	16567	17.2
2011	2536	12238	12.7
2012	2625	9899	10.2
2013	2736	8249	8.5
2014	2800	7017	7.2

数据来源：2015中国农村贫困监测报告。

其次，中国贫困地区的基础设施建设不断完善。据全国农村贫困监测调查，2014年，贫困地区通电的自然村比重为99.5%，通电话的自然村比重为95.2%，通有线电视信号的自然村比重为75%，通宽带的自然村比重为48%，通客运班车的自然村比重为42.7%。2014年，贫困地区行政村中，有文化活动室的比重为81.5%，有卫生站的比重为94.1%，拥有合法行医证医生的比重为90.9%，有幼儿园或学前班的比重为54.7%，有小学且就学便利的比重为61.4%①。

最后，中国贫困地区基本公共服务保障水平持续提高。2014年，贫困地区农村居民中，身体状况为健康的人数占89.7%；生病之后，能及时就医的比重为94.4%；贫困地区5岁以下儿童中，98.8%接受免费计划免疫；贫困地区农村7～12岁儿童中，在校就读的比重为97.3%；13～15岁儿童中，在校就读的比重

①国家统计局统计住户调查办公室．2015中国农村贫困监测报告［M］．北京：中国统计出版社，2015.

为97.6%；3~6岁儿童中在幼儿园的比重占72.5%[①]。

20世纪80年代初期以来，中央高度重视中国藏族聚居区的扶贫开发工作，先后六次召开西藏工作座谈会。1980年，中央召开第一次西藏工作座谈会，专题研究西藏经济社会发展的大政方针问题，确立了中央的援助和特殊扶持政策；1984年，中央召开第二次西藏工作座谈会，组织国家各部委和兄弟省、市，在人、财、物上给予西藏以大力支援，标志着全国性的援藏工程的开始；1994年，中央召开第三次西藏工作座谈会，正式作出“对口援藏”决策，号召全国各地方和中央各部门都要大力支持西藏的建设；2001年，中央召开第四次西藏工作座谈会，提出“把西藏自治区作为一个特殊的集中连片的贫困地区加以扶持”，把西藏74个县（市、区）作为一个扶贫整体对待，21世纪之初继续贯彻援藏政策；2010年，中央召开第五次西藏工作座谈会，对推进西藏实现经济社会发展和长治久安作出了战略部署，还对加快四川、云南、甘肃、青海四省藏族聚居区经济社会发展作出了全面部署。2015年，中央召开第六次西藏工作座谈会，强调依法治藏、富民兴藏、长期建藏，加快西藏全面建成小康社会的步伐，并对四川、云南、甘肃和青海省藏族聚居区发展稳定工作作出了全面部署。特别是2012年以来，为了进一步加大对西藏和四省藏族聚居区的扶贫力度，中央完善了中央财政扶贫资金分配方法，打破了西藏和四省藏族聚居区重点县与非重点县界限，将其作为“特殊集中连片贫困区域”，实行连片开发、综合治理，继续加大东西扶贫协作和定点扶贫工作力度。

在中国藏族聚居区人民、社会和政府的共同努力下，中国藏族聚居区的反贫困行动取得了巨大的成就。藏族聚居区农牧民的生存和温饱问题基本得到解决，藏族聚居区经济以高于全国平均水平的速度快速发展，藏族聚居区基本的社会公共服务得到明显加强。由表3-2可知，按现行国家农村贫困标准（每人每年2300元，2010年不变价）测算，2011年，中国藏族聚居区尚有贫困人口312万人，到2014年就下降到164万人，累计减少贫困人口148万人；贫困发生率由2011年的43.2%下降到2014年的24.0%，下降了19.2个百分点。3年来，西藏的贫困发生率下降最快，下降了20.2个百分点。尽管如此，在14个连片特困地区中，中国藏族聚居区的贫困发生率仍然是最高的，是全国贫困发生率的3倍多，比民族八省区也高出近10个百分点。

① 国家统计局统计住户调查办公室．2015中国农村贫困监测报告［M］．北京：中国统计出版社，2015.

表 3-2　全国、民族八省区、连片特困地区和中国藏族聚居区农村贫困人口状况

区域	2011 年		2014 年	
	贫困人口（万人）	贫困发生率（%）	贫困人口（万人）	贫困发生率（%）
全国	12238	12.7	7017	7.2
民族八省区[①]	3917	26.5	2205	14.7
连片特困地区[②]	6035	29.0	3518	17.1
中国藏族聚居区	312	43.2	164	24.0
西藏	106	43.9	61	23.7
四省藏族聚居区	206	42.8	103	24.2

数据来源：根据《2015 中国农村贫困监测报告》整理和计算而得。

3.1.1.2　农村贫困状况依然严峻

新中国成立初期，中国的农村贫困人口呈现区域性集中分布。改革开放以来，随着国家经济发展和扶贫开发战略推进，农村贫困人口大规模减少，但区域性整体贫困尚未根本改变。贫困人口主要分布在中西部集中连片特困地区，多为深石山区、高寒区、生态脆弱区、灾害频发区和生态保护区，其自然条件差，基础设施薄弱，产业发展滞后，农民增收困难，贫困代际传递明显。[③] 2014 年，全国有 14 个集中连片特困地区、832 个贫困县、12.8 万个贫困村、近 3000 万贫困户和 7017 万贫困人口。在现有 7017 万贫困人口中，因病、因灾、因学、因劳动力致贫的人数分别占 42%、20%、10% 和 8%。[④] 据统计分析，2014 年，西藏、甘肃、新疆、贵州、云南等省区的贫困发生率均超过 10%，云、贵、川、桂、湘、豫等省区的贫困人口数量均超过了 500 万人。[⑤]

2012 年，国家在全国范围内划分出了 11 个集中连片特殊困难地区，加上已明确实施特殊扶持政策的西藏、四省藏族聚居区和新疆南疆三地州，共计 14 个连片特困地区，涉及全国 680 个县；并将这 14 个片区作为新阶段扶贫攻坚的主

① 我国的民族八省区包括 5 个少数民族自治区（即内蒙古自治区、广西壮族自治区、西藏自治区、宁夏回族自治区、新疆维吾尔自治区），和少数民族分布集中的贵州、云南和青海三省。

② 2012 年，国家在全国范围内划分出了 11 个集中连片特殊困难地区，加上已明确实施特殊扶持政策的西藏、四省藏族聚居区和新疆南疆三地州，共计 14 个连片特困地区。这 14 个连片特困地区覆盖全国 21 个省（自治区、直辖市）680 个县。

③ 刘永富．以精准发力提高脱贫攻坚成效［N］．人民日报，2016-01-11.

④ 刘彦随等．中国农村贫困化地域分异特征及其精准扶贫策略［J］．中国科学院院刊，2016（3）.

⑤ 中国扶贫开发年鉴编委会．中国扶贫开发年鉴［M］．北京：团结出版社，2015.

战场。这14个片区是全国贫困发生率最高、贫困人口最多、扶贫工作难度最大的地区。目前，在14个集中连片特困地区的680个贫困县中，有440个为国家扶贫开发工作重点县。这些贫困县中仍有6.9万个"建档立卡"贫困村不通客运班车；83.5万个自然村中不通沥青（水泥）路的自然村数33万个，占39.6%。"建档立卡"户中有652万户饮水困难、580万户饮用水不安全。[①]

在14个连片特困地区中，包括西藏和四省藏族聚居区2个片区的中国藏族聚居区的贫困发生率为最高，也是中国最大的集中连片特困地区。中国藏族聚居区高寒缺氧、交通不便，生态环境脆弱、自然灾害频发，产业结构单一、生产方式落后，保护生态环境、促进经济发展和维护社会稳定的任务都非常艰巨。2013年，原国务院扶贫办主任范小建在青海省藏族聚居区调研时曾指出，"在全国14个连片特困地区中，西藏自治区和四省藏族聚居区占有特殊重要的位置，推进包括这两个片区在内的青藏高原地区扶贫攻坚具有特殊重要的意义。"在全国14个连片特困地区、680个县中，中国藏族聚居区就占有了2个片区和151个县，占14个片区总面积的54%，占全国14个片区、680个县的22.2%，成为中国最大的集中连片特困地区和国家特殊扶贫区域；虽然中国藏族聚居区的贫困人口数量仅占全国贫困人口的2%，但中国藏族聚居区的贫困发生率却是全国平均水平的3倍多，也高于民族八省区近10个百分点（见表3-2）。同时，由于中国藏族聚居区高度脆弱的生态环境，自然灾害、地质灾害频繁，导致已经解决温饱的农牧民因灾、因病返贫的现象突出。

2014年，按现行国家农村贫困标准（每人每年2300元，2010年不变价）测算，中国藏族聚居区农村贫困人口为164万人，中国藏族聚居区农村贫困人口占中国藏族聚居区乡村人口的比重（贫困发生率）为24.0%。从贫困发生率看，中国藏族聚居区高于全国16.8个百分点；从人口比重来看，中国藏族聚居区农村贫困人口占全国农村贫困人口的比重，是其乡村人口占全国乡村人口比重的2倍多。总的来说，藏族聚居区的贫困发生率高于全国平均水平，甚至是14个连片特困地区中最高的；贫困人口呈现出大分散小集中、贫困程度深、致贫原因复杂、返贫率高、治理难度大的特征；区域整体贫困与民族地区发展滞后并存、经济建设落后与生态环境脆弱并存、人口素质偏低与公共服务滞后并存，已成为中国藏族聚居区贫困的三大典型特征。

3.1.2　农牧民人均纯收入增长快，但整体水平仍然偏低

总体而言，中国藏族聚居区农牧民收入增势强劲。2014年，西藏农牧民人均纯收入由2010年的4139元提高到2014年的7359元，增速排全国第一位；贫困群

① 刘永富．以精准发力提高脱贫攻坚成效［N］．人民日报，2016-01-11.

众收入增长幅度高于全西藏平均水平约3个百分点。2014年，农牧民人均纯收入分别是2010年和2000年的1.8倍和5.5倍，农牧民人均纯收入的增长幅度高于全国的平均水平，同时也高于四川、青海、甘肃、云南四省的平均水平，如表3-3所示。

表3-3　全国、五省区及四省藏族聚居区农牧民人均纯收入变化情况　单位：元

地区		2000年	2010年	2014年
中国		2253	5919	9892
西藏		1331	4139	7359
四川省		1904	5087	9348
青海省		1490	3863	7283
甘肃省		1429	3425	6277
云南省		1479	3952	7456
四川藏族聚居区	阿坝藏族羌族自治州	1191	3741	7866
	甘孜藏族自治州	733	2744	6307
	木里藏族自治县	—	3045	5963
青海藏族聚居区	海北藏族自治州	1357	4813	9726
	黄南藏族自治州	1253	4490	5654
	海南藏族自治州	1578	3032	8050
	果洛藏族自治州	1387	2629	4827
	玉树藏族自治州	1204	3663	4638
	海西蒙古族藏族自治州	1925	5434	10294
甘肃藏族聚居区	甘南藏族自治州	1180	2689	4589
	天祝藏族自治县	1100	2752	5050
云南藏族聚居区	迪庆藏族自治州	1068	3347	5865

数据来源：2015年中国、西藏、四川、青海、甘肃、云南统计年鉴。注：—表示数据缺失；下同。

从全国十大藏族自治州的农牧民人均纯收入情况来看，甘孜州2014年的农牧民人均纯收入是2000年的8.6倍，为增长幅度最大的州；其次是海北州，其2014年的农牧民人均纯收入是2000年的7.2倍；排在第三位的是阿坝州，其2014年的农牧民人均纯收入是2000年的6.6倍。增长幅度略低于全国平均水平的州有3个，它们是果洛州、玉树州和甘南州，其2014年的农牧民人均纯收入分别是2000年的3.5倍、3.9倍和3.9倍，如表3-3所示。从全国2个藏族自治县来看，农牧民人均纯收入的增长速度也高于全国平均水平。天祝县2014年

的农牧民人均纯收入是2000年的4.6倍，是2010年的1.8倍；木里县2014年的农牧民人均纯收入是2010年的2倍。

2000～2014年，西藏和其他藏族聚居区的农牧民人均纯收入是持续在增长的，而且增长幅度高于全国平均水平；特别是海西州的农牧民人均纯收入，经过高速增长，已经超过全国水平。但是，从我国藏族聚居区的整体水平来看，农牧民人均纯收入与全国的差距仍然较大。从图3－1中我们可以更加直观地看出，除海西州迎头追上了全国平均水平外，2000～2014年间西藏和其他藏族聚居区的农牧民人均纯收入水平都低于全国平均水平。2014年，西藏农牧民人均纯收入仅相当于全国平均水平的74%，分别相当于东部地区、东北地区、中部地区和西部地区的56%、68%、74%和89%。农牧民人均纯收入最低的三个州是甘南州、玉树州和果洛州，分别为4589元、4638元和4827元，都不到西部地区的六成，也不及全国平均水平的一半，更是远远低于东部地区、东北地区和中部地区。农牧民人均纯收入最高的是海西州，为10294元，仅仅比全国平均水平多402元，但仍然低于东部地区和东北地区。另外，天祝藏族自治县农牧民人均纯收入也仅为5050元，也只有全国平均水平的一半；木里藏族自治县农牧民人均纯收入为5963元，仅为全国平均水平的六成。

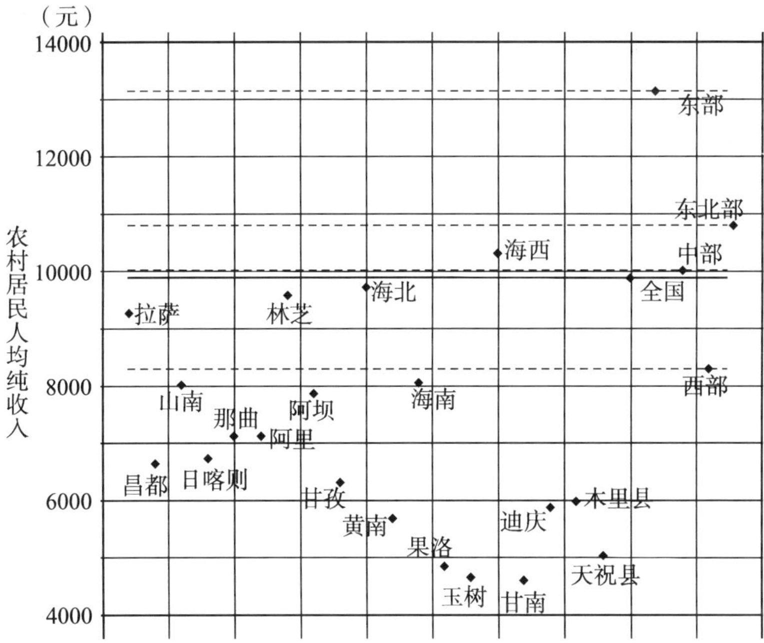

图3－1　2014年全国、东中西部、东北部及藏族聚居区农村居民人均纯收入对比情况

资料来源：中国、西藏、四川、青海、甘肃和云南2015年统计年鉴。

3.1.3 城乡居民收入差距明显，农牧民家庭恩格尔系数较高

在农村人口占绝对多数的中国藏族聚居区，城乡居民的收入水平差距还很大。2014 年，除海西州的城镇人口占全州总人口比例达到 71% 外，西藏及其他藏族聚居区的农村人口占当地总人口的比例均小于全国平均水平。在中国藏族聚居区，农村人口占总人口的绝大部分，大部分藏族聚居区的农村人口占当地总人口的 70% 左右。同时，除青海藏族聚居区的海西州、海北州和海南州的城乡居民收入差距略小于全国平均水平以外，其他藏族聚居区的城乡居民收入差距均大于全国平均水平，如表 3 -4 所示。

表 3 -4 2014 年全国、东中西部、东北部和藏族聚居区的城乡居民人均收入及恩格尔系数①

地区	城镇居民人均可支配收入（元）	农村居民人均纯收入（元）	城镇居民家庭恩格尔系数（%）	农村居民家庭恩格尔系数（%）
中国	29381	9892	30.05	33.57
东部地区	33905	13145	—	—
中部地区	24733	10011	—	—
西部地区	24391	8295	—	—
东北地区	25579	10802	—	—
西藏	22016	7359	46.07	52.57
四川省	24234	9347	34.93	39.75
阿坝州	25150	7866	38.07	47.94
甘孜州	23303	6307	42.37	58.89
木里县	21260	5963	—	—
青海省	22307	7283	36.44	55.37
海北州	24664	9726	—	—
黄南州	22645	5654	37.6	42.7

① 国际上，通常用恩格尔系数来衡量一个国家或地区人民生活水平的状况。根据联合国粮农组织提出的标准，恩格尔系数 59% 以上为贫困，50% ~59% 为温饱，40% ~50% 为小康，30% ~40% 为富裕，低于 30% 为最富裕。

续表

地区	城镇居民人均可支配收入（元）	农村居民人均纯收入（元）	城镇居民家庭恩格尔系数（%）	农村居民家庭恩格尔系数（%）
海南州	22335	8050	31.4	33.5
果洛州	21638	4827	—	—
玉树州	23347	4638	—	66.0
海西州	25453	10294	—	—
甘肃省	21804	5736	36.83	37.56
甘南州	16421	4589	36.19	44.15
天祝县	18846	5050	43.75	44.89
云南省	24299	7456	30.66	35.59
迪庆州	25020	5865	—	—

数据来源：2015年中国及西藏、四川、青海、甘肃、云南统计年鉴和各地区2014年国民经济和社会发展统计公报；注：—表示数据缺失。

2014年，西藏城镇居民人均可支配收入22016元，同比增长7.9%，是1978年的39倍；农村居民人均可支配收入7359元，同比增长12.3%，是1978年的42倍；城镇居民人均可支配收入则是农牧民人均纯收入的2.99倍，略高于全国平均水平。海西州城乡居民收入水平差距最小，城乡居民收入差距小于全国平均水平；城镇居民人均可支配收入为25453元，农牧民人均纯收入为10294元，城镇居民人均可支配收入是农牧民人均纯收入的2.47倍。而玉树州的城乡居民收入水平差距最大，城镇居民人均可支配收入为23347元，农牧民人均纯收入为4638元，城镇居民人均可支配收入是农牧民人均纯收入的5.03倍。

从全国两个藏族自治县来看，2014年，木里县城镇居民人均可支配收入21260元，农村居民人均纯收入5963元，城镇居民人均可支配收入是农牧民人均纯收入的3.57倍；天祝县城镇居民人均可支配收入18846元，农村居民人均纯收入5050元，城镇居民人均可支配收入是农牧民人均纯收入的3.73倍。另外，根据表3－5中已有的恩格尔系数值来判断，西藏农牧民的整体生活水平不高，农村居民还处于温饱阶段；甘孜州的农牧民也还处于温饱阶段。特别值得注意的是，玉树州农牧民的生活水平处于更低的水平，农村居民家庭恩格尔系数约为66%。

3.2 中国藏族聚居区经济发展水平较低

3.2.1 GDP 和人均 GDP 增长较快，却仍低于全国平均水平

21 世纪以来，开放的发展战略和市场的基础作用为中国藏族聚居区的经济提供了强大支持；与此同时，通过中央巨大的政策和财力支持、内地较发达省市的对口支援以及藏族聚居区各族人民的努力，藏族聚居区经济进入了历史上增长最快的时期。经济总量从 2000 年的 309.5 亿元快速增长到 2014 年的 2606.5 亿元，增长了 8 倍多，年均增长率为 16.4%，增长率高于全国的平均水平，也高于东部地区、东北地区、中部地区和西部地区；中国藏族聚居区的人均地区生产总值增长了 7 倍，2014 年达到了 29902 元。但从横向比较来看，中国藏族聚居区 2014 年的地区生产总值只占西部地区的 1.9%；在全国的占比则更低，只有 0.4%；人均地区生产总值只相当于全国平均水平的 64.1%，分别只相当于东部地区、中部地区、西部地区和东北地区的 44.4%、78.0%、79.6% 和 57.1%，如表 3－5 所示。

表 3－5　全国、东中西部、东北部和藏族聚居区的 GDP 与人均 GDP 变化

地区	地区生产总值（亿元）		人均地区生产总值（元）	
	2000 年	2014 年	2000 年	2014 年
全国	99214.6	636138.7	7858	46629
东部地区	51020.5	350100.9	11713	67335
中部地区	19791.0	138679.7	5600	38337
西部地区	16707.7	138099.8	4682	37590
东北地区	9743.3	57469.1	9159	52357
中国藏族聚居区	309.5	2606.5	4250	29902
西藏	117.5	920.8	4559	29252
四川藏族聚居区	62.2	480.7	3329	21898
青海藏族聚居区	102.7	889.3	6490	42149
甘肃藏族聚居区	17.9	168.5	2077	18117
云南藏族聚居区	9.2	147.2	2774	36198

数据来源：由 2001 年中国区域经济统计年鉴、2015 年中国及五省（区）统计年鉴整理计算而得。

从中国藏族聚居区内部来看，各藏族聚居区的经济增长速度很快，均超过了全国平均增长速度。短短十余年的时间，西藏地区生产总值从2000年的117.5亿元跃升到2014年的920.8亿元，年均增长率为15.8%；人均地区生产总值增长了6.4倍，2014年达到了29252元。四川藏族聚居区地区生产总值从2000年的62.2亿元跃升到2014年的480.7亿元，年均增长率为15.7%；人均地区生产总值也增长了6.6倍，2014年达到了21898元。青海藏族聚居区地区生产总值从2000年的102.7亿元跃升到2014年的889.3亿元，年均增长率为16.7%；人均地区生产总值也增长了6.5倍，2014年达到了42149元。甘肃藏族聚居区地区生产总值从2000年的17.9亿元跃升到2014年的168.5亿元，年均增长率为16.9%；人均地区生产总值也增长了8.7倍，2014年达到了18117元。云南藏族聚居区地区生产总值从2000年的9.2亿元跃升到2014年的147.2亿元，年均增长率为21.9%；人均地区生产总值也增长了13倍，2014年达到了36198元。

2014年，除青海藏族聚居区的人均GDP接近全国平均水平外，其他藏族聚居区的人均GDP仍然很低，离全面建成小康水平的目标仍有一段距离。甘肃藏族聚居区人均GDP仅为全国平均水平的38.9%，四川藏族聚居区的人均GDP仅为全国平均水平的47.0%，西藏的人均GDP为全国平均水平的62.7%，而云南藏族聚居区人均GDP为全国平均水平的77.6%。

3.2.2　经济增长主要是靠投资拉动，且自我发展能力不足

通过对中国藏族聚居区全社会固定资产投资和固定资产投资占GDP的比重进行分析后发现，如表3－6所示，2000～2014年间，中国藏族聚居区全社会固定资产投资从159.34亿元增长到3414.02亿元，年均增长率达到24.5%；固定资产投资占当年GDP的比重从51.49%增长到131.54%，固定资产投资总量已超过了中国藏族聚居区的经济总量，比全国平均水平高出51个百分点，分别高出东部地区、中部地区、西部地区和东北地区73个、42个、38个和52个百分点。

表3－6　全国、东中西部、东北部和藏族聚居区的固定资产投资及其占GDP的比重

地区	全社会固定资产投资（亿元）		固定资产投资占GDP的比重（%）	
	2000年	2014年	2000年	2014年
全国	32917.70	512020.7	33.18	80.49
东部地区	17967.76	206411.74	35.22	58.96
中部地区	6003.57	124249.75	30.33	89.59

续表

地区	全社会固定资产投资（亿元）		固定资产投资占 GDP 的比重（%）	
	2000 年	2014 年	2000 年	2014 年
西部地区	6208.45	129191.36	37.16	93.55
东北地区	2713.75	45899.42	27.85	79.87
中国藏族聚居区	159.34	3414.02	51.49	131.54
西藏	66.50	1069.20	56.62	116.12
四川藏族聚居区	31.69	851.77	50.92	177.56
青海藏族聚居区	46.50	990.18	45.30	111.34
甘肃藏族聚居区	7.86	255.81	43.94	161.50
云南藏族聚居区	6.79	247.06	73.56	167.84

数据来源：由 2001 年中国区域经济统计年鉴、2015 年中国及五省（区）统计年鉴整理计算而得。

从中国藏族聚居区内部来看，到 2014 年西藏及四省藏族聚居区的全社会固定资产投资均超过 200 亿元，西藏全社会固定资产投资总额已突破 1000 亿元大关，而青海藏族聚居区的全社会固定资产投资总额也接近 1000 亿元。同时，各藏族聚居区的全社会固定资产投资总额占本地区 GDP 的比重均超过了 100%，四川藏族聚居区、云南藏族聚居区和甘肃藏族聚居区甚至接近 200%。可见，政府对各藏族聚居区的投资力度是非常大的。

中国藏族聚居区财政自给率低，当地政府自我发展能力不足。2000 年、2014 年中国藏族聚居区的财政自给率分别为 13.4%、13.0%，全国的财政自给率分别为 84.3%、92.5%。无论是从全国平均水平来看，还是与东部地区、中部地区、东北地区和西部地区相比，中国藏族聚居区的财政自给率是最低的，而且还在降低。2014 年，甘肃藏族聚居区和四川的财政自给率较低，分别为 9.5% 和 10.5%，青海藏族聚居区的财政自给率最高，也仅为 15.1%，如表 3－7 所示。需要指出的是，西藏和四省藏族聚居区用于发展经济的绝大多数投入并非来自自我积累，也非源于市场的配置，而是源于中央和地方政府的财政转移支付、对藏族聚居区各种建设项目的投入以及内地较发达省市的支援。由此可见，近年来中国藏族聚居区的经济增长受投资拉动的影响愈发明显。

表3－7　全国、东中西部、东北部和藏族聚居区的地方财政收支情况　单位：亿元

地区	2000年		2014年	
	地方财政收入	地方财政支出	地方财政收入	地方财政支出
全国	13395.23	15886.50	140370.03	151785.56
东部地区	3651.37	4758.42	40814.27	51378.51
中部地区	1042.60	1934.13	13489.85	27612.30
西部地区	893.43	2601.09	15874.99	38796.73
东北地区	584.79	1160.63	5697.48	11427.95
中国藏族聚居区	14.70	110.14	300.92	2308.73
西藏	5.38	59.97	164.75	1240.27
四川藏族聚居区	2.72	20.85	37.34	356.57
青海藏族聚居区	4.77	17.15	70.57	466.04
甘肃藏族聚居区	1.24	7.14	13.77	144.72
云南藏族聚居区	0.59	5.03	14.49	101.13

数据来源：由2001年中国区域经济统计年鉴、2015年中国及五省（区）统计年鉴整理计算而得。

3.2.3　产业结构日趋优化，但对经济增长的拉动作用不强

随着中国藏族聚居区经济总量的大幅提升和各产业的快速、协调发展，产业结构日趋优化。2000年，西藏第一产业、第二产业和第三产业在GDP中的比重分别为30.9%、23.2%、45.9%；2014年，西藏第一产业、第二产业和第三产业在GDP中的比重分别为9.9%、36.6%、53.5%。15年的发展时间，第一产业占比下降幅度最大，下降了21个百分点；第二产业和第三产业则得到较大的发展，第二、第三产业的比重都有所提高，第三产业的占比已超过50%。

2000年，甘肃藏族聚居区第一产业、第二产业和第三产业在GDP中的比重分别为38.7%、23.4%、37.9%；2014年，甘肃藏族聚居区第一产业、第二产业和第三产业在GDP中的比重分别为18.8%、30.1%、51.1%。15年间，甘肃藏族聚居区的第一产业占比有了明显的下降，而第二、第三产业占比则在持续上升；到2014年，第三产业所占比重最大，已超过50%。

2000年，云南藏族聚居区第一产业、第二产业和第三产业在GDP中的比重分别为35.0%、21.0%、44.0%；到2014年，三次产业比重调整为7.8∶42.1∶50.1，如图3－2和图3－3所示。15年间，云南藏族聚居区第一产业占比下降了27.2

个百分点，第二产业占比则上升了 21.1 个百分点，第三产业占比也有所上升，已经突破 50%。可见，西藏、甘肃藏族聚居区和云南藏族聚居区的产业结构得到了再度提升，形成“三二一”的产业结构，尤其是第二、第三产业得到快速发展，地方经济的发展已步入健康发展的轨道。

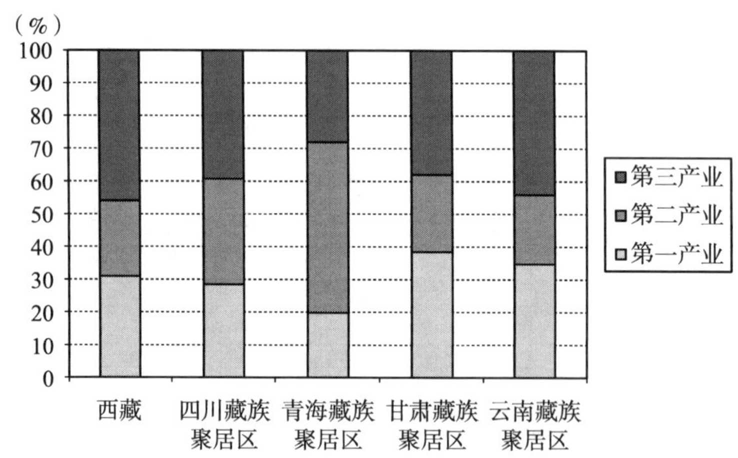

图 3－2　2000 年西藏和四省藏族聚居区的三次产业结构

数据来源：由 2001 年五省（区）统计年鉴整理计算而得。

2000 年，四川藏族聚居区第一产业、第二产业和第三产业在 GDP 中的比重分别为 28.6%、32.2%、39.2%；2014 年，四川藏族聚居区第一产业、第二产业和第三产业在 GDP 中的比重分别为 19.4%、45.0%、35.6%。2000 年，青海藏族聚居区第一产业、第二产业和第三产业在 GDP 中的比重分别为 20.5%、51.6%、27.9%；2014 年，青海藏族聚居区第一产业、第二产业和第三产业在 GDP 中的比重分别为 14.1%、61.0%、24.9%，如图 3－2 和图 3－3 所示。从 2000～2014 年的 15 年间，我们发现，四川藏族聚居区、青海藏族聚居区的第二产业发展得很快，比重上升幅度较大；而第一产业、第三产业所占比重则稳步下降。

从 2000～2014 年，西藏和四省藏族聚居区的三次产业结构对比分析中可知，伴随着经济增长的结构调整，中国藏族聚居区正在从农业向非农业转变，有些地区甚至已经开始从工业向服务业转移。尤其值得一提的是，西藏目前的经济结构已经实现了从以生产型产业为主的结构转变为以服务型产业为主的结构；服务型产业为主的经济结构有利于吸纳更多的劳动就业，对生态环境和传统文化的保护也将起到重要作用。

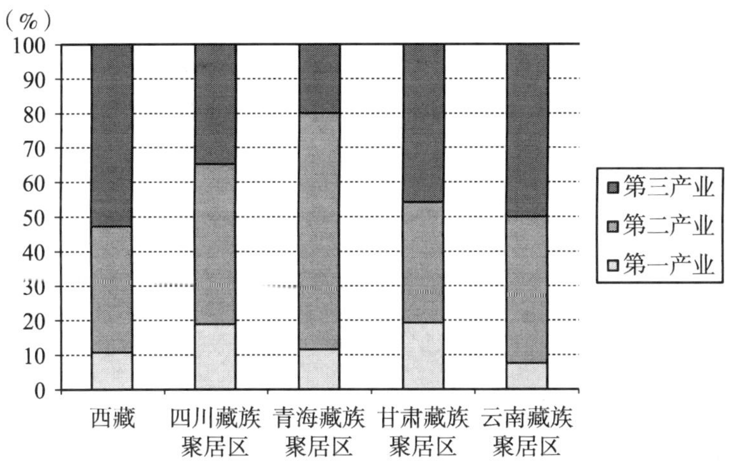

图3-3 2014年西藏和四省藏族聚居区的三次产业结构

数据来源：由2015年五省（区）统计年鉴整理计算而得。

3.3 中国藏族聚居区公共服务水平较落后

贫困是一个多维度的现象。中国藏族聚居区的贫困，不仅表现在收入贫困上，更表现在教育文化、医疗卫生、交通基础设施、通电、文化等基本公共服务的获得方面。尽管中国藏族聚居区在基本的医疗、卫生条件和基础教育方面已经取得了很大进步，但其社会公共服务水平仍然停留在比较落后的水平上。由于中国藏族聚居区分布在我国的边缘区位，生存环境较差，基本公共服务供给的严重短缺，极大地制约了各类人口，特别是贫困人口对经济机会的获得和利用，从而严重影响了贫困人口的脱贫，所以基本公共服务产品的供给具有更加重要的作用。

3.3.1 藏族聚居区教育事业发展较快，但教育水平仍然较低

2000年以来，我国普及九年制义务教育、大力发展高等教育以及扫除青壮年文盲等措施取得了积极成效，藏族聚居区教育事业也得到了快速的发展。表3-8主要是根据2000年和2010年中国人口普查分县数据整理计算得到的；其中，平均受教育年限是指6岁及以上人口的平均受教育年限，文盲率是指15岁及以上人口的文盲率，技能劳动力占比是指15岁及以上人口中接受大专及以上人口的比例。从文盲率来看，2010年我国文盲率为4.08%，比2000年的6.72%下降2.64个百分点。藏族聚居区文盲率的下降幅度很大，大大超过了全国平均水平的下降幅度；2010年西藏文盲率比2000年下降14.96个百分点，下降幅度远远

大于四川、青海、甘肃和云南四省。就全国十大藏族自治州而言，下降幅度最大的是玉树州，2010 年的文盲率比 2000 年下降 40.52 个百分点；其次是果洛州，下降 34.73 个百分点；排名第三的是甘南州，下降 22.43 个百分点。从全国 2 个藏族自治县来看，木里县的文盲率下降了 7.11 个百分点，而天祝县的文盲率没有下降，反而略有上升，为 16.59%。

表 3－8　　　　全国、五省（区）和藏族聚居区的受教育水平比较

地区		2000 年			2010 年		
		文盲率（%）	人均受教育年限（年）	技能劳动力占比（%）	文盲率（%）	人均受教育年限（年）	技能劳动力占比（%）
全国		6.72	7.11	4.68	4.08	8.21	10.71
西藏自治区		47.25	3.43	1.86	32.29	5.25	7.28
四川省		7.64	6.53	3.19	5.44	7.64	8.04
青海省		18.03	5.59	4.50	10.23	7.03	10.90
甘肃省		14.34	5.98	3.65	8.69	7.49	9.19
云南省		11.39	5.71	2.72	6.03	7.01	7.29
四川藏族聚居区	阿坝州	20.73	5.90	2.86	12.39	7.59	9.48
	甘孜州	48.41	3.85	1.81	30.17	5.78	7.50
	木里县	44.77	3.70	1.12	37.66	4.93	5.09
青海藏族聚居区	海北州	27.56	5.45	2.42	11.38	7.32	7.85
	黄南州	45.81	4.07	3.38	30.28	5.62	7.56
	海南州	35.14	4.83	2.88	23.19	6.29	6.78
	果洛州	51.35	3.07	1.95	16.62	5.79	7.93
	玉树州	66.71	2.13	1.15	26.19	4.29	4.86
	海西州	15.17	7.36	5.69	7.15	9.02	13.93
甘肃藏族聚居区	甘南州	40.32	4.43	2.53	17.89	6.76	8.90
	天祝县	16.09	6.14	2.17	16.59	7.24	6.92
云南藏族聚居区	迪庆州	29.85	5.29	1.67	13.19	7.19	7.77

数据来源：《中国 2000 年人口普查分县资料》《中国 2010 年人口普查分县资料》及相关地区统计公报。

从人均受教育年限来看，十年间藏族聚居区的增长年限也大于全国平均增长年限。2010年我国人均受教育年限为8.21年，比2000年的7.11年提升1.1年；2010年西藏人均受教育年限较2000年增加了1.82年，增加幅度高于全国及四川、甘肃、青海和云南四省。就全国十大藏族自治州来看，人均受教育年限增长幅度最大的是果洛州，增长2.72年；其次是甘南州，增长2.33年；第三是玉树州，增长2.16年。从技能劳动力占比来看，2010年我国技能劳动力占比为10.71%，比2000年的4.68%提高6.03个百分点；西藏2010年技能劳动力占比与2000年相比上升5.42个百分点。就全国十大藏族自治州来看，海西州的上升幅度最大，上升了8.24个百分点；上升最小的分别是玉树州和海南州，分别上升了3.71个和3.90个百分点。

从藏族聚居区教育事业的发展结果看，2000～2010年的10年间，一方面中国藏族聚居区教育发展取得了很大的进步，文盲率下降幅度超过了全国的平均水平，人均受教育年限平均提高了1年多，技能劳动力占比都有不同程度的提高；另一方面，与全国平均水平比较，藏族聚居区受教育水平仍然较低，文盲率仍然很高，技能劳动力占比仍然偏低。在藏族聚居区内部，西藏及四省藏族聚居区的平均受教育年限、文盲率和技能劳动力占比均有较大差距。西藏自治区、10个藏族自治州和2个藏族自治县的文盲率都大大高于全国平均水平，也几乎都高于各省平均水平。2010年西藏的文盲率高达32.29%，高于全国28.21个百分点；就全国十大藏族自治州来看，最高的为黄南州，文盲率高达30.28%；最低的是海西州，文盲率仅为7.15%，但也高于全国平均水平；就2个藏族自治县而言，木里县的文盲率极高，达到37.66%。

就人均受教育年限而言，2010年西藏为5.25年，比全国平均水平少2.96年；在10个州中，海西州的人均受教育年限最高，为9.02年，高于全国平均水平0.81年；最低为玉树州，为4.29年，低于全国平均水平3.92年；就2个藏族自治县而言，木里县的受教育年限也非常低，仅为4.93年。从技能劳动力占比来看，西藏的技能劳动力占比为7.28%，低于全国平均水平；就10个州而言，除海西州高于全国平均水平外，其他9个州均低于全国平均水平，其中玉树州最低，仅为4.86%，低于全国5.85个百分点；而在2个藏族自治县中，木里县的比例仍然最低，为5.09%；天祝县的技能劳动力占比稍高一点，为6.92%，也低于全国平均水平。

除了教育水平落后以外，藏族聚居区男女受教育水平也是不均衡的。由图3－4和图3－5可知，中国藏族聚居区内部各地区女性的文盲率均高于男性文盲率，而且差距很大；女性人均受教育年限也全部低于男性人均受教育年限。

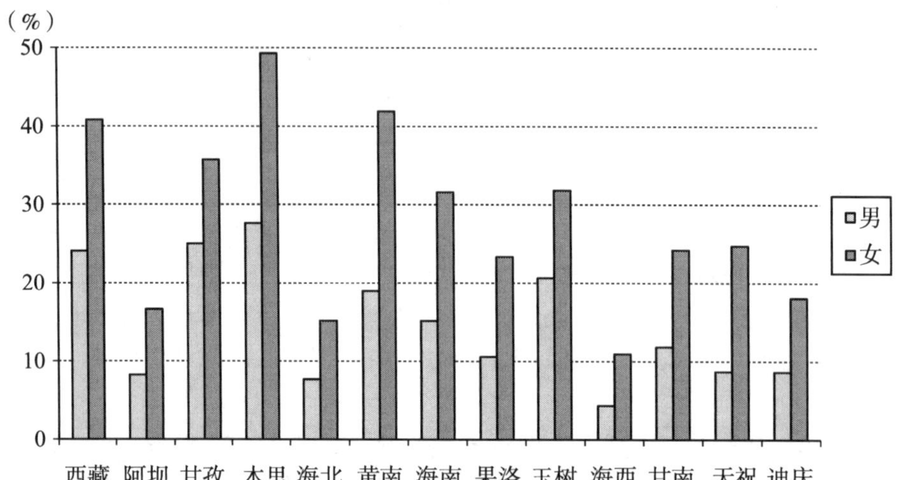

图 3－4　2010 年西藏和四省藏族聚居区 10 州 2 县的男女文盲率对比

数据来源：西藏、四川、青海、甘肃和云南 2010 年人口普查分县资料。

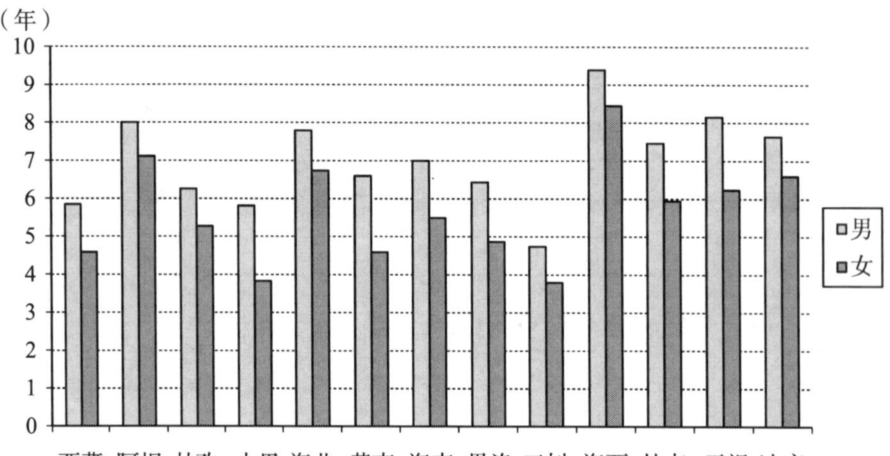

图 3－5　2010 年西藏和四省藏族聚居区 10 州 2 县的男女受教育年限对比

数据来源：西藏、四川、青海、甘肃和云南 2010 年人口普查分县资料。

3.3.2　藏族聚居区医疗卫生事业发展迅速，但水平仍然偏低

2000 年以来，中国藏族聚居区的医疗卫生事业发展迅速，医疗卫生条件逐步改善，但与全国平均水平比较，中国藏族聚居区的医疗卫生服务水平还存在很大的差距；具体表现在：一方面，中国藏族聚居区居民享受的基本公共医疗服务

水平低，看病难、看病贵、看病时间长、有病不能及时得到医治的问题还未得到根本解决，因病致贫、因病返贫的现象还比较典型。另一方面，中国藏族聚居区每万人拥有的医疗卫生技术人员数（特别是医生数）在减少，平均就医半径在扩大，尤其是在边远的牧区比较普遍的情况是：遇到重病和大病，把病人送到医院需要走几十里路。同时，每万人拥有的医生数在下降，说明这些地区医生的流失是比较严重的，有能力的医生流向了大城市，致使留在藏族聚居区的医生的平均水平下降。这样，不仅大病要到大城市就医，即使是小病，有条件的家庭也要到大城市就医，从而增加了大城市医院的拥挤程度。

由表3－9可知，2000～2013年间西藏自治区每万人拥有的医疗卫生机构数从3.23个增长到21.55个，每万人拥有的医疗卫生床位数从24.53张增长到35.25张，而每万人拥有的医疗、卫生机构技术人员数则从34.80人上升到37.30人。但是，除每万人拥有的医疗卫生机构数高于全国、东部、中部、西部和东北地区外，每万人床位数、每万人技术人员数均远远低于全国、东部、中部、西部和东北地区。2013年，青海藏族聚居区每万人拥有的医疗卫生机构数为3.33个，小于青海省和全国的平均水平；每万人拥有的医疗卫生床位数为46.36张，高于全国平均水平；而每万人拥有的医疗、卫生机构技术人员数为42.28人，每万人拥有的医生数为13.67人，都低于青海省和全国平均水平。云南藏族聚居区的3项指标全都低于全国平均水平。就10个藏族自治州来看，2013年，玉树州每万人技术人员数最少，仅为29.23人；海南州每万人卫生机构数最少，每万人仅拥有1.47个；迪庆州每万人床位数最少，为26.9张。总的来说，与全国及东部、中部、西部和东北地区相比，大部分藏族聚居区的3项指标都相对较低。

表3－9　全国、东中西部、东北部、五省（区）和藏族聚居区的医疗水平比较

地区	2000年			2013年		
	每万人床位数（张）	每万人技术人员数（人）	每万人卫生机构数（个）	每万人床位数（张）	每万人技术人员数（人）	每万人卫生机构数（个）
全国	25.69	36.31	8.36	45.43	52.99	7.16
东部地区	26.08	35.11	—	43.11	56.99	6.08
中部地区	23.16	31.17	—	44.76	48.44	7.57
西部地区	17.17	31.37	—	48.26	51.64	8.44
东北地区	37.61	47.37	—	51.38	55.39	7.01

续表

<table>
<tr><th colspan="2" rowspan="2">地区</th><th colspan="3">2000 年</th><th colspan="3">2013 年</th></tr>
<tr><th>每万人床位数（张）</th><th>每万人技术人员数（人）</th><th>每万人卫生机构数（个）</th><th>每万人床位数（张）</th><th>每万人技术人员数（人）</th><th>每万人卫生机构数（个）</th></tr>
<tr><td colspan="2">西藏自治区</td><td>24.53</td><td>34.80</td><td>3.23</td><td>35.25</td><td>37.30</td><td>21.55</td></tr>
<tr><td colspan="2">四川省</td><td>22.93</td><td>30.41</td><td>4.00</td><td>52.62</td><td>52.67</td><td>9.87</td></tr>
<tr><td rowspan="3">四川藏族聚居区</td><td>阿坝州</td><td>33.59</td><td>43.29</td><td>3.21</td><td>42.56</td><td>51.63</td><td>17.80</td></tr>
<tr><td>甘孜州</td><td>29.36</td><td>43.17</td><td>3.94</td><td>36.35</td><td>46.58</td><td>23.92</td></tr>
<tr><td>木里县</td><td>27.18</td><td>24.52</td><td>2.82</td><td>29.85</td><td>—</td><td>—</td></tr>
<tr><td colspan="2">青海省</td><td>31.91</td><td>41.59</td><td>3.57</td><td>51.06</td><td>56.13</td><td>10.42</td></tr>
<tr><td rowspan="6">青海藏族聚居区</td><td>海北州</td><td>29.15</td><td>23.74</td><td>1.71</td><td>43.78</td><td>44.98</td><td>3.38</td></tr>
<tr><td>黄南州</td><td>30.66</td><td>34.74</td><td>2.28</td><td>45.62</td><td>40.81</td><td>4.89</td></tr>
<tr><td>海南州</td><td>36.95</td><td>24.09</td><td>1.44</td><td>60.10</td><td>42.32</td><td>1.47</td></tr>
<tr><td>果洛州</td><td>38.21</td><td>54.95</td><td>4.05</td><td>40.59</td><td>43.23</td><td>5.03</td></tr>
<tr><td>玉树州</td><td>19.92</td><td>26.26</td><td>2.53</td><td>32.04</td><td>29.23</td><td>2.89</td></tr>
<tr><td>海西州</td><td>45.59</td><td>49.33</td><td>2.14</td><td>49.66</td><td>53.43</td><td>4.02</td></tr>
<tr><td colspan="2">甘肃省</td><td>23.62</td><td>31.49</td><td>2.86</td><td>44.96</td><td>45.73</td><td>10.34</td></tr>
<tr><td rowspan="2">甘肃藏族聚居区</td><td>甘南州</td><td>15.42</td><td>33.45</td><td>1.76</td><td>32.24</td><td>54.59</td><td>12.14</td></tr>
<tr><td>天祝县</td><td>18.17</td><td>—</td><td>—</td><td>42.36</td><td>—</td><td>—</td></tr>
<tr><td colspan="2">云南省</td><td>21.03</td><td>29.26</td><td>3.15</td><td>44.83</td><td>41.23</td><td>5.18</td></tr>
<tr><td>云南藏族聚居区</td><td>迪庆州</td><td>—</td><td>—</td><td>—</td><td>26.90</td><td>40.24</td><td>6.94</td></tr>
</table>

数据来源：《中国 2000 年人口普查分县资料》、《2014 年中国区域经济统计年鉴》、中国及五省（区）2014 年统计年鉴。另个，“—”表示数据缺失。

3.3.3 藏族聚居区基础设施不断完善，但制约因素仍然较明显

基础设施是保障一个地区社会经济活动正常运行的公共服务系统，它能为经济发展创造良好的条件。基础设施水平低、交通不便、信息不畅等问题的存在会增加外部资本和技术进入藏族聚居区的成本，这不仅严重影响了藏族聚居区的经济发展，也极大地降低了对藏族聚居区内资源的综合开发能力。

2000 年以来，在中央和地方政府的大力扶持，藏族聚居区的道路建设、电

力通讯、广播电视等基础设施已得到很大的改善，但是由于历史、自然、地理等原因，藏族聚居区大多数地区的基础设施仍然非常落后。由表3－10可知，2000年以来，藏族聚居区的公路建设取得了较大的成绩。到2013年，中国藏族聚居区的公路里程已突破18万公里，其中西藏的公路里程已突破7万公里，青海藏族聚居区突破5万公里，四川藏族聚居区突破4万公里。但是，从整体而言，中国藏族聚居区的等级公路比重和公路密度却低于全国平均水平，公路密度更是远远低于东部地区和中部地区，也低于东北地区和西部地区。虽然藏族聚居区的基础设施骨干网络基本形成，但路、水、电、气等基础设施末端建设滞后，“毛细血管”不完善，“最后1公里”问题普遍。[①] 2013年，西藏尚有不通公路的建制村137个，人均年用电量只有全国平均水平的25.6%，基本农田的有效灌溉面积仅为32.8%，草场灌溉面积不到可利用草场面积的1%，个别地方返贫率高，靠天吃饭和靠天养畜的状况未得到根本改变，严重制约着农牧业和农牧区经济持续发展。2013年，青海藏族聚居区仍有8.3%的行政村不通公路，有81.2%的行政村不通宽带，有28.8%的行政村不通电话，广播节目、电视节目的人口综合覆盖率分别为93.6%和94.0%，仍然没有达到100%的全覆盖。

表3－10　全国、东中西部、东北部和藏族聚居区的公路里程变化情况

地区	2000年			2013年		
	公路里程（公里）	等级公路比重（%）	密度（公里/平方公里）	公路里程（公里）	等级公路比重（%）	密度（公里/平方公里）
全国	1679800	78.34	0.17	4356200	86.21	0.45
东部地区	399425	90.20	0.44	1076124	—	1.17
中部地区	320190	82.90	0.31	1177399	—	1.15
西部地区	553874	78.86	0.08	1737328	—	0.25
东北地区	131047	97.88	0.17	365370	—	0.46
西藏自治区	22503	47.31	0.02	70600	68.98	0.06
四川藏族聚居区	13811	74.19	0.06	43470	84.64	0.18
阿坝州	5032	89.27	0.06	13185	93.81	0.16
甘孜州	7001	81.60	0.05	28340	84.09	0.19
木里县	1778	2.36	0.13	1945	30.59	0.15

① 郑长德等．四川连片特困地区经济社会发展综合调查报告［R］．2013.

续表

地区	2000 年			2013 年		
	公路里程（公里）	等级公路比重（%）	密度（公里/平方公里）	公路里程（公里）	等级公路比重（%）	密度（公里/平方公里）
青海藏族聚居区	13129	28.74	0.02	53749	78.12	0.08
海北州	1952	26.33	0.06	5718	86.92	0.17
黄南州	872	43.69	0.05	3871	75.64	0.09
海南州	1638	25.40	0.04	7597	69.59	0.42
果洛州	2056	17.22	0.03	8508	84.32	0.11
玉树州	3102	17.73	0.02	14539	73.44	0.07
海西州	3509	44.40	0.01	13516	81.02	0.04
甘肃藏族聚居区	—	—	—	9627	—	0.22
甘南州	3005	44.09	0.08	7423	72.17	0.20
天祝县	—	—	—	2204	—	0.31
云南藏族聚居区	2872	93.91	0.12	5543	85.21	0.24
迪庆州	2872	93.91	0.12	5543	85.21	0.24

数据来源：2001 年和 2014 年中国区域经济统计年鉴。

由表 3－11 可知，中国藏族聚居区交通不便的问题依旧严峻。2014 年西藏和四省藏族聚居区通客运班车的自然村比重都未超过 40%；其中，西藏通客运班车的自然村比重仅为28.9%。从通讯、电力、饮水等方面的基础设施来看，藏族聚居区基础设施滞后状况仍未完全改变。一是电力基础设施建设不足，2014 年西藏的通电自然村比重为 87.8%，比四省藏族聚居区还低 2.9 个百分点①；二是通讯落后、信息不灵，西藏的通宽带自然村比重仅为 7.2%，四省藏族聚居区的比重也不到 20%；另外，四省藏族聚居区的通有线电视信号自然村比重为 58.5%，甚至低于西藏自然村水平；三是人畜饮水困难未得到彻底解决，水利基础设施少且老化，失修严重。2014 年，西藏使用管道供水的农户比重仅仅为 50.0%。总的来说，由于基础设施建设投入总量不足或供给的缺失，中国藏族聚居区尤其是藏族聚居区农村的基础设施末端建设和后期维护问题十分突出，到村到户的公路建设需要加快推进，以缩短藏族聚居区农牧民与市场的距离；同时，需要努力为藏族聚居区农牧民提供基本的公共服务。譬如，2014 年底，西藏和四省藏

① 国家统计局住户调查办公室. 2015 年中国农村贫困监测报告［M］. 北京：中国统计出版社，2015.

族聚居区中有小学且就学便利的行政村的比重，分别仅为21.0%和29.7%。

表3-11　　2014年西藏和四省藏族聚居区的公共服务供给情况　　单位：%

指标	西藏	四省藏族聚居区
通电自然村比重	87.8	90.7
有小学且就学便利的行政村比重	21.0	29.7
通有线电视信号的自然村比重	75.8	58.5
通宽带的自然村比重	7.2	19.0
使用管道供水的农户比重	50.0	60.5
通客运班车自然村比重	28.9	38.7

数据来源：2015中国农村贫困监测报告。

3.4　中国藏族聚居区贫困溢出效应较明显

3.4.1　中国藏族聚居区生态环境比较脆弱

中国藏族聚居区是青藏高原的主体部分。青藏高原位于我国西南部，其主体部分在我国的青海和西藏，青藏高原由此得名。青藏高原的区域范围包括西藏自治区全区，青海省全省，四川省阿坝藏族羌族自治州、甘孜藏族自治州、凉山彝族自治州共33个县的全部或部分区域，云南省迪庆藏族自治州、怒江傈僳族自治州、丽江市共9个县的全部或部分区域，甘肃省甘南藏族自治州、武威市、张掖市、酒泉市共12个县（市）的全部或部分区域，新疆维吾尔自治区巴音郭楞蒙古自治州、和田地区共6个县的部分区域；共包括6个省（自治区）27个地区（市、州）179个县（市、区、行委），总面积约248万平方公里。① 中国藏族聚居区，就包括其中的5个省（自治区）、19个地（市、州）的151个县，面积约为221.21万平方公里，占青藏高原总面积的89.2%。可见，中国藏族聚居区是青藏高原的主体部分。从《全国主体功能区规划》中可以看出，青藏高原生态屏障是我国最大的生态屏障。

2011年，国务院印发《青藏高原区域生态建设与环境保护规划（2011～2030年）》，该规划指出，“包括西藏、青海、四川、云南、甘肃、新疆6省

① 张惠远，王金南，饶胜等编著：青藏高原区域生态环境保护战略研究［M］. 北京：中国环境科学出版社，2012.

（区）27 个地区（市、州）179 个县（市、区、行委），地理位置特殊，自然资源丰富，是我国重要的生态安全屏障。”活跃的地质活动、高寒干旱的气候、稀薄的空气，使得中国藏族聚居区生态环境比较脆弱，自然灾害频繁。中国藏族聚居区干旱、高寒、空气稀薄，平均海拔超过 4000 米，自然灾害频繁，生态环境变化剧烈，环境极为恶劣，绝大部分地区由于气温低、热量足，成土作用较弱，自然生产力极低。同时，中国藏族聚居区是地质和气候灾害的多发地区。首先，它处于亚欧板块的边缘，与印度板块相邻，是地质运动异常活跃的地带，是地震的高发区。其次，中国藏族聚居区处于西风带，大风持续时间长，部分地区雷暴、雹灾和泥石流等自然灾害也相当严重。中国藏族聚居区恶劣的生态环境，不仅制约了藏族聚居区经济社会的发展，而且也影响着藏族聚居区未来的可持续发展。严峻的现实迫使人们不得不把高原的环境保护问题置于与发展同等重要的地位进行研究。

中国藏族聚居区的大部分地区属于重度脆弱地区和极度脆弱地区，只有极少部分地区是微度脆弱的。整体而言，中国藏族聚居区的生态安全形势比较严峻。在中国藏族聚居区，土地退化比较严重，部分地区生态系统退化呈加剧趋势，土地沙化趋于严重，水土流失加剧，湖泊湿地萎缩，河流水位下降，径流量减少，生物多样性受到危险。中国藏族聚居区独特的自然环境特征直接影响着中国气候的形成和演变，从而决定了中国藏族聚居区在全国的生态位势。中国藏族聚居区是亚洲主要大江大河的水源地，被称为“亚洲水塔”。因此，保护中国藏族聚居区的生态环境，不仅是保持青藏高原经济社会可持续发展的前提，也是中下游生态环境改善和经济社会可持续发展的前提。近年来，中国藏族聚居区自然保护区建设得到不断加强。以西藏为例，西藏包括 2 个国家重点生态功能区：藏西北羌塘高原荒漠生态功能区、藏东南高原边缘森林生态功能区，面积共计 59.22 万平方公里，占西藏总面积的 49.25%，大约占了西藏自治区全区总面积的一半。藏西北羌塘高原荒漠生态功能区地处青藏高原腹地，在藏西北羌塘高原形成了带幅宽度不一的屏障带，包括阿里地区的日土县、革吉县、改则县和那曲地区的班戈县、尼玛县和双湖县，区域面积 49.44 万平方公里，占西藏自治区全区总面积的 41.12%；区域人口 12.6 万人，占西藏自治区全区总人口的 4.2%。该生态功能区保存着较为完整的高原荒漠生态系统，拥有藏羚羊、黑颈鹤、野牦牛和藏野驴等珍稀特有物种。藏东南高原边缘森林生态功能区在藏东南高原，自错那县沿边境线，向东延伸，经过隆子县、墨脱县至察隅县，形成带幅宽度不一的森林生态功能区，包括山南地区的错那县、林芝地区的墨脱县和察隅县，区域面积 9.78 万平方公里，占全区总面积的 8.13%。该区域人口 4.3 万人，占全区总人口的 1.4%。该区主要以分布在海拔 900～2500 米的亚热带常绿阔叶林为主，山高谷深，天然植被仍处于原始状态，保存完好，对生态系统保育和森林资源保护具有重要意义。

3.4.2　藏族聚居区贫困溢出效应的模型构建

鉴于自然地理环境因素在中国藏族聚居区经济社会发展中的重要性，我们以中国藏族聚居区17个地（市、州）2007~2013年的空间面板统计数据①为基础，把农牧民人均纯收入作为因变量，借助于ArcGIS、GeoDa和R软件，使用空间计量方法来分析自然地理环境对贫困的影响，并进一步检验中国藏族聚居区17个地、市、州的贫困空间溢出效应及其变化趋势。农村居民人均纯收入是反映地区人口的贫困程度和生活水平状况的重要指标，我们选取中国藏族聚居区17个地（市、州）的农村居民人均纯收入作为因变量。另外，我们查阅相关资料后，根据中国藏族聚居区17个地（市、州）的特点，选取了影响农村居民人均纯收入的变量，共选取了自然环境、社会、经济等3类大指标下的14个二级指标。在表3-14中，$X_1 \sim X_4$主要反映17个地、市、州的自然资源状况；$X_5 \sim X_{12}$主要反映17个地、市、州的交通条件、社会公共服务和农业现代化水平；X_{13}、X_{14}主要反映17个地区政府对社会公共服务和社会基础设施的投入情况。

在不考虑空间相互作用的前提下，具有空间个体效应的基本空间计量面板数据模型如公式（3.1）所示：

$$RuralIncome_{it} = \beta_1 Environment_{it} + \beta_2 Society_{it} + \beta_3 Economy_{it} + u_i + \varepsilon_{it} \qquad (3.1)$$

在式（3.1）中，i、t分别为截面维度和时间维度，i=1，2，…，N；t=1，2，…，T。$RuralIncome_{it}$为地、市、州i在t年份的农牧民人均纯收入的观察值；$Environment_{it}$、$Society_{it}$和$Economy_{it}$分别是地、市、州i在t年份影响农牧民人均纯收入的环境、社会和经济变量的观察值；β为各自变量估计系数；μ_i表示空间个体效应；ε_{it}是均值为零，方差为σ^2，且满足独立同分布的随机误差项。

因为中国藏族聚居区17个地、市、州之间存在明显的空间分布差异，所以在分析17个地、市、州变量关系时，我们需要适当地引入空间统计分析方法。我们在基本面板数据模型（3.1）的基础上，引入了空间回归模型（SAC），该模型结合了空间依赖性和空间异质性。其空间回归模型如公式（3.2）所示。

$$RuralIncome_{it} = \lambda Spillover_{it} + \alpha Environment_{it} + \beta Society_{it} + \gamma Economy_{it} + u_i + \varepsilon_{it}$$

$$Spillover_{it} = W_1 RuralIncome_{it}, \ \varepsilon_{it} = \rho W_2 \varepsilon_{it} + \mu, \ \mu \sim N(0, \sigma^2 I_n) \qquad (3.2)$$

在式（3.2）中，$Spillover_{it}$表示贫困的空间溢出项，λ为对应的空间自回归系数，描述了第i个地、市、州的空间邻接地、市、州的农牧民人均纯收入对它自身所产生的影响；RuralIncome是因变量（农村居民人均纯收入）的观察值，

① 数据主要来源于2008~2014年《中国区域经济统计年鉴》，部分自然环境变量的数据来自各地、市、州的政府工作报告。

W_1 为 $n \times n$ 阶空间权重矩阵，反映因变量在地、市、州间的空间影响方式。误差项的空间溢出项（$W_2\varepsilon$）用来度量本区域观测值受邻接区域因变量的误差冲击程度；ρ 为对应的空间误差回归系数；权重矩阵 W_2 反映误差项在地、市、州间的空间影响方式；随机扰动项 μ 服从同方差的正态分布。我们设置权重矩阵 $W_1 = W_2$，并借助 GeoDa 软件，采取基于距离规则的二进制空间邻接矩阵，并设定中国藏族聚居区 17 个地、市、州的最小地理距离①的空间权重矩阵来估计各指标对农牧民人均纯收入的影响。

3.4.3 贫困的空间溢出效应较明显

由于是面板数据模型，估计方法的选择显得异常重要，需要在固定效应估计与随机效应估计方法中进行选择。表 3－12 显示，对于基本面板数据模型的回归，是否选择随机效应模型（Hausman）的检验统计量值为 57.198，在 0.1% 的显著性水平下拒绝固定效应与随机效应估计无差异的假设。因此，选择固定效应模型进行回归估计更可取。是否存在时间效应检验（pooltest）的统计量值为 0.965，在 10% 的显著性水平下不拒绝“不存在时间效应的假设”，表明不存在未观测到的时间效应，即同一地区在不同年份的观测值不存在明显的差异。而空间关联性检验（bsktest）的统计量的值为 58.62，并通过了 0.1% 水平的显著性检验，表明应该拒绝不存在空间关联效应的原假设，从而应当考虑空间关联效应；也就是说，应该引入空间计量模型。

表 3－12　中国藏族聚居区农牧民人均纯收入的影响因素的计量结果

变量		基本固定效应面板数据模型		空间固定效应面板数据模型	
		系数	t 统计量	系数	t 统计量
自然地理环境变量	年均降雨量对数（X_1）	14.898	3.960***	12.514	5.045***
	人均水资源对数（X_2）	－0.157	－0.223	－0.382	－0.852
	年均日照时数对数（X_3）	149.813	7.180***	85.793	5.545***
	人均耕地面积对数（X_4）	0.039	1.239	0.030	1.579

① 这里的“地理距离”指的是地图上不同区域中心点之间的距离，最小地理距离是指保证每个区域都有邻接空间单元的距离；我们所选择的地区最小地理距离为 276.975 英里。

续表

变量		基本固定效应面板数据模型		空间固定效应面板数据模型	
		系数	t统计量	系数	t统计量
社会地理环境变量	人口密度对数（X_5）	-0.292	-0.409	-0.707	-1.460
	普通公路密度对数（X_6）	0.329	4.139***	0.236	4.607***
	高等公路密度对数（X_7）	0.057	2.263**	0.032	2.103**
	每万人床位数对数（X_8）	0.318	3.470***	0.141	2.454**
	中学师生比对数（X_9）	0.108	2.557**	0.060	2.290**
	人均固定电话户数对数（X_{10}）	-0.051	-2.600**	-0.032	-3.054***
	人均移动电话数对数（X_{11}）	0.0002	0.008	-0.011	-0.632
	人均农业机械动力对数（X_{12}）	-0.007	0.837	-0.016	-0.811
经济变量	人均公共财政支出对数（X_{13}）	0.126	3.948***	0.061	3.048***
	社会固定投资对数（X_{14}）	-0.062	-1.700*	-0.095	-4.274***
贫困的空间溢出项		—	—	0.554	8.159***
空间误差溢出项		—	—	-0.489	-4.448***
R^2		0.948		0.976	
Log-likelihood		141.943		163.731	
AIC		-255.885		-295.462	
F		113.446		—	
Hausman test		Chisq = 57.198	p = 3.614e-07	—	—
pooltest		F = 0.965	p = 0.574	—	—
bsktest		LM-H = 58.62	p = 5.618e-14	—	—
Hausman test for spatial models		—	—	Chisq = 33.531	p = 0.004

注：***、**、*表示在1%、5%、10%水平上显著。

对于空间面板数据的回归，空间固定效应模型检验统计量的值为33.531，并通过了1%水平的显著性检验，拒绝空间固定效应与随机效应估计无差异的假设，空间固定效应模型的估计方法相对更优。与基本固定效应面板数据模型相比，空间固定效应面板数据模型回归参数的拟合优度更好，而且似然估计值（Log-likelihood）从基本面板回归的141.943增加到163.731，AIC值从-255.885减小到-295.462。这表明，引入“贫困的空间溢出项”和“空间误差溢出项”的空间面板计量模型更优。

因此，我们的估算结果分析就以空间固定效应的面板数据回归结果为主。（1）在空间自然地理环境变量中，年均降雨量对数、年均日照时间对数等2个变量与农村居民人均纯收入呈显著正相关；在社会地理环境变量中，普通公路密度、高等公路密度、每万人床位数、中学师生比、人均固定电话数5个变量对农牧民人均纯收入有显著影响，表明了基础设施等公共服务水平落后是阻碍农牧民收入增加的又一重要因素；在经济环境变量中，农牧民人均纯收入与人均公共财政支出呈显著正相关，与人均社会固定资产投资呈显著负相关。（2）“贫困的空间溢出项”的估计系数表明，某个地区邻近空间单元的农牧民人均纯收入的加权平均值对于本地区的农牧民人均纯收入影响显著为正，这再次说明了各地、市、州之间存在着贫困的溢出效应。“空间误差溢出项”的估计系数显著不为零。这表明，影响一个区域农牧民人均纯收入的其他因素还会对周围地区的农牧民人均纯收入产生扩散效应，我们称为间接的贫困溢出效应。总之，如果每个藏族聚居区通过实施减贫措施，比如改善基础设施和提高公共服务水平、引进企业、创新发展模式，不仅能通过创造就业岗位增加本地区劳动力的就业，而且还可以吸纳邻接地区迁移来的劳动力，从而惠及邻接区域，达到协同削减贫困的效果。

第4章

中国藏族聚居区的县域贫困状况

4.1 中国藏族聚居区县域概况

4.1.1 中国藏族聚居区县域的空间分布广

中国藏族聚居区涉及全国5个省（自治区）、19个地（市、州）的151个县（见图4-1）；包括西藏自治区74个县（区、市）、四川藏族聚居区32个县、青海藏族聚居区33个县（市、行委）、甘肃藏族聚居区9个县（市）和云南藏族聚居区3个县。从图4-1中我们可以看出，西部最边远的县是西藏自治区阿里地区的札达县和日土县，而离内地最近的东部县是甘肃省甘南藏族自治州的舟曲县和四川省阿坝藏族羌族自治州的九寨沟县。可见，中国藏族聚居区县域的空间分布十分广阔。

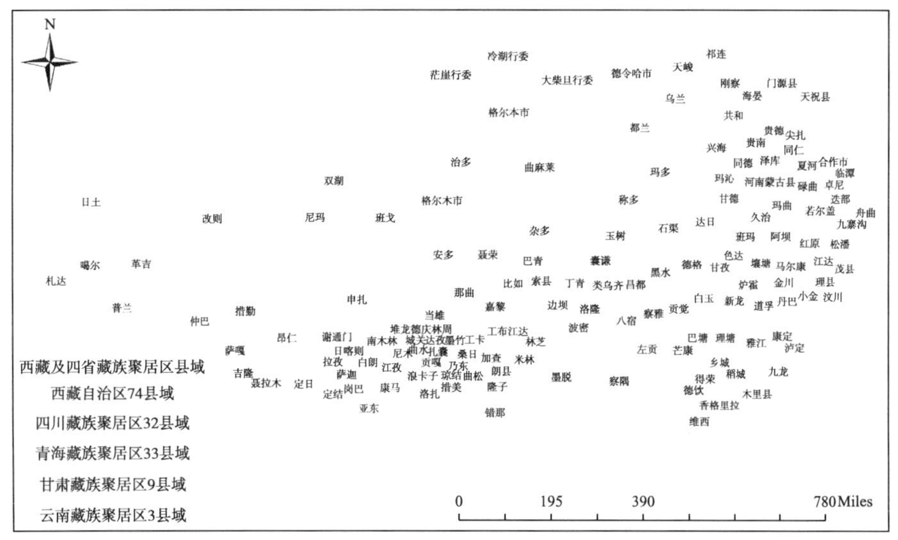

图4-1 中国藏族聚居区县域示意图

4.1.2 中国藏族聚居区牧业县占主导地位

中国藏族聚居区的县域类型可以分为农业县、半农半牧业县和牧业县。从图4－2中我们可以看出，在146个藏族聚居区样本县域①中，农业县、半农半牧业县和牧业县分别有36个、52个和58个；农业县的土地面积占中国藏族聚居区总面积的比例为11.83%，半农半牧业县的土地面积占总面积的比例为25.61%，牧业县的土地面积占总面积的比例为62.55%，牧业县的面积超过了总面积的60%。另外，农业县、半农半牧业县和牧业县各自的经济总量贡献率分别为16.27%、34.19%和49.54%，而人均GDP则分别为22622.36元、21038.45元和31575.97元。可见，在中国藏族聚居区县域中，牧业县的主导地位是非常明显的。

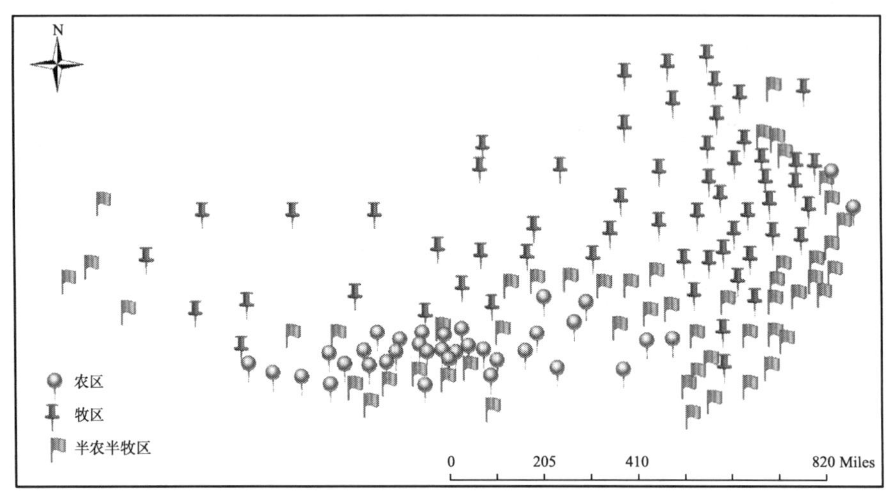

图4－2 中国藏族聚居区的农业县、牧业县和半农半牧业县分布示意图

4.1.3 中国藏族聚居区县域的平均海拔高

中国藏族聚居区县域的海拔高度总体呈现“西高东低，梯次递减”的态势。平均海拔超过4000米的县域就有37个；其中，平均海拔最高的5个县都是西藏

① 本章数据主要来自历年的《中国县域统计年鉴》、《中国区域经济统计年鉴》。由于数据缺失，本章所分析的内容仅涉及中国藏族聚居区151个县（市、区、行委）中的146个县（市、区）；没有包括西藏自治区的城关区和双湖县，也没有包括青海省海西蒙古族藏族自治州的冷湖行委、大柴旦行委和茫崖行委。

自治区的牧区县，它们分别是：那曲地区的班戈县（4714 米）、申扎县（4693 米）、安多县（4679 米）、聂荣县（4619 米）和阿里地区的措勤县（4657 米）。藏族聚居区平均海拔最低的5个县分别是：西藏林芝地区的墨脱县（1101 米）、四川省阿坝州的泸定县（1346 米）、甘肃省甘南州的舟曲县（1369 米）、四川省阿坝州的九寨沟县（1392 米）、四川省阿坝州的汶川县（1433 米）。在中国藏族聚居区，海拔高度对各县域的温度、降雨量、日照、土壤肥沃程度等自然地理环境有着明显的影响；反过来，藏族聚居区县域各自不同的自然地理环境又不同程度地影响着这些地区的人口分布、农业、工业等社会经济的发展。

4.1.4 中国藏族聚居区县域的人均 GDP 低

我们按照人均 GDP 的大小将藏族聚居区 146 个县分成了 5 个层次的县域，形成了藏族聚居区县域的空间分布图，如图 4-3 所示，圆点的大小代表县域人均 GDP 的高低。从图 4-3 中可以看出，中国藏族聚居区县域的人均 GDP 水平整体较低；而且，平均海拔较高的西部县的人均 GDP 普遍低于平均海拔相对较低的东部县。我们还发现，人均 GDP 较高的县，其人口分布相对更为集中，其工业化水平也相对更高；同时，这些地区的基础设施和公共服务水平相对更高，人们的平均健康状况、受教育水平等人力资本水平也相对更高。

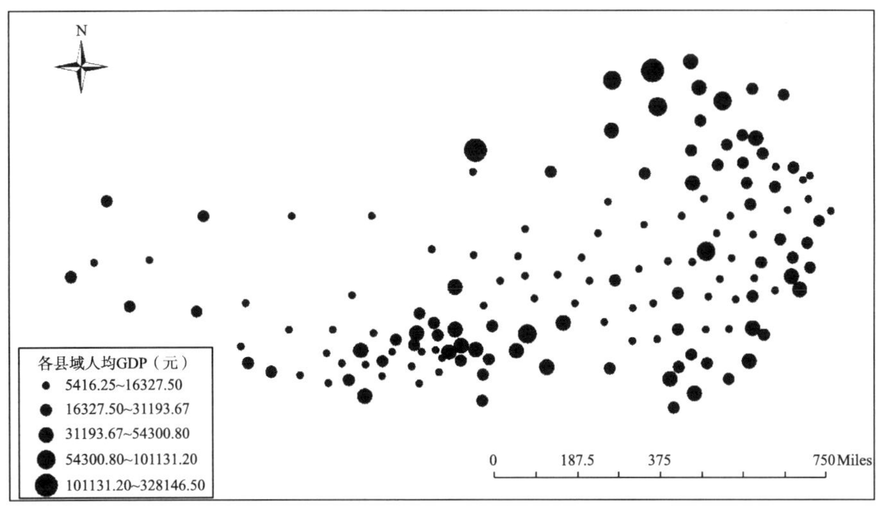

图 4-3 2013 年中国藏族聚居区县域人均 GDP 空间分布示意图

4.2 中国藏族聚居区县域经济社会发展的空间特征

在空间经济学领域中，空间自相关性分析主要用于检验某种现象在空间上是否存在集聚，并描述其在研究区域内分布的空间特征。我们常常运用 Moran's I 指数来检验研究区域内相邻地区是相似（空间正相关）、相异（空间负相关），还是相互独立（随机分布）。其计算公式如下：

$$I = \frac{n\sum_{i=1}^{n}\sum_{j=1}^{n} w_{ij}(x_i - \bar{x})(x_j - \bar{x})}{(\sum_{i=1}^{n}\sum_{j=1}^{n} w_{ij})\sum_{i=1}^{n}(x_i - \bar{x})^2} \tag{4.1}$$

在式（4.1）中，I 是 Moran 指数，n 表示研究区域的空间单元数量，w_{ij}表示空间权重矩阵①，x_i和 x_j分别是空间 i 和空间 j 的属性，$\bar{x}$ 是属性的平均值。Moran 指数 I 取值区间为［-1，1］，Moran 指数的值越接近于 1，表明空间正相关性越强（相似的属性集聚在一起，即高值与高值相邻、低值与低值相邻）；值越接近于 -1，表明空间负相关性越强（相异的属性集聚在一起，即高值与低值相邻、低值与高值相邻）；值等于 0，则表明空间单元属性呈随机分布，不存在空间自相关性。

4.2.1 人口密度随海拔高度的降低而呈增加趋势

从 146 个县域总体来看，2004～2013 年的十年间，县域人口密度的地理分布没有明显变化，但各县的人口密度略有增加。而且，人口密度随县域海拔高度的降低而呈现增加趋势；平均海拔较高的西北部县的人口密度较小，而平均海拔较低的东南部县的人口密度则相对更大。尤其是，平均海拔低于 3000 米的县的人口分布相对更为集中，人口密度更大，如图 4-4 和图 4-5 所示。

2013 年，人口密度最大的 5 个县分别为：临潭县（102 人/平方公里），舟曲县（46 人/平方公里），泸定县（41 人/平方公里），合作市（39 人/平方公里），维西傈僳族自治县（36 人/平方公里）。2013 年，人口密度最小的 5 个县分别为：日土县（0.13 人/平方公里），改则县（0.15 人/平方公里），札达县（0.41 人/平方公里），玛多县（0.41 人/平方公里），尼玛县（0.41 人/平方公里）。值得我们关注的是，中国藏族聚居区县域的人口分布状况不仅仅与本县域的海拔、日照、降雨等自然地理环境有关，还与本县域的经济社会发展水平有着密切的联系。

① 本章的空间权重矩阵是基于 Queen 规则的二进制空间邻接矩阵。

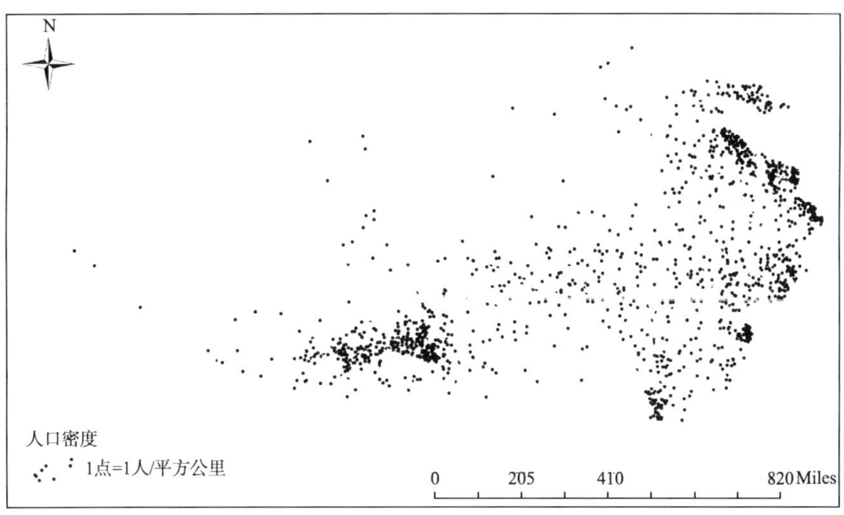

图4－4　2004年中国藏族聚居区县域人口密度示意图

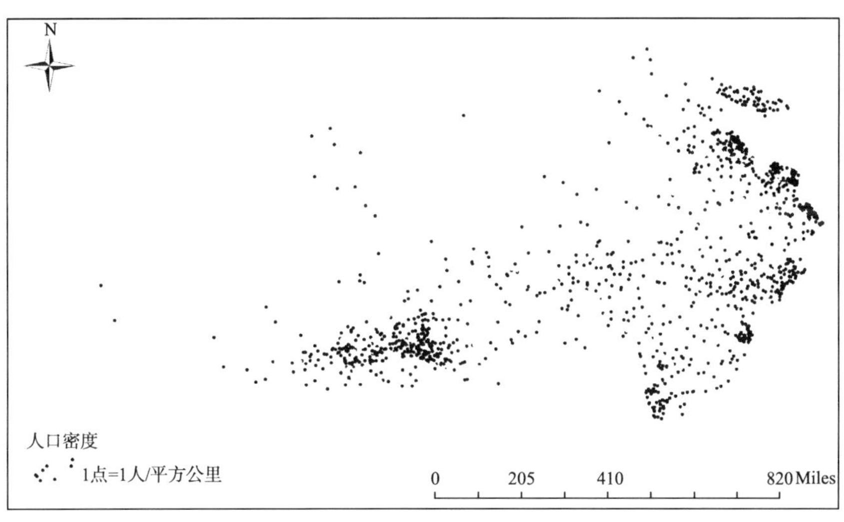

图4－5　2013年中国藏族聚居区县域人口密度示意图

表4－1　藏族聚居区县域人口密度的全局Moran指数的变化情况

县域指标	年份	Moran I			
		statistic	Expectation	Variance	P－value
人口密度	2004	0.2925	－0.0069	0.0023	2.048e－10
	2013	0.2809	－0.0069	0.0023	7.948e－10

表4－1表明，2004～2013年间，藏族聚居区县域人口密度的空间分布都呈现出显著的全局空间正相关性；也就是说，整体而言，藏族聚居区146个县的人口分布呈现出高高聚集或低低聚集态势。2004年和2013年人口密度的全局Moran指数分别为0.2925和0.2809，都通过了0.1%水平的显著性检验。但是，人口密度的空间相关性的强弱程度却没有明显的变化。可能是因为，人口分布的空间关联性水平主要取决于长期不变的自然地理环境因素；因而，人口分布在相当长一段时间内不会发生明显的流动态势。同时，我们也认为，藏族聚居区各县域经济社会发展的长期滞后状态，使得县域间的人口流动不足，从而使得各县域的人口增长主要取决于人口的自然增长。

4.2.2 高海拔地理环境不利于第二、第三产业的发展

我们知道，农牧业等第一产业发展主要依赖于气候、土壤、降水等自然地理环境因素。但是，农业基础设施的完善、灌溉技术的发展等农业现代化水平的提高，有利于农牧业的发展和农牧民增收。因此，藏族聚居区各县域农业现代化水平的提高，将会促进这些地区的第一产业的发展；而第一产业的快速发展，必将会推动这些地区的经济社会发展。图4－6、图4－7分别为2004年和2013年中国藏族聚居区县域的人均农业机械动力的空间分布图，代表了藏族聚居区县域的农业现代化水平。农业机械化是适度规模化经营的必要条件，因为机械化可以提高单位劳动要素的使用效率，也可使劳动力在单位时间内的耕作能力大幅度提高，从而有可能经营更多的土地。因此，农业机械化水平不高和农业科学技术应用不广是制约中国藏族聚居区农牧业发展的重要因素。

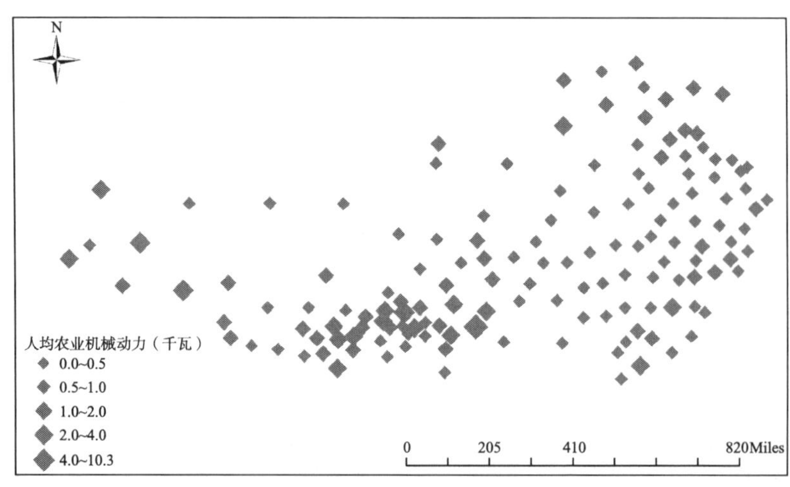

图4－6 2004年县域人均农业机械动力示意图

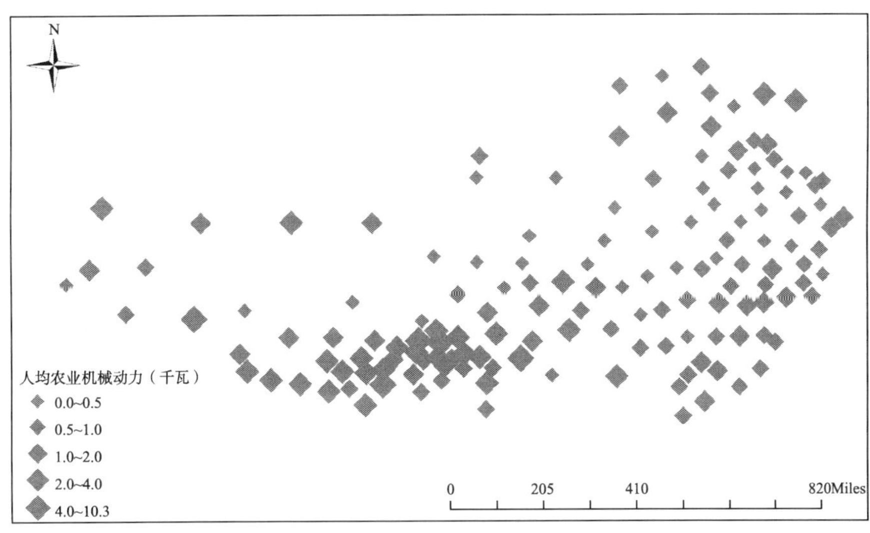

图 4－7　2013 年县域人均农业机械动力示意图

总体来说，十年间藏族聚居区县域的农业现代化水平有了明显的改善。人均农业机械动力超过 1 千瓦的地区，从 2004 年的 33 个县增加到 2013 年的 83 个，覆盖面超过了一半以上，特别是西藏各县有明显改善。结合地理位置来看，2013 年，农业现代化水平高的县域主要集中于西部高海拔地区。可能是因为，高海拔地区环境不利于第二、第三产业的发展，导致这些县域只能依靠农牧业发展，通过发展本地特色优势农牧业来维持县域经济增长。当农牧业发展到一定程度后，必然要求农业机械化水平的提高，从而形成“推拉效应”；即形成农业发展和农业机械水平相互促进的态势。工布江达县、亚东县、日土县、堆龙德庆县、康马县、仲巴县、米林县、达孜县 8 个县的人均农业机械动力超过了 5 千瓦，为这些县域第一产业 GDP 的持续增长奠定了基础。

表 4－2　农业现代化水平和第一产业增量的全局 Moran 指数的变化情况

县域指标	年份	Moran I			
		statistic	Expectation	Variance	P－value
农业现代化水平	2004	0. 2619	－0. 0069	0. 0026	6. 892e－08
	2013	0. 3244	－0. 0069	0. 0026	4. 397e－11
第一产业增量	2004	0. 2029	－0. 0069	0. 0019	6. 148e－07
	2013	0. 5387	－0. 0069	0. 0027	2. 2e－16

由表4-2可知，农业现代化水平的全局Moran指数，从2004年的0.2619增加到2013年的0.3244，都通过了0.1%水平的显著性检验，空间聚集呈增强趋势。受农业现代化水平的空间关联性变化趋势的影响，第一产业增量的空间关联性水平（即全局Moran指数）从2004年的0.2029增加到2013年的0.5387，并通过了0.1%水平上的显著性检验。这表明，中国藏族聚居区各县域第一产业增长的空间关联性水平明显提升，空间正相关性达到了较高水平；另外也说明了，农牧业等第一产业的发展不仅仅取决于地理环境因素，也受到其他经济社会发展因素的影响。

4.2.3 工业发展呈现出向低海拔地区聚集的趋势

中国藏族聚居区各县域2004年和2013年规模以上工业企业个数变化状况如图4-8、图4-9所示①。从图4-8和图4-9中可直观地看出，工业企业主要分布在平均海拔相对较低的东部县域；平均海拔较高的、自然环境恶劣的西部县的工业企业个数极少。2004年，146个县拥有规模以上工业企业的个数为620个，拥有超过2个规模以上工业企业的县有83个，拥有6个以上的“规模以上工业企业”的县只有28个。2013年，146个县拥有规模以上工业企业的个数为441个，拥有超过2个规模以上工业企业的县域有55个，拥有超过6个的规模以上工业企业的县有25个。

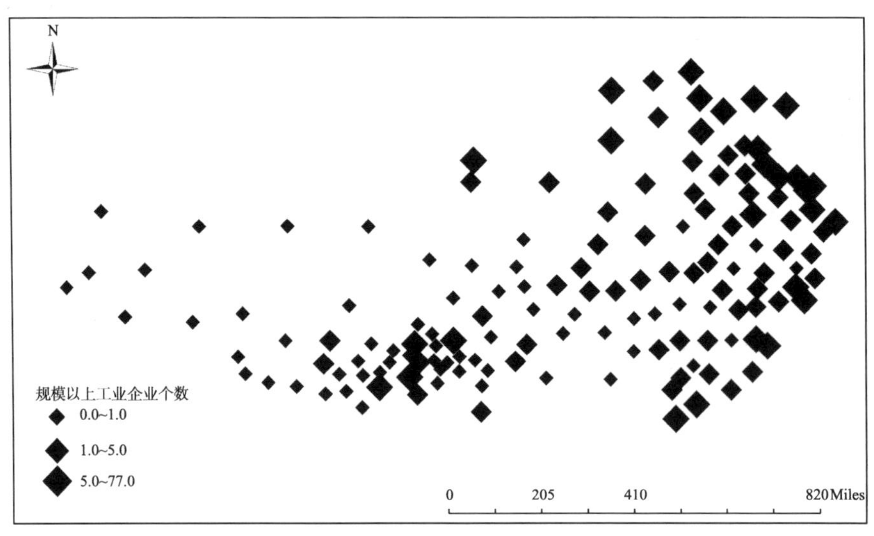

图4-8 2004年县域规模以上工业企业个数示意图

① 由于指标数据的限制，我们用各县“规模以上工业企业个数”代表各县工业化水平。

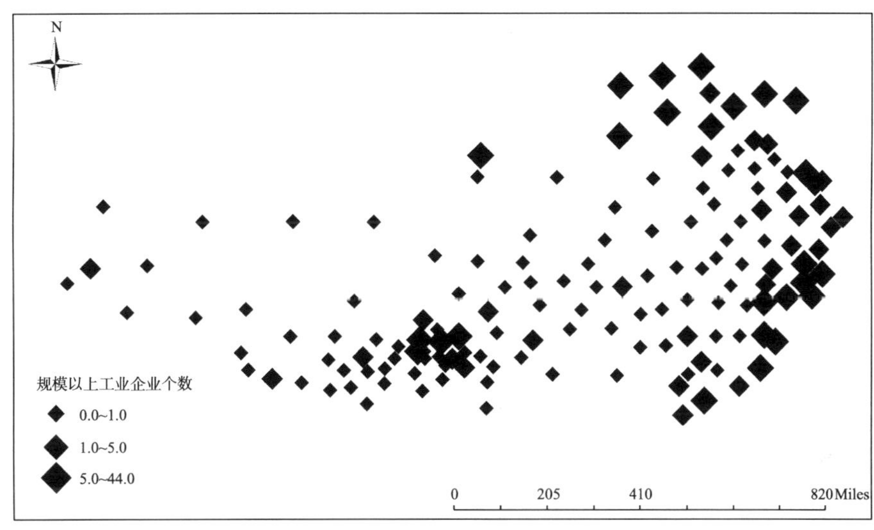

图4-9　2013年县域规模以上工业企业个数示意图

总体来看，十年间，中国藏族聚居区各县规模以上工业企业个数呈现出下降趋势。这表明，藏族聚居区恶劣的高海拔地理环境并不适合规模以上工业企业的发展；反过来说，工业企业的发展经过较长时期的区位选择，更多地聚集在东北部矿产资源丰富的柴达木盆地区域、平均海拔较低的东南部区域、靠近成都平原的区域和拉萨市的周边区域。这是因为，这些地区要么矿产资源丰富且更易于开采，要么交通更为便利，要么人口密度相对更大；而这些有利因素使得相应县域的资源开发成本、运输成本、劳动力成本相对更低，从而诱使工业企业聚集到这些县域，促使这些县域的经济活动相对更为密集、产业集中度更高。

十年来，藏族聚居区县域"工业规模"的空间关联性水平呈现增强态势。2004年的Moran指数为0.1112，在1%水平上显著；2013年的Moran指数为0.3114，在0.1%水平上显著，如表4-3所示。十年来，Moran指数大小和显著性水平都有所增加；即在2013年，"规模以上工业企业个数"在空间上的正相关性水平更大，聚集态势更加明显。第二产业增量在2004年和2013年的Moran指数分别为0.0341和0.0383，说明第二产业发展的空间关联性很弱。

2004年，第二产业的发展在空间上呈现随机分布态势，没有显著的空间关联性；可能是因为2004年各县经济社会发展滞后，交通、通信等基础设施建设跟不上工业发展的速度，从而导致空间关联不显著。2013年，随着藏族聚居区各县经济社会的快速发展，随着公路、铁路、通信等基础设施的改善，第二产业发展的空间关联性水平逐渐变得显著。但是，第二产业发展的空间关联程度仍然很低；可能是因为，藏族聚居区各县的工业发展受自然资源环境的约束较大，产业进入门槛较高；很多情况下，第二产业发展主要是靠政府的推动发展，具有明显的地域性和政策性特征，与周边的县域难以形成集群发展态势，导致空间关联程度较低，从而不如农牧业等第一产业的空间关联强度。

表 4－3　　工业规模和第二产业增量的全局 Moran 指数的变化情况

县域指标	年份	Moran I			
		statistic	Expectation	Variance	P－value
工业规模	2004	0.1112	－0.0069	0.0019	0.0037
	2013	0.3114	－0.0069	0.0024	5.272e－11
第二产业增量	2004	0.0341	－0.0069	0.0014	0.1327
	2013	0.0383	－0.0069	0.0008	0.05198

4.2.4　藏族聚居区中部县域的医疗卫生水平更加滞后

2004～2013 年的十年间，中国藏族聚居区县域的医疗水平有了明显的改善；但和全国平均水平相比，发展水平仍然滞后。对比分析图 4－10 和图 4－11 我们可以看到：在 2004 年，每万人床位数超过 25 张的县只有 51 个；在 2013 年，每万人床位数超过 25 张的县增至 82 个。在 2004 年，每万人床位数超过 50 张的县有 6 个；在 2013 年，每万人床位数超过 50 张的县就增加到 50 个。这些都说明，中国藏族聚居区 146 个县的医疗卫生服务的覆盖面相对更广，尤其是部分县的医疗规模有了显著提高。从图 4－10 和图 4－11 中我们还可以明显看出，中国藏族聚居区中部县域的医疗卫生水平很低，每万人拥有的床位数极少，很多县的每万人拥有的床位数不足 25 张。

从表 4－4 中可以看出，2004 年，中国藏族聚居区县域医疗水平和福利救助水平的全局 Moran 指数分别为 0.0499 和－0.0097，而且都没有通过显著性检验；2013 年，县域医疗水平和福利救助水平的全局 Moran 指数分别为 0.3014 和 0.3149，并且都通过了 0.1% 水平的显著性检验。这表明，2004 年医疗水平和福利救助水平在空间上呈现随机分布状态，没有形成集聚发展态势；2013 年，各县域医疗和福利救助发展的辐射效应明显增强，在空间上呈现出比较强的显著正相关性，呈现出连片发展态势。这种变化的主要原因是，十年来，国家越来越重视公共服务水平均等化的发展，越来越重视中国藏族聚居区的社会保障和福利水平的整体提升。因此，在政府的强力推动下，藏族聚居区各县的医疗卫生事业和福利救助事业得到普遍的发展。但是由于中部县域的政策推动力度不够，中部县域的医疗卫生水平相对更落后。

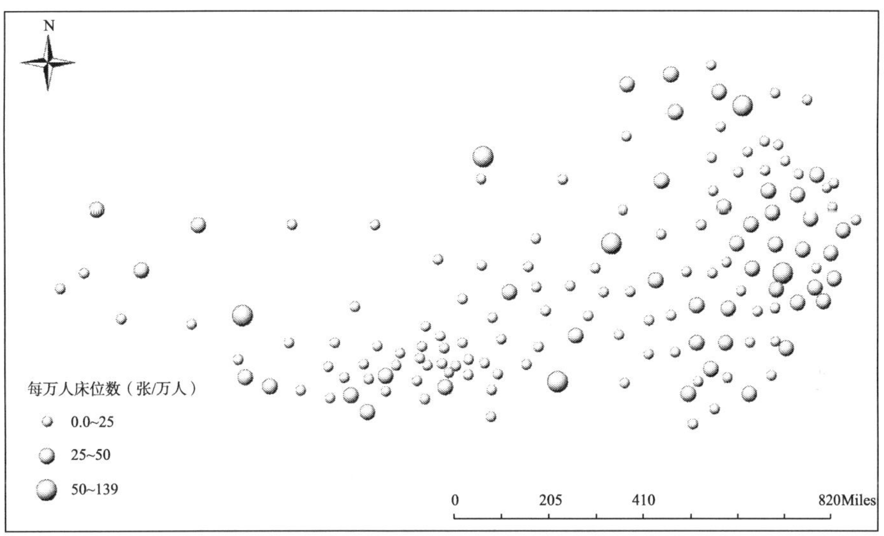

图4－10 2004年县域每万人床位数示意图

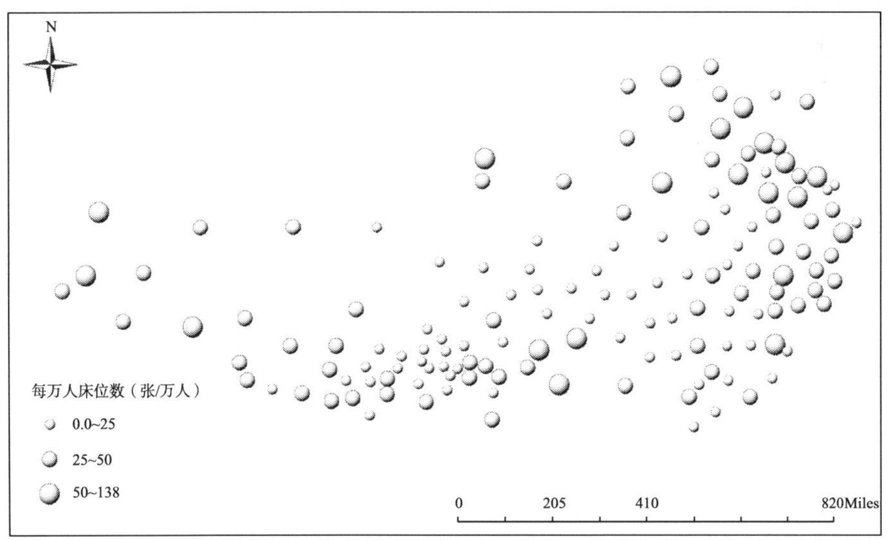

图4－11 2013年县域每万人床位数示意图

表 4－4　　藏族聚居区县域医疗和福利救助水平的全局 Moran 指数的变化情况

县域指标	年份	Moran I			
		statistic	Expectation	Variance	P－value
医疗水平	2004	0. 0499	－0. 0069	0. 0025	0. 126
	2013	0. 3014	－0. 0069	0. 0027	1. 361e－09
福利救助水平	2004	－0. 0097	－0. 0069	0. 0006	0. 5478
	2013	0. 3149	－0. 0069	0. 0027	2. 69e－10

4. 3　中国藏族聚居区县域贫困状况的空间特征

4. 3. 1　县域贫困呈现出较强的空间聚集性

县域人均 GDP 是衡量县域贫困水平的重要指标，通过对藏族聚居区 146 个样本县 2013 年的人均 GDP 进行空间自相关分析，得到如下结果：县域人均 GDP 的全局 Moran 指数为 0. 1261，p 值为 0. 001，通过了显著性检验，说明县域贫困在全局上呈现出空间正相关性。这表明，2013 年藏族聚居区各县的人均 GDP 在空间上并不独立，而是呈现出明显的聚集特征。

通过局部 Moran 散点图，如图 4－12 所示，可以看出，总体上藏族聚居区各县域的经济发展水平在空间上呈现出高高聚集或低低聚集态势。这样的特征为地理加权回归模型的构建奠定了基础，也为模型的有效性提供了必要的保障。

与 Moran 散点图相比，见图 4－13 所示，LISA 显著性地图的优势在于能够进一步区分某县和其邻近县之间属于高高（HH）、低低（LL）、高低（HL）、低高（LH）聚集之中的哪种空间联系形式。结合藏族聚居区县域的 LISA 显著性地图可知：（1）通过显著性检验的高高聚集的县域包括：共和县、天峻县、德林哈市、都兰县、乌兰县、刚察县、祁连县；这些县域地处青海、甘肃、新疆、西藏四省区交界的中心区域，为柴达木盆地资源富集区，优越的资源禀赋结合工业、矿业、化工业等第二产业，以及旅游、零售、金融等第三产业发展的比较优势，为其发展经济创造了极好的条件。（2）通过显著性检验的低低聚集的县域包括：尼玛县、昂仁县、申扎县、拉孜县、尼木县、浪卡子县、丁青县、巴青县、称多县、石渠县、白玉县、新龙县、久治县；这些县域的自然资源相对匮乏，气候恶劣，交通也不便利，离经济中心的距离较远，不利于第二、第三产业的发展，农牧民增收困难。（3）通过显著性检验的高低聚集的县域包括：日喀则市、那曲县、昌都县、色达县；日喀则市、那曲县、昌都县分别为日喀则地区、那曲地区、昌都地区行署所在地，是三个地区的经济政治文化中心，人口较为密集，有其特殊的政治经济文化优势。(4) 通过显著性检验的低高聚集的县域只有安多县。安多县紧邻那曲县和格尔木市，那曲县是那曲地区的经济文化中心，而格尔木市则属于海西州发展得比较好的地区；与它们相比，安多县就会显得发展不足。

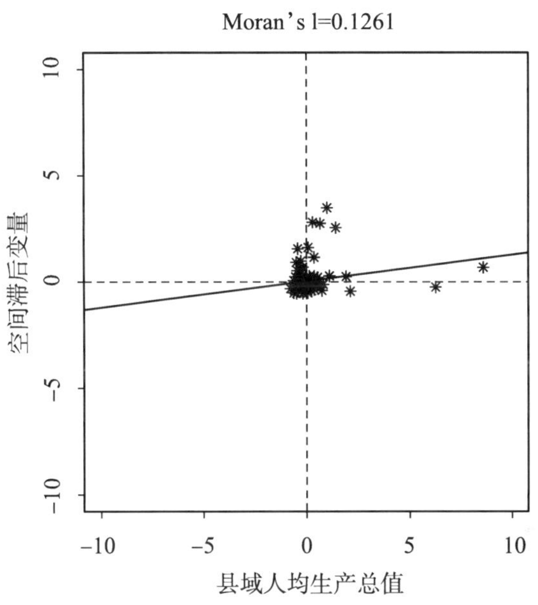

图4－12　中国藏族聚居区县域人均地区生产总值的Moran散点图

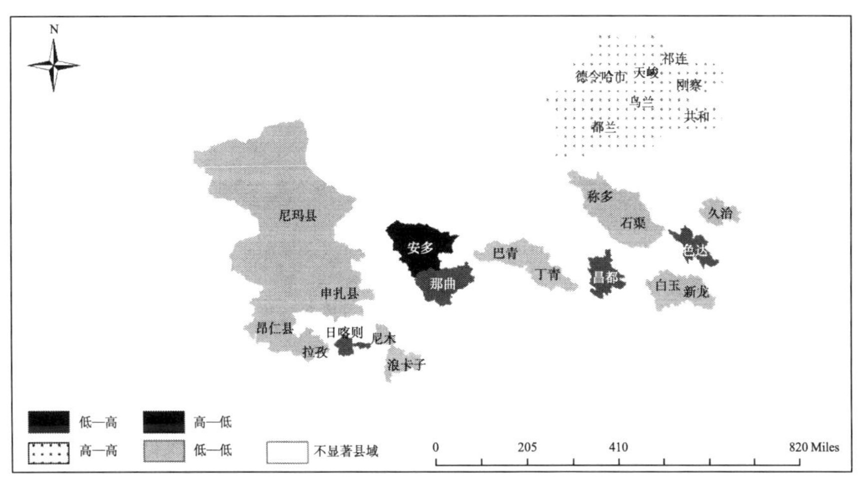

图4－13　中国藏族聚居区县域人均地区生产总值的LISA显著性示意图

从整体来看，平均海拔越高的县，其人均 GDP 则相对越低。图 4 – 14 展示了中国藏族聚居区县域海拔高度与人均 GDP 的负相关关系。值得注意的是，长期以来，藏族聚居区边境县域是整体经济辐射最远的地区，也是资源、政策最后触及的地区，但这些县域却并非是最贫困的县域。我们通过对这些县域的产业组成和居民收入来源构成分析后发现，边境县的发展主要依赖于边境贸易和旅游等第三产业，农牧民的收入主要来自于服务业；其农业和工业发展仍然比较落后。在中国藏族聚居区，人均 GDP 最低的县域主要位于藏族聚居区中部区域，中部县域的贫困主要是空间地理环境约束下的贫困，其贫困发生率在空间上存在着空间溢出效应。中部县域几乎都是牧业县，经济社会发展水平受自然地理环境的约束相对更大，经济发展受自然灾害的影响较大，而且脆弱性很高；它们几乎没有任何产业发展优势，一般只能自给自足，并形成连片贫困现象。

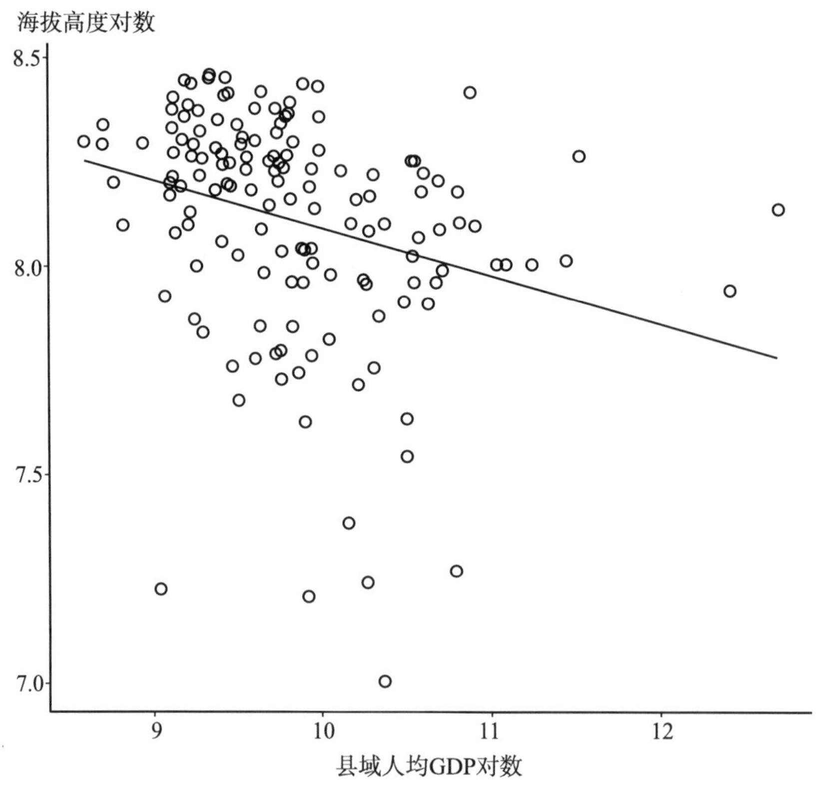

图 4 – 14　中国藏族聚居区县域平均海拔与人均 GDP 的关系图

4.3.2　县域贫困的 GWR 模型构建和估算

4.3.2.1　地理加权回归模型

传统的线性回归模型只是对参数进行“平均”或“全局”估计，如果自变量为空间数据，且自变量间存在空间自相关性，就无法满足传统回归模型（OLS 模型）残差项独立的假设，那么用最小二乘法进行参数估计将不再适用。地理加权回归模型（geogaphically weighted regression model，GWR）将样本数据的地理位置嵌入回归参数之中，对普通线性回归模型进行了扩展，是一种改进的空间线性回归模型。它将空间看作是异质的，考虑局部参数估计，突出不同区域变量之间的空间依赖和空间差异，故能揭示空间异质性或空间非平稳性条件下的空间关系，其估计结果更符合客观实际。

总的来说，GWR 模型相较于 OLS 模型具有以下优点：（1）在处理空间数据时，能够解决 OLS 模型所无法解决的空间自相关问题，模型的参数估计和统计检验更加显著，并且具有更小的残差；（2）每个样本空间单元对应一个系数值，使得模型结果更能反映局部情况，能够还原 OLS 模型所忽略的变量间关系的局部特性；（3）能够通过 ArcGIS 软件将模型的参数估计值反映在地图上，便于进一步构建地理模型，探索空间变异特征和空间规律。

由于 GWR 模型拓展了传统的回归模型，是在全局回归模型的基础上进行的局部参数估计。因此，这里我们将使用 GWR 模型进行分析，其模型结构如下：

$$y_i = \beta_0(u_i, v_i) + \sum_k \beta_k(u_i, v_i)x_{ik} + \varepsilon_i \tag{4.2}$$

在公式（4.2）中，(u_i, v_i) 是第 i 个样本空间单元的地理中心坐标，$\beta_k(u_i, v_i)$ 是连续函数 $\beta_k(u, v)$ 在 i 样本空间单元的值。我们将应用 ArcGIS 10.3 软件中的 GWR 工具来实现 GWR 模型的构建，最优带宽的确定则是构建 GWR 模型的关键。为了取得最优的带宽，我们遵循了常用准则：使 GWR 模型的 AIC 值最小。

4.3.2.2　变量选取

县域人均 GDP 是衡量县域贫困水平的重要指标。因此，我们将藏族聚居区各县的人均 GDP 作为因变量，用来反映藏族聚居区各县域的贫困状况。通过对藏族聚居区 146 个县 2013 年的人均 GDP 的空间自相关分析，得到如下结果：县域人均 GDP 的全局 Moran 指数为 0.1261，p 值为 0.001，通过了显著性检验，表明县域贫困在全局上呈现出空间正相关性。2013 年，各县域人均 GDP 在空间上并不独立，而是呈现一定的聚集特征。这为 GWR 模型的构建奠定了基础，也为模型的有效性提供了必要的保障。

影响藏族聚居区县域贫困状况的因素有很多，包括自然环境因素、经济发展因素和社会发展因素。通过共线性检验后，我们选取了8个指标作为自变量，包括县域人口密度、县域平均海拔、规模以上企业数、人均固定电话数、人均农业机械总动力、人均储蓄、每万人医疗床位数、每万人福利院床位数。这些变量的基本统计特征如表4－5所示。

表4－5　　中国藏族聚居区县域变量的描述性统计表

变量	平均值	标准差	最大值	最小值
因变量:				
县域人均GDP（GDP，元/人）	25615	35016	328147	5416
自变量:				
人口密度（PD，人/平方公里）	5.13	11.25	96.28	0.13
县域平均海拔（AA，米）	3426	796	4717	1101
每万人医疗床位数（PMB，张/万人）	29.69	21.57	138.00	0
每万人福利院床位数（PWB，张/万人）	26.21	24.18	137.50	0
人均农业机械总动力（AMP，千瓦特/人）	0.62	0.68	4.50	0
人均储蓄（PS，元/人）	9005	9695	76188	0
人均固定电话数（PFD，个/人）	0.08	0.14	0.42	0
规模以上企业个数（SE，个）	3	6	44	0

4.3.2.3　模型构建与估算结果

这里，我们以人均GDP为因变量，以上述8个变量为自变量，设第i个县的地理中心坐标为（u_i，v_i），根据选取的影响因素及其参数设定，构建GWR模型如下，见公式（4.3）：

$$\begin{aligned} \ln GDP_i = {} & \beta_0(\mu_i, v_i) + \sum_{j=1}^{k}\beta_1(\mu_i, v_i)x_{ij}(\ln PD) + \sum_{j=1}^{k}\beta_2(\mu_i, v_i)x_{ij}(AA) \\ & + \sum_{j=1}^{k}\beta_3(\mu_i, v_i)x_{ij}(PMB) + \sum_{j=1}^{k}\beta_4(\mu_i, v_i)x_{ij}(PWB) \\ & + \sum_{j=1}^{k}\beta_5(\mu_i, v_i)x_{ij}(AMP) + \sum_{j=1}^{k}\beta_6(\mu_i, v_i)x_{ij}(PS) \\ & + \sum_{j=1}^{k}\beta_7(\mu_i, v_i)x_{ij}(PFD) + \sum_{j=1}^{k}\beta_8(\mu_i, v_i)x_{ij}(SE) + \varepsilon_i \end{aligned} \tag{4.3}$$

在ArcGIS软件中我们应用GWR工具，来实现各自变量回归系数的估算；其中，我们还运用了AICc的方法来计算模型带宽。在GWR模型中，每一个县域单元都有特定的系数，表4-6就对各系数值进行了统计，得到平均值、最大值、最小值、上四分位值、下四分位值和中位值。统计结果表明，各自变量的回归系数在空间上是比较稳定的。另外，从表4-6中，我们也可以看出，模型的拟合优度为0.49，说明GWR模型的拟合效果较好。

表4-6　　GWR模型回归系数的描述性统计分析

因素	平均值	最大值	最小值	上四分位值	下四分位值	中位值
人口密度对数	-0.089	-0.051	-0.146	-0.060	-0.114	-0.084
平均海拔	-0.00008	-0.00002	-0.00003	-0.00004	-0.00001	-0.00006
每万人医疗床位数	0.00261	0.00444	-0.00340	0.00397	0.00174	0.00347
每万人福利院床位数	0.00019	0.00203	-0.00085	0.00084	-0.00055	-0.00009
人均农业机械总动力	0.07321	0.08035	0.06338	0.07615	0.07097	0.07344
人均储蓄	0.000024	0.000028	0.000016	0.000026	0.000023	0.000025
人均固定电话数	1.1604	1.4620	0.9131	1.2423	1.0590	1.1880
规模以上企业数	0.02098	0.03320	0.01527	0.02208	0.01914	0.02074
常数项	9.738	10.573	9.569	9.797	9.596	9.638
Bandwidth	12.27					
Residual Squares	29.57					
Sigma	0.48					
AICc	213.10					
R^2	0.54					
Adjusted R^2	0.49					

计量结果表明，县域人口密度对数、平均海拔的回归系数符号都为负；人均农业机械总动力、人均储蓄、人均固定电话数、规模以上工业企业数的回归系数符号都为正；只有每万人医疗床位数和每万人福利院床位数的回归系数符号有正有负。这表明，县域人口密度、海拔高度与县域人均GDP之间呈现出负相关关系；规模以上工业企业个数、人均固定电话数、人均农业机械总动力、人均储蓄则与县域人均GDP之间呈现出正相关关系；每万人医疗床位数和每万人福利院床位数与县域人均GDP之间的关系呈现出不稳定性。

第5章

中国藏族聚居区贫困的空间分布特征：以四川藏族聚居区为例

5.1 四川藏族聚居区的总体贫困状况

5.1.1 四川藏族聚居区的基本情况

5.1.1.1 四川藏族聚居区是四川省面积最大的连片特困地区

根据《四川省农村扶贫开发纲要（2011～2020年）》，四川连片特困地区包括川东北秦巴山区（34个县）、川南乌蒙山区（9个县）、大小凉山彝区（13个县）、川西北高原藏族聚居区①（32个县），涉及12个地市州的88个县（市、区）；其中，有61个县进入国家连片特困地区县，27个县为省级连片特贫地区县，如图5－1所示。据统计数据，四大片区总面积为37.19万平方公里，四川藏族聚居区的幅员面积为24.58万平方公里，四川藏族聚居区占四大片区总面积的66.09%，是四川省面积最大的集中连片特困地区。②

截至2014年底，四大片区涉及2463个乡镇，有9045个贫困村、107.67万户贫困户和335.13万贫困人口。其中，四川藏族聚居区涉及574个乡镇，有2063个贫困村，贫困村占藏族聚居区行政村的比例为49.8%，占四大片区贫困村总数的22.8%；四川藏族聚居区有9.01万户贫困户，占四大片区贫困户总数的8.4%；有29.84万贫困人口，占四大片区贫困人口总数的比例为8.9%。

① 说明：本章的“高原藏族聚居区”、“川西北高原藏族聚居区”或“四川藏族聚居区”均指的是“四川藏族聚居区”。

② 本章数据主要来源于：四川省扶贫和移民工作局的内部资料《四川省扶贫开发建档立卡2014年度常用数据手册》。

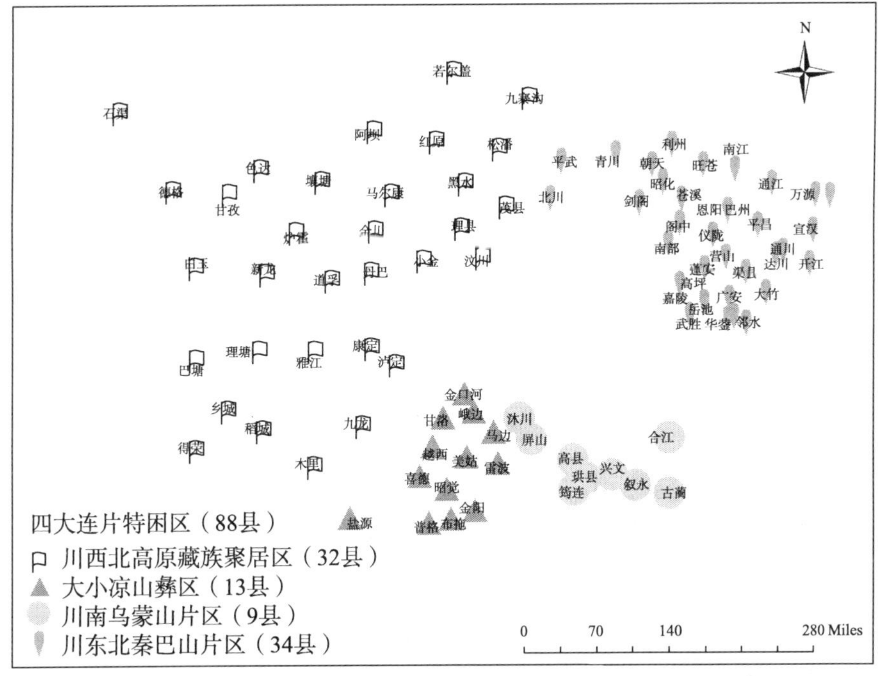

图5－1 全省四大片区88个贫困县的空间分布示意图

5.1.1.2 四川藏族聚居区是四川省贫困发生率最高的地区

对比全省和四大片区的贫困发生率，如图5－2所示，可以看出，2014年四川藏族聚居区的贫困发生率为16.8%，高于大小凉山彝区（16.1%）、乌蒙山片区（10.9%）和秦巴山片区（10.7%）的贫困发生率，也高于全省的贫困发生率（7.7%），是四川省贫困发生率最高的集中连片特困地区。

从图5－3四川省贫困五分位地图中我们也可以看出，全省88个贫困县中，贫困发生率最高的县几乎都成片分布在四川藏族聚居区，余下的贫困发生率高的县零星分布在小凉山彝区和秦巴山片区。

5.1.1.3 四川藏族聚居区是四川省未通电村占比最高地区

截至2014年底，全省有11501个贫困村，贫困户有168.48万户，贫困人口有497.65万人，贫困发生率为7.7%。四川藏族聚居区的贫困村个数占全省贫困村总数的17.9%，贫困户占全省贫困户的比例为5.3%，贫困人口占全省贫困人口的比例为6.0%，贫困发生率是全省平均水平的2倍多，如表5－1所示。

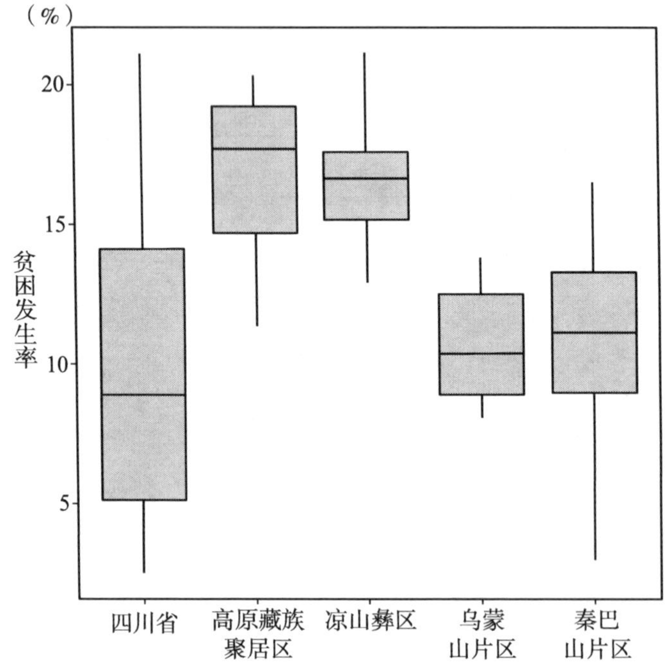

图 5－2　2014 年全省及四大片区的贫困发生率箱线图

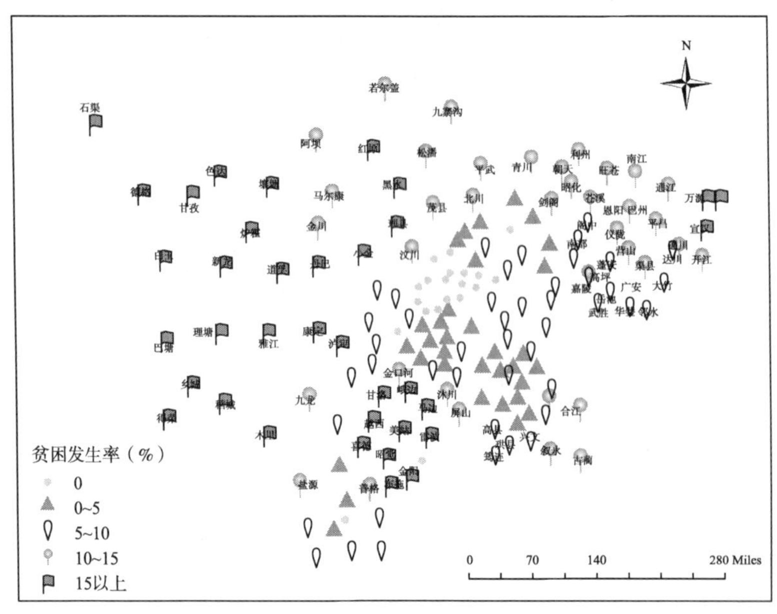

图 5－3　88 个贫困县的贫困发生率五分位图

表5－1　　2014年四川藏族聚居区与全省其他片区的贫困状况对比

地区	贫困村（个）		未通生活用电的自然村（%）	贫困户（万户）	贫困人口（万人）	贫困发生率（%）
	总数	未通客运班车的村				
四川省	11501	1725	3.42	168.48	497.65	7.7
四大片区	9045	1235	4.38	107.67	335.13	11.6
高原藏族聚居区	2063	199	20.18	9.01	29.84	16.8
秦巴山片区	4432	611	0.46	72.28	214.25	10.7
乌蒙山片区	620	151	0.42	14.58	46.38	10.9
大小凉山彝区	1930	274	11.80	11.80	44.66	16.1

数据来源：四川省扶贫和移民工作局，《2014年度四川省扶贫开发建档立卡常用数据手册》。

截至2014年底，四川藏族聚居区未通客运班车的贫困村还有199个，占藏族聚居区总贫困村的9.6%。四川藏族聚居区未通生活用电的自然村有1071个，占藏族聚居区自然村的20.2%，高于大小凉山彝区（11.8%）、乌蒙山片区（0.4%）和秦巴山片区（0.5%）；未通生产用电的自然村有1348个，占藏族聚居区自然村的25.4%，高于大小凉山彝区（20.0%）、乌蒙山片区（9.3%）和秦巴山片区（11.4%）。可见，四川藏族聚居区未通生产生活用电的自然村占比是全省最高的。

5.1.2　四川藏族聚居区贫困户的基本特征

5.1.2.1　四川藏族聚居区贫困户中九成家庭有劳动能力

“一般贫困户”是指家庭年人均纯收入低于国家扶贫标准，但有劳动能力的贫困户；“低保贫困户”是对“一般贫困户”和“低保户”的复选，低保贫困户的家庭成员中至少1人有劳动能力；“低保户”是指家庭年人均纯收入低于当地最低生活保障标准，且符合当地最低生活保障家庭财产状况规定的贫困户。“五保户”是指家庭成员无劳动能力、无生活来源且无法定赡养、抚养、扶养义务人，或者其法定赡养、抚养、扶养义务人无赡养、抚养和扶养能力的贫困户。可见，因为“一般贫困户”和“低保贫困户”这样的家庭是有劳动能力的家庭，所以，这两类家庭是我们政府实施扶贫开发的重点对象。

由表5－2可知，四川藏族聚居区的一般贫困户有6.1万户，占藏族聚居区总贫困户的67.63%；低保贫困户有2.3万户，占藏族聚居区总贫困户的25.50%；两类有劳动能力的贫困家庭合计为8.4万户，占藏族聚居区总贫困户的93.13%，高于大小凉山彝区（92.15%）、乌蒙山片区（88.03%）和秦巴山片区（92.35%）。可见，由于四川藏族聚居区超过90%的贫困户是有劳动能力的，我们要激发这两类贫困户的自我反贫困意识，增强其自我发展的能力。

表5－2　　2014年四川藏族聚居区与全省其他片区贫困户构成比较

单位：万户、%

地区	一般贫困户		低保贫困户		低保户		五保户	
	户数	占比	户数	占比	户数	占比	户数	占比
四川省	120.5	71.52	33.6	19.94	13.7	8.13	0.69	0.41
四大片区	78.9	73.31	19.9	18.49	8.5	7.90	0.32	0.30
高原藏族聚居区	6.1	67.63	2.3	25.50	0.6	6.65	0.02	0.22
秦巴山片区	53.5	73.96	13.3	18.39	5.3	7.33	0.24	0.33
乌蒙山片区	10.1	69.46	2.7	18.57	1.7	11.69	0.04	0.28
大小凉山彝区	9.2	78.50	1.6	13.65	0.9	7.68	0.02	0.17

数据来源：四川省扶贫和移民工作局，《2014年度四川省扶贫开发建档立卡常用数据手册》。
注：占比是指各类贫困户占本地区总贫困户的比例。

5.1.2.2　四川藏族聚居区贫困户中未通电家庭覆盖面广

总的来说，四大片区贫困户的生产生活条件都比较困难，40.9%的贫困户饮水困难，33.0%的贫困户无安全饮水，3.5%的贫困户未通生活用电，20.7%的贫困户未通广播电视，29.7%的贫困户的住房是危房，78.6%的贫困户无卫生厕所；而且这些指标的数值都高于全省平均水平。

表5－3　　2014年全省各片区贫困户生产生活条件困难情况构成　　单位：%

地区	饮水困难	无安全饮水	未通生活用电	未通广播电视	住房是危房	无卫生厕所
四川省	30.2	24.7	2.6	17.2	25.6	75.1
四大片区	40.9	33.0	3.5	20.7	29.7	78.6
高原藏族聚居区	38.1	29.8	18.1	24.5	25.4	55.0
秦巴山片区	39.8	29.5	1.0	17.2	24.4	78.9
乌蒙山片区	43.3	38.1	1.3	25.0	37.9	80.7
大小凉山彝区	47.1	50.8	11.1	35.0	56.6	91.9

数据来源：四川省扶贫和移民工作局，《2014年度四川省扶贫开发建档立卡常用数据手册》。
注：占比是指生产生活条件困难贫困户占本地区贫困户总数的比例。

从表5－3中我们也可以看出，尽管国家和四川省委、省政府对四川藏族聚居区开展了大量的扶贫开发工作，但四川藏族聚居区的剩余贫困户的生产生活条件仍然非常困难。在9.01万户贫困户中，38.1%的贫困户饮水困难，29.8%的贫困户无安全饮水，18.1%的贫困户未通生活用电，24.5%的贫困户未通广播电视，25.4%的贫困户的住房是危房，55.0%的贫困户无卫生厕所。尤其值得关注的是，四川藏族聚居区未通生活用电的贫困户覆盖面广，贫困户中未通生活用电的贫困户为1.9万户，占藏族聚居区贫困户总数的18.1%，高于大小凉山彝区（11.1%）、乌蒙山片区（1.3%）和秦巴山片区（1.0%），也高于全省的平均水平（2.6%）。可见，四川藏族聚居区贫困户中的缺电情况是最严重的。

5.1.2.3　四川藏族聚居区贫困户中的七成家庭入户路况糟糕

2014年，在全省168.48万户贫困户中，40.6%贫困户的入户路况为普通人行道路，38.2%贫困户的入户路况为普通泥土公路，16.8%的为水泥路面公路，3.8%的砂石公路，仅有0.5%的沥青路面公路。在四大片区107.67万户贫困户中，有44.4%贫困户的入户路况为普通人行道路，有36.9%贫困户的入户路况为普通泥土公路，有14.7%的为水泥路面公路，有3.3%的为砂石公路，仅有0.6%的贫困户的入户路面为沥青路面公路，如表5－4所示。

表5－4　　2014年四川藏族聚居区与全省其他片区贫困户入户路况构成　　单位：%

地区	普通人行道路	普通泥土公路	砂石公路	水泥路面公路	沥青路面公路
四川省	40.6	38.2	3.8	16.8	0.5
四大片区	44.4	36.9	3.3	14.7	0.6
高原藏族聚居区	30.0	44.2	2.4	23.0	0.5
秦巴山片区	43.0	37.2	3.3	15.8	0.7
乌蒙山片区	57.0	28.5	5.0	9.2	0.4
大小凉山彝区	48.6	39.9	2.2	9.1	0.3

数据来源：四川省扶贫和移民工作局，《2014年度四川省扶贫开发建档立卡常用数据手册》。

图5－4给出了四川藏族聚居区贫困户的入户路面类型构成。从箱线图中可以看出，整体而言，在四川藏族聚居区贫困户中，普通泥土公路路面入户的贫困户所占比例最大，为44.2%；其次是普通人行道路，普通人行道路面入户的贫困

户占比为30.0%；水泥路面入户的贫困户占比为23.0%，居第三位；砂石路面入户的贫困户占比最少，仅为2.4%；最少的则为沥青路面公路，不到1%，仅有0.5%。

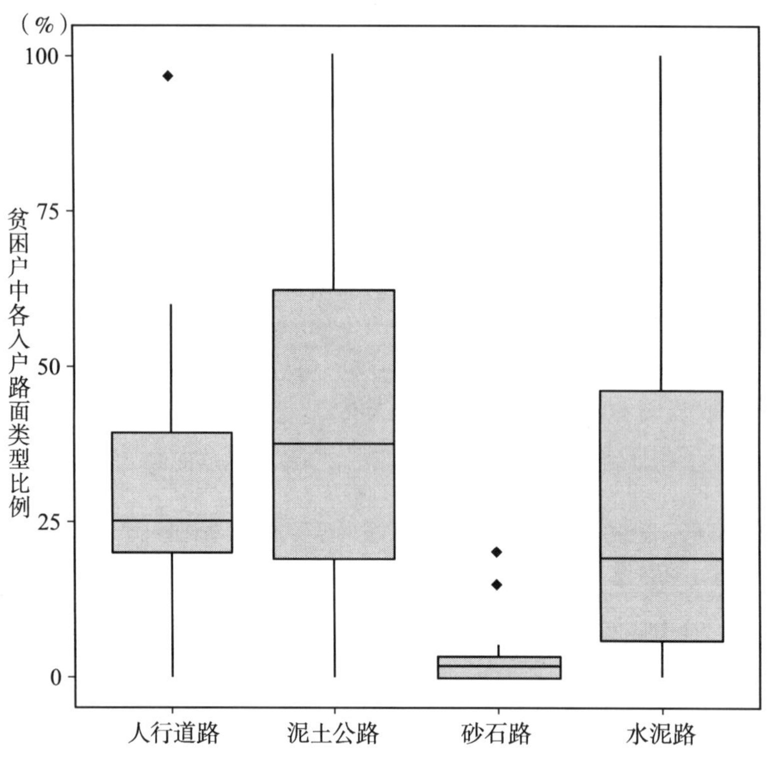

图5－4　四川藏族聚居区贫困户的入户路面类型构成

5.1.2.4　四川藏族聚居区贫困户的年人均纯收入为全省最低

2014年，四大片区贫困户的家庭年人均纯收入为2001元，低于全省贫困户的平均水平（2029元）；家庭人均务工收入700元，略高于全省贫困户平均水平（693元）；家庭人均生产经营性收入1089元，低于全省贫困户的平均水平（1142元）；人均各类补贴485元，低于全省贫困户的488元；人均财产性收入仅为92元，未参与农民专业合作社的比例高达96.8%，如表5－5所示。

表5－5　　2014年全省各片区贫困户家庭收入情况统计　　单位：元、%

地区	家庭年人均纯收入	人均务工收入	人均生产经营性收入	人均各类补贴	人均财产性收入	未参与农民专业合作社比例
四川省	2029	693	1142	488	69	96.9
四大片区	2001	700	1089	485	92	96.8
高原藏族聚居区	1871	458	732	759	209	95.1
秦巴山片区	2113	1078	926	442	34	96.6
乌蒙山片区	2110	856	1247	380	49	96.3
大小凉山彝区	1909	407	1450	358	78	99.8

数据来源：四川省扶贫和移民工作局，《2014年度四川省扶贫开发建档立卡常用数据手册》。

2014年，四川藏族聚居区贫困户的家庭年人均纯收入为1871元，为四大片区乃至全省最低水平；家庭人均务工收入458元，远远低于四大片区平均水平；家庭人均生产经营性收入732元，为全省最低水平；人均各类补贴759元，人均财产性收入为209元，均为全省最高水平，表明政府对四川藏族聚居区的补贴力度比较大；未参与农民专业合作社的比例为95.1%，为全省最低。

5.1.3　四川藏族聚居区贫困人口的基本特征

5.1.3.1　四川藏族聚居区贫困人口中八成为健康人口

2014年，在四大片区335.13万贫困人口中，少数民族比例为20.7%，高于全省贫困人口中少数民族比例（15.6%）；新农保的参保比例为44.8%，低于全省水平（48.5%）；69.7%的贫困人口是健康人口，余下30.3%的贫困人口或者患长期慢性病，或者患有大病，或者是残疾人口，如表5－6所示。而全省贫困人口中则有34.6%的人口患长期慢性病、大病或者是残疾人口，自我发展能力弱。

表5－6　　2014年四川各片区贫困人口基本情况　　单位：%

地区	少数民族比例	新农保参保比例	健康	长期慢性病比例	患有大病比例	残疾人比例
四川省	15.6	48.5	65.4	24.1	4.6	5.9
四大片区	20.7	44.8	69.7	21.4	4.1	4.8
高原藏族聚居区	86.8	37.2	85.5	9.7	2.0	2.8

续表

地区	少数民族比例	新农保参保比例	健康	长期慢性病比例	患有大病比例	残疾人比例
秦巴山片区	1.2	49.8	62.7	27.1	5.0	5.2
乌蒙山片区	6.2	35.6	69.7	19.1	4.6	6.6
大小凉山彝区	85.0	35.6	92.1	4.4	0.9	2.6

数据来源：四川省扶贫和移民工作局，《2014年度四川省扶贫开发建档立卡常用数据手册》。

相比较而言，在四川藏族聚居区29.84万贫困人口中，少数民族的比例是最高的，为86.8%；新农保的参保比例则较低，仅为37.2%；特别值得关注的是，在四川藏族聚居区贫困人口中，85.5%的人口是健康人口，仅有9.7%的贫困人口患长期慢性病，患有大病的比例仅占2.0%，残疾人的比例也只占2.8%。可见，四川藏族聚居区近90%的贫困人口是可以通过增强自我发展能力来摆脱贫困的。

5.1.3.2 四川藏族聚居区贫困人口中六成为普通劳动力

2014年，在四大片区贫困人口中，普通劳动力占比为54.8%，高于全省水平；技能劳动力占比为0.5%，同全省水平相当；8.5%的贫困人口丧失劳动力，36.2%的贫困人口没有劳动力，如表5-7所示。这表明，在四大片区44.7%的贫困人口是不能靠自身来维持生存的；在全省则有46.6%的贫困人口是不能靠自己的劳动力来维持生存的。

表5-7　2014年四川各片区贫困人口劳动能力类型构成　单位：%

地区	普通劳动力占比	技能劳动力占比	丧失劳动力占比	无劳动力占比
四川省	52.9	0.5	9.6	37.0
四大片区	54.8	0.5	8.5	36.2
高原藏族聚居区	62.7	0.4	4.2	32.7
秦巴山片区	53.3	0.6	10.0	36.1
乌蒙山片区	53.5	0.2	10.0	36.3
大小凉山彝区	58.3	0.2	2.2	39.3

数据来源：四川省扶贫和移民工作局，《2014年度四川省扶贫开发建档立卡常用数据手册》。

在四川藏族聚居区贫困人口中，普通劳动力占比最高为62.7%；技能劳动力占比仅仅为0.4%。这说明，在藏族聚居区贫困人口中，劳动力的素质是比较低的，需要加大对劳动力的培训力度，提高劳动力的技能水平。

5.1.3.3　四川藏族聚居区贫困人口中三成为文盲或半文盲

从表5－8中我们发现，无论是从全省而言，还是从四大片区来看，在贫困人口的平均受教育水平构成中，小学文化水平的贫困人口占比最多；其次是初中文化水平的贫困人口的占比；第三位则是文盲或半文盲贫困人口所占比例。

表5－8　　2014年全省各片区贫困人口文化程度构成　　单位：%

地区	文盲或半文盲	学龄前儿童	小学	初中	高中	大专以上
四川省	15.7	4.4	46.2	28.0	4.1	1.6
四大片区	15.8	4.9	45.8	27.4	4.3	1.8
高原藏族聚居区	30.0	6.4	44.8	12.9	3.7	2.2
秦巴山片区	12.8	3.5	43.1	33.2	5.3	2.1
乌蒙山片区	12.3	4.2	52.6	26.8	3.1	1.0
大小凉山彝区	24.5	11.8	51.3	10.0	1.7	0.7

数据来源：四川省扶贫和移民工作局，《2014年度四川省扶贫开发建档立卡常用数据手册》。

图5－5箱线图给出了四川藏族聚居区贫困人口的不同受教育水平。从图5－5中我们可以更清晰地看出，在四川藏族聚居区贫困人口的平均受教育水平构成中，小学文化水平的贫困人口占比最多，为44.8%；其次，是贫困人口中文盲或半文盲人口所占比例，为30.0%。也就是说，在四川藏族聚居区贫困人口中，小学及以下文化程度的贫困人口占总贫困人口的比重达81.2%；初中文化水平的贫困人口占总贫困人口的比重，仅为12.9%；高中及以上文化水平的贫困人口仅占总贫困人口的5.9%。这再次说明，四川藏族聚居区贫困人口的文化水平很低。

5.1.3.4　四川藏族聚居区贫困人口中近七成为劳动年龄人口

贫困人口年龄构成对于区域扶贫政策的制定至关重要。2014年，四川省贫困人口中，16岁及以下人口占15.4%，17～60岁的适龄劳动人口占58.6%，60岁以上人口占26.0%，如表5－9所示。

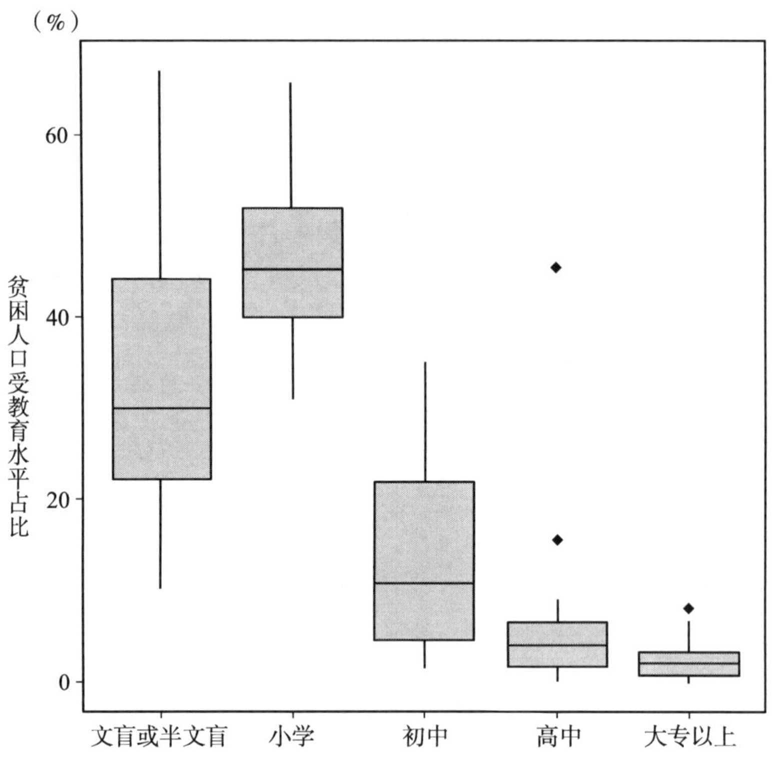

图 5－5 四川藏族聚居区贫困人口的受教育状况

表 5－9　　2014 年全省各片区贫困人口年龄结构构成　　单位：%

地区	16 岁及以下人口	17～30 岁人口	31～40 岁人口	41～50 岁人口	51～60 岁人口	60 岁以上人口
四川省	15.4	16.9	12.2	17.1	12.4	26.0
四大片区	17.1	18.1	12.6	16.9	12.0	23.3
高原藏族聚居区	21.0	24.3	18.8	16.6	8.3	11.0
秦巴山片区	13.1	16.2	11.2	17.4	13.7	28.4
乌蒙山片区	17.6	17.9	12.9	17.8	12.2	21.6
大小凉山彝区	33.1	23.4	15.2	13.8	6.2	8.3

数据来源：四川省扶贫和移民工作局，《2014 年度四川省扶贫开发建档立卡常用数据手册》。

2014 年，在四川藏族聚居区贫困人口中，16 岁及以下人口占 21.0%，60 岁以上人口仅占 11.0%，17～60 岁的适龄劳动人口占 68.0%。在 17～60 岁的适龄劳动人口中，17～30 岁的占比最高，为 24.3%；31～40 岁的占比为 18.8%；41～50岁的占比为 16.6%，51～60 岁的占比为 8.3%，如图 5－6 所示。藏族聚居区适龄劳动力人口数量占总贫困人口数量的近七成，说明藏族聚居区贫困人口的可开发潜力比较大。

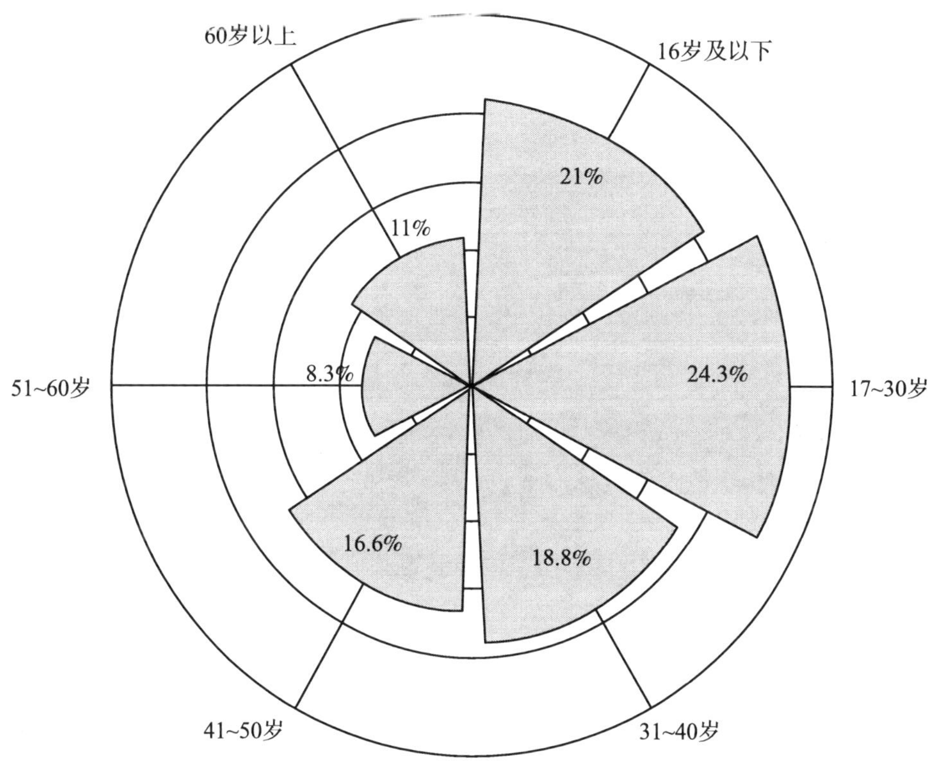

图 5－6 四川藏族聚居区贫困人口的年龄结构

通过进一步的分析可知，四川省贫困人口的总抚养比为 70.65%，其中少儿抚养比为 26.28%，老年抚养比为 44.37%。可见，就全省而言，贫困人口家庭负担比较重，尤其是养老负担比较重。同时，藏族聚居区贫困人口的总抚养比为 47.06%，其中少儿抚养比为 30.88%，老年抚养比为 16.18%。可见，和全省不同的是，藏族聚居区贫困人口的负担主要表现为少儿抚养比较高。

5.1.3.5 四川藏族聚居区贫困人口中八成没有外出务工

2014 年，在全省贫困人口中，79.6% 的人口并没有外出务工；剩下的务工人口中，到省外务工的人口最多，占比为8.0%；其次，是在乡镇内务工的人口占6.2%。四大片区的贫困人口务工的情况与全省情况基本相同，如表5-10所示。

表5-10　2014年四川各片区贫困人口务工情况构成　单位：%

地区	乡镇内务工	乡镇外县内务工	县外省内务工	省外务工	其他
四川省	6.2	2.8	3.4	8.0	79.6
四大片区	6.3	2.6	2.7	9.8	78.6
高原藏族聚居区	13.8	2.8	1.2	0.4	81.8
秦巴山片区	5.2	2.7	3.0	13.0	76.1
乌蒙山片区	6.2	2.3	2.9	8.7	79.9
大小凉山彝区	6.7	1.7	1.7	2.2	87.7

数据来源：四川省扶贫和移民工作局，《2014年度四川省扶贫开发建档立卡常用数据手册》。

但四川藏族聚居区的贫困人口表现出了不同的务工特征。在藏族聚居区贫困人口中，81.8%的人口并没有外出务工；剩下的务工人口中，在乡镇内务工的人口最多，占比为13.8%；其次，为乡镇外县内务工的人口，占比为2.8%；再其次，是县外省内务工的人口，占比为1.2%；最后，最少的是到省外务工的人口，仅占0.4%。同时，我们也发现，四川藏族聚居区的贫困人口中八成没有外出务工；而离家距离越远，外出务工的贫困人口数量就逐渐减少。这说明，由于四川藏族聚居区贫困人口缺乏流动的资本，很少外出打工；即使外出打工，也基本在离家较近的地方打工，到省外打工的数量极小。

从图5-7中我们发现，在四川藏族聚居区，与外省、市接壤的县的贫困人口中外出务工（主要是县域内的外出务工贫困人口）人口比例普遍较高，贫困人口务工比例超过30%的县有5个，它们分别是壤塘县（42.9%）、九龙县（33.3%）、汶川县（33.3%）、黑水县（30.0%）和巴塘县（30.0%）。同时，我们还发现，牧业县贫困人口中外出务工人口的比例则相对更低。

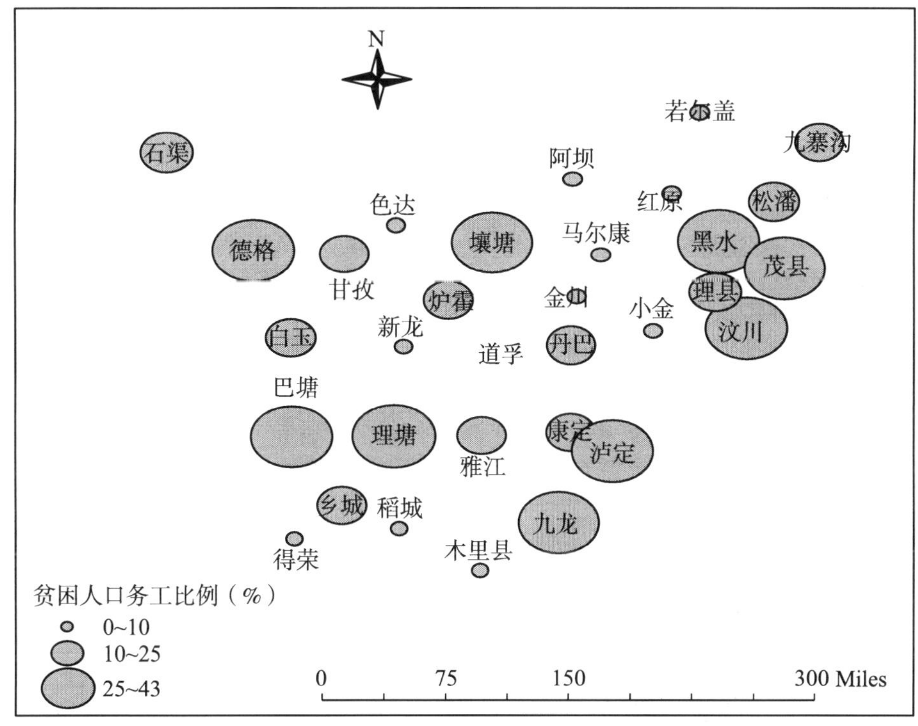

图5－7　四川藏族聚居区各县贫困人口的务工比例示意图

5.2　四川藏族聚居区的县域贫困状况

5.2.1　四川藏族聚居区贫困面广、贫困程度深

5.2.1.1　四川藏族聚居区县域贫困程度深

总的来说，2014年四川藏族聚居区32个县的贫困发生率都很高，而且四川藏族聚居区内部的贫困程度也是不平衡的。西部县的贫困发生率要明显高于东部县的贫困发生率，贫困程度在空间上呈现出“西重东轻”的分布特点。由图5－8可知，在四川藏族聚居区32个县中，乡城县的贫困发生率最高，马尔康县的贫困发生率最低。同时，大部分县的贫困发生率都在15%以上，在全省36个贫困发生率在15%以上的县域中，四川藏族聚居区就有23个，而且它们都位于四川藏族聚居区的西部。贫困发生率较高的5个县分别是乡城县（20.4%）、德格县（20.2%）、理塘县（19.4%）、巴塘县（19.4%）、得荣县（19.4%）；贫困发生率较低的5个县分别是马尔康县（11.4%）、汶川县（11.7%）、阿坝县（13%）、九寨沟县（13.3%）、九龙县（14%）。可见，

四川藏族聚居区西部县域不仅是四大片区最贫困的区域，也是整个四川省最贫困的区域。

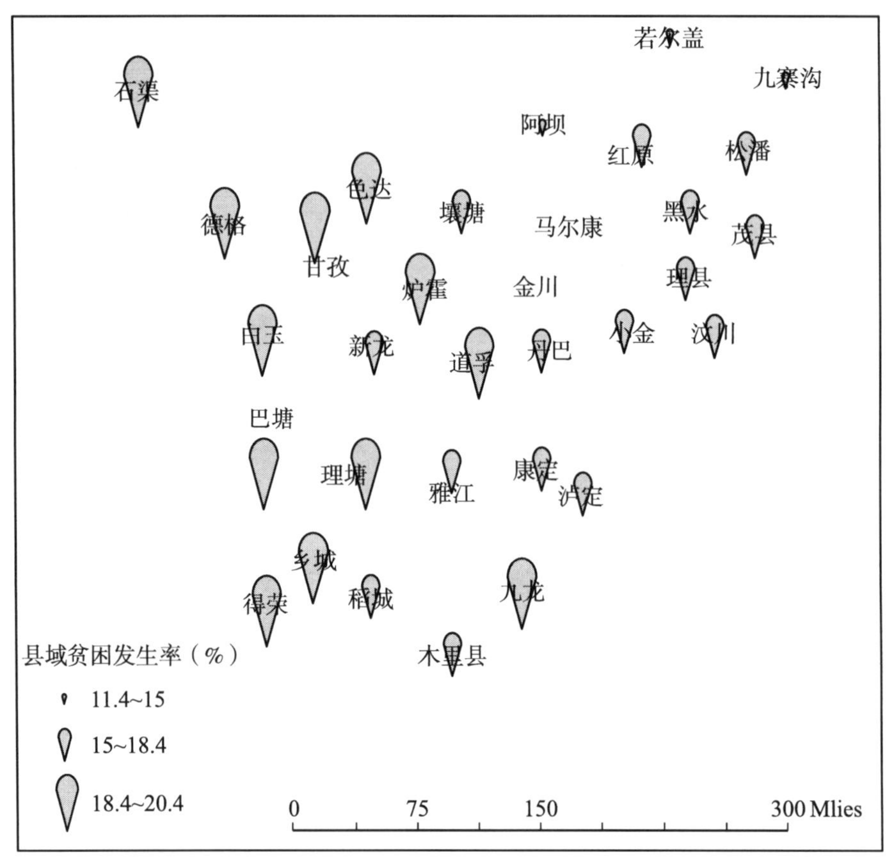

图 5－8　2014 年四川藏族聚居区 32 县的贫困发生率状况示意图

图 5－9 展示了 2014 年四川藏族聚居区 32 个县贫困人口数量的分布状况。从图中我们可以看出，贫困人口数量上万的县共有 9 个；凉山州的木里县是四川藏族聚居区贫困人口数量最多的县，而阿坝州的马尔康县则是四川藏族聚居区贫困人口数量最少的县。贫困人口最多的 5 个县分别为木里县（22565 人）、石渠县（17191 人）、德格县（16761 人）、甘孜县（12278 人）和茂县（12107 人）；贫困人口最少的 5 个县分别为马尔康县（3553 人）、红原县（4213 人）、得荣县（4320 人）、稻城县（4959 人）和乡城县（5176 人）。

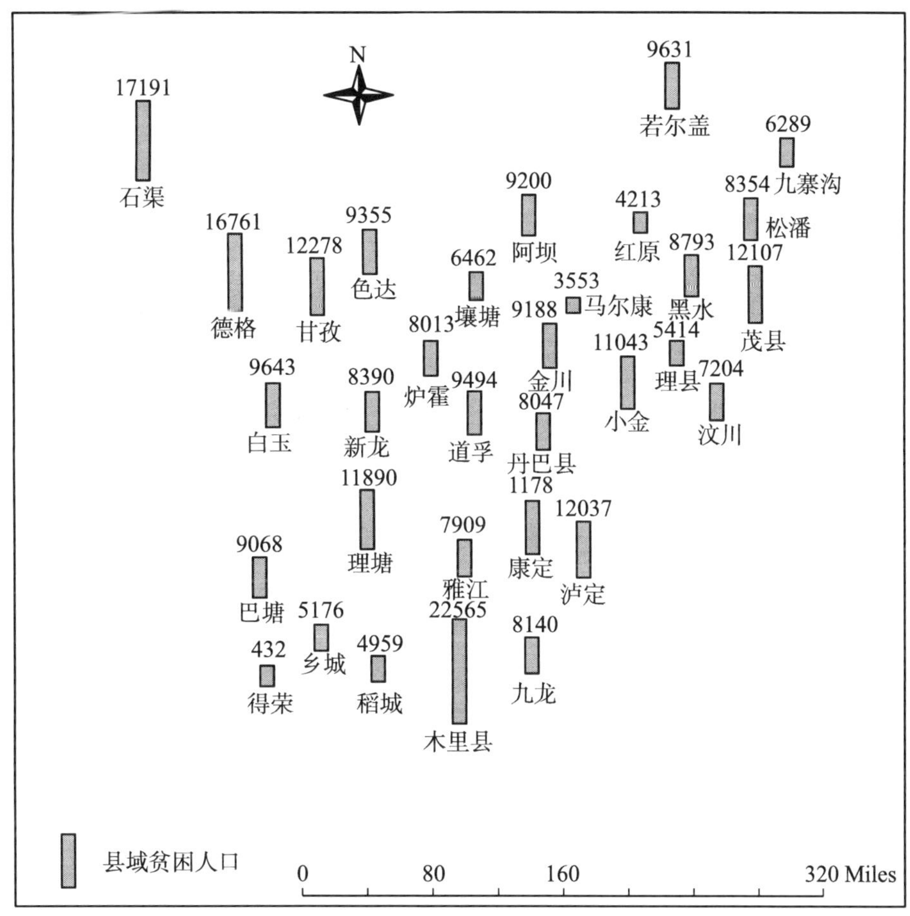

图5－9　2014年四川藏族聚居区贫困人口数量分布示意图

5.2.1.2　四川藏族聚居区县域贫困面广

图5－10展示了2014年四川藏族聚居区32个县贫困村的分布状况。从图中我们可以看出，甘孜州理塘县的贫困村数量最多；阿坝州红原县的贫困村数量最少。2014年，在四川藏族聚居区的32个县中，贫困村数量超过100个的县有4个，它们分别是理塘县（132个）、甘孜县（129个）、石渠县（112个）、德格县（102个）；贫困村数量最少的5个县，分别是红原县（13个）、九龙县（19个）、马尔康县（29个）、阿坝县（35个）和理县（36个）。

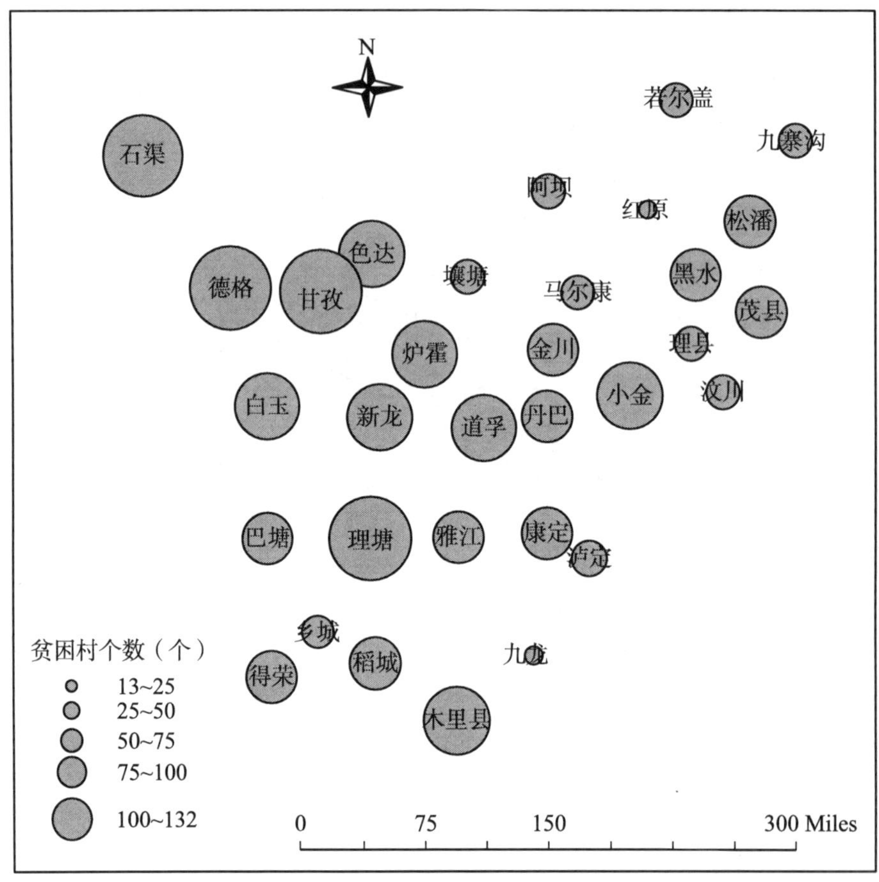

图5－10　2014年四川藏族聚居区32个县的贫困村分布示意图

2014年，在四川藏族聚居区32个县中，贫困户最多的县是甘孜州的德格县，贫困户最少的县是甘孜州的得荣县，如图5－11所示。具体而言，在四川藏族聚居区，贫困户超过5000户的县有4个，它们分别是德格县（8482户）、甘孜县（5353户）、石渠县（5348户）和木里县（5301户）；贫困户不足1000户的县只有2个，它们分别是得荣县（732户）和马尔康县（974户）。

2014年，就四川藏族聚居区整体而言，中等贫困户在总贫困户中占比最大，为33.9%；其次是中下贫困户，占比为26.5%；极端贫困户的占比为23.2%；一般贫困户所占比例最小，为16.4%。一般贫困家庭和中等贫困家庭的数量合计为总贫困户数的一半。可见，四川藏族聚居区反贫困的可行空间还是比较大的。

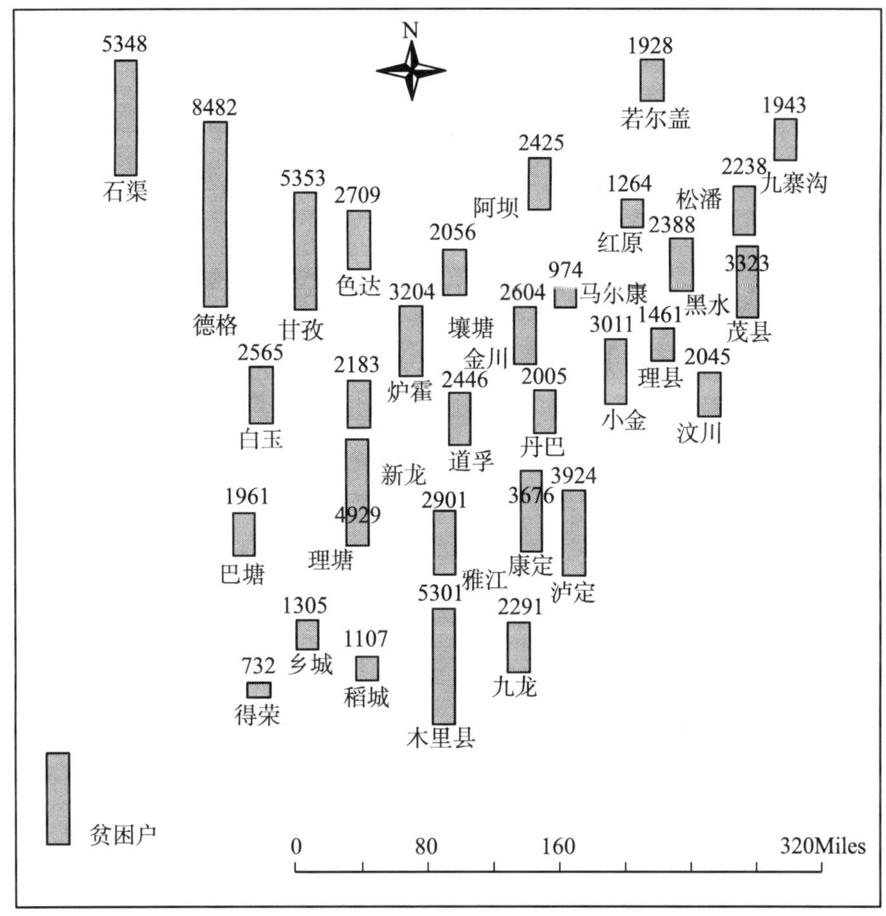

图 5－11　2014 年四川藏族聚居区 32 个县的贫困户分布示意图

分县域来看，如图 5－12 所示，甘孜州康定县的一般贫困户占该县总贫困户的比例最大，而阿坝州红原县的极端贫困户占比最大。具体而言，在四川藏族聚居区，一般贫困户占比最大的 5 个县依次是康定县、金川县、巴塘县、茂县和甘孜县，其比例分别为 34.3%、30.9%、26.8%、26.2% 和 25.5%；极端贫困户所占比例较大的 5 个县分别是红原县、九龙县、石渠县、丹巴县和白玉县，其比例分别为 38.3%、30.1%、27.5%、25.5% 和 25.1%。我们知道，一般贫困户的人均纯收入水平距离国家贫困线最近，而极端贫困户的人均纯收入水平距离国家贫困线最远。因此，对于一般贫困户数占比较大的县，其贫困发生率降低的幅度可能最快。相反，对于极端贫困户数占比较大的县，由于其贫困发生率下降的难度较大，因而贫困发生率的下降幅度可能较慢。

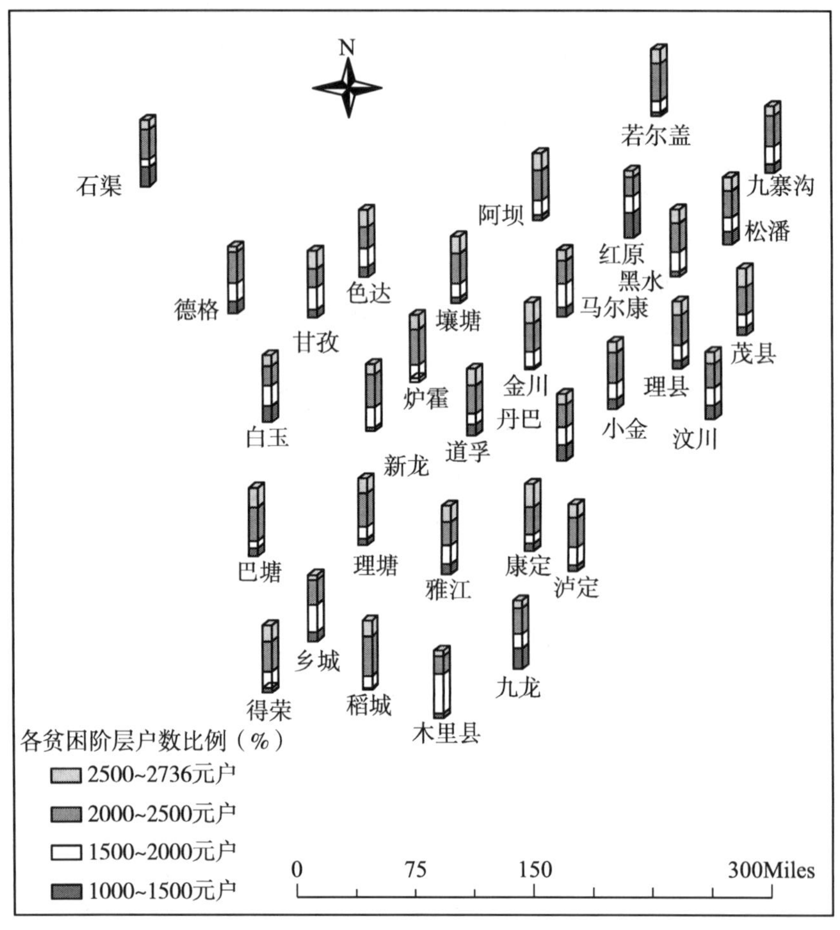

图 5－12　四川藏族聚居区 32 县各类贫困户的构成①示意图

5.2.2　四川藏族聚居区的基础设施发展较滞后

5.2.2.1　四川藏族聚居区各县的道路交通状况

总的来说，四川藏族聚居区各县的道路交通发展是比较落后的，但东部县域的道路交通状况明显优于西部县域。在藏族聚居区 32 个县中，有 18 个县没有高等级公路；二级以上高等级公路里程超过 200 公里的县只有 5 个，它们分别是黑水县（1300 公里）、汶川县（617 公里）、松潘县（400 公里）、红原县（274 公里）和小金县（258 公里）。从图 5－13 中可以看出，这 5 个县几乎都位于四川

① 我们将贫困户按人均纯收入分类，收入在 2500～2736 元、2000～2500 元、1500～2000 元、1500 元以下的分别称为一般贫困户、中等贫困户、中下贫困户、极端贫困户。

藏族聚居区的东北部，距离成都平原更近，如图 5－13 所示。

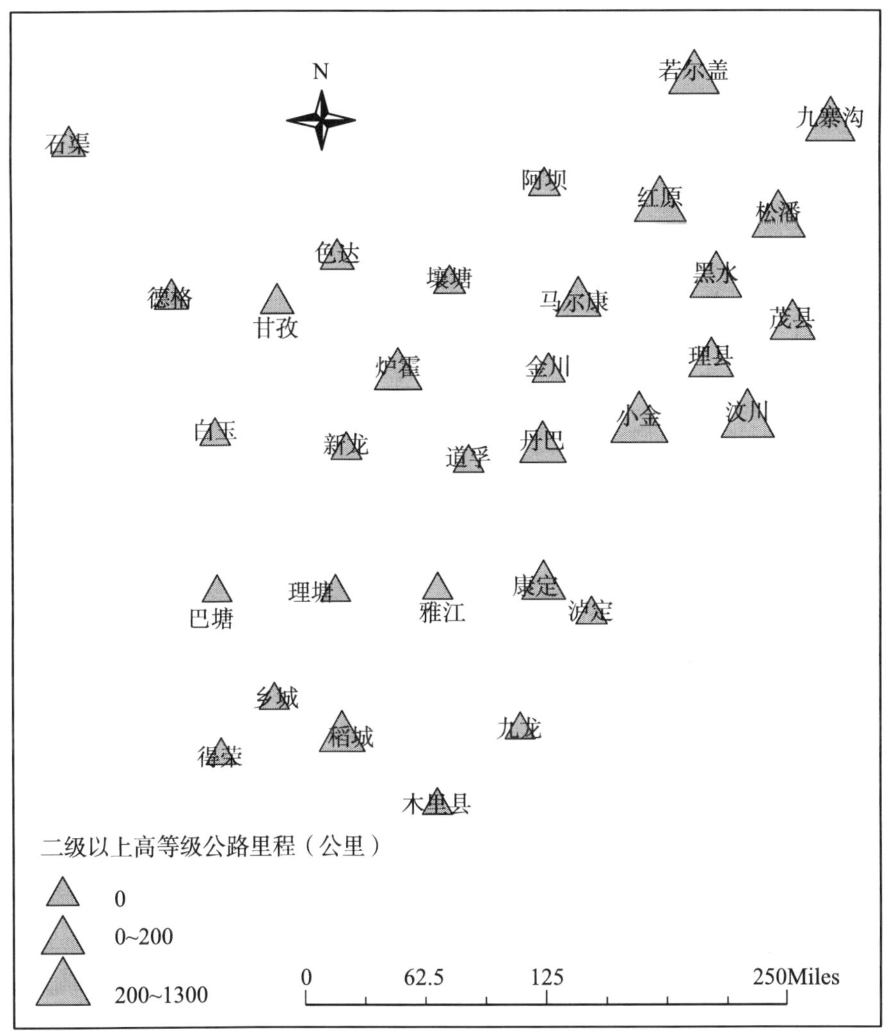

图 5－13　四川藏族聚居区各县二级以上高等级公路里程示意图

高等级的公路服务功能的发挥需要紧密结合县域村庄的道路状况。一般来说，高等级公路里程数较大的县域，其通水泥路行政村的比例也相应更大，如图 5－13 和图 5－14 所示。从图中我们还可以看出，黑水县、汶川县、九寨沟县、理县、金川县等 5 个县的通水泥路行政村的比例已经达到 100%；另外，松潘县（97.9%）和马尔康县（82.9%）通水泥路行政村的比例也超过了 80%。同时，我们也要看到，一些海拔水平较高的西部县通水泥路行政村的比例却不足 10%。

比如，得荣县（0）、德格县（0）、道孚县（3.8%）、甘孜县（4.8%）、雅江县（5.3%）、石渠县（6%）、茂县（8.1%）、白玉县（8.3%），这8个县的贫困发生率也较高。可见，这些县长期相对较高的贫困发生率与该县落后的道路交通状况有着明显的正关系，这充分验证了“要想富，先修路”的深刻道理。

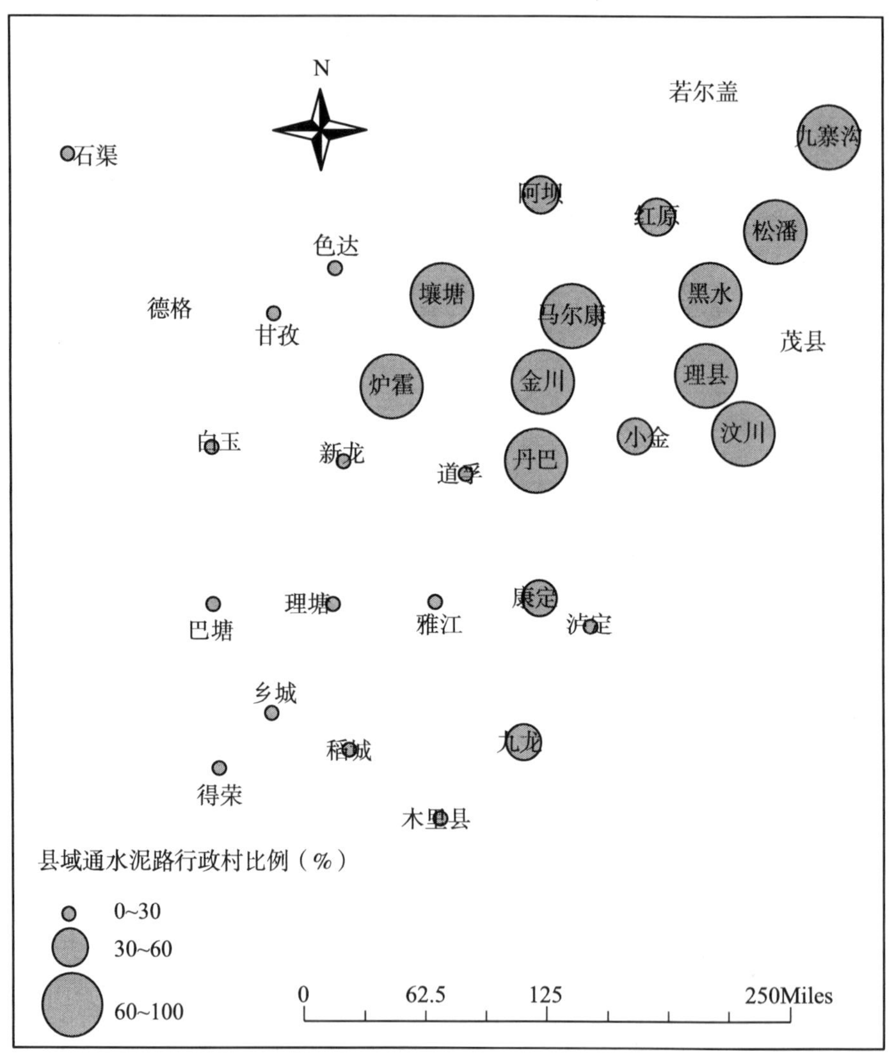

图5-14 四川藏族聚居区各县通水泥路行政村比例示意图

图5-15是藏族聚居区各县贫困户的入户路面类型占比状况。总的来说，藏族聚居区东部县水泥路面入户的贫困户家庭占比高于西部县。水泥路面入户占比

最高的5个县分别为壤塘县（100%）、若尔盖县（80%）、九寨沟县（70%）、汶川县（65%）和金川县（63.33%）。西部各县贫困户的入户路面类型以泥土公路和普通人行道为主。一般来说，贫困户家庭的入户路面会影响家庭农副产品的输出，水泥路面占比少可能使得西部各县的农副产品生产输出相对于东部各县更加困难，这是西部各县贫困发生率更高的又一重要原因。

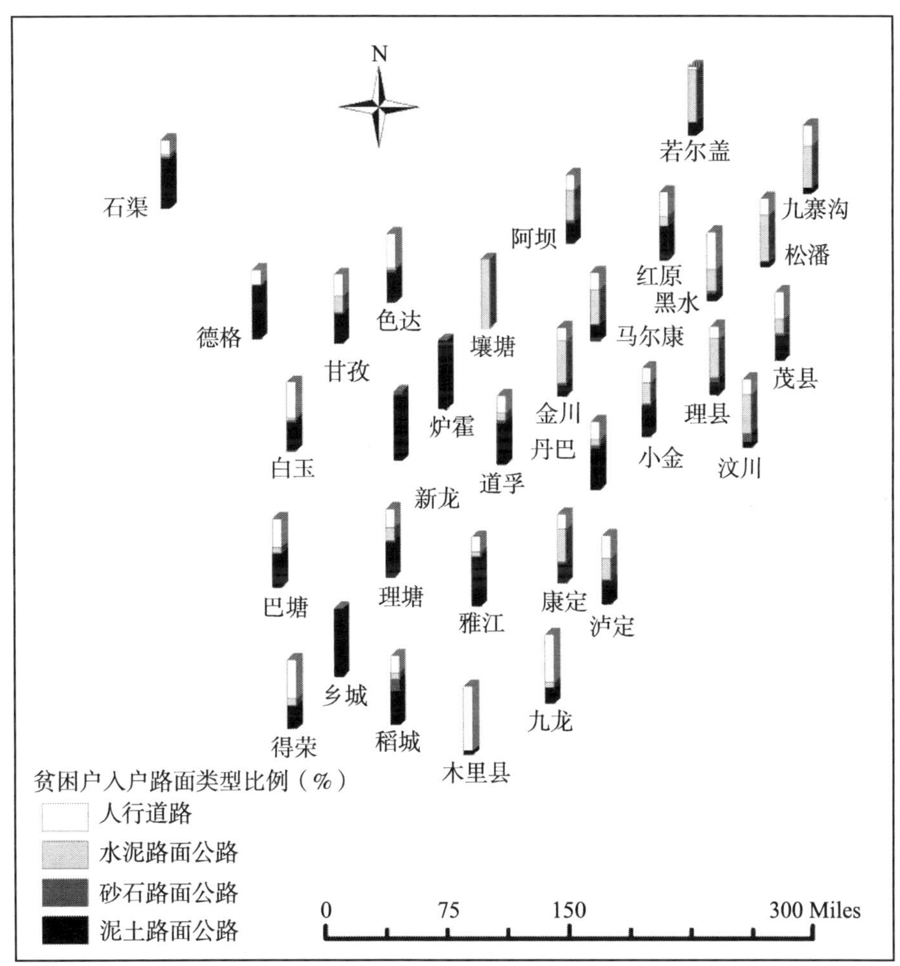

图5-15　四川藏族聚居区各县贫困户入户路面类型构成示意图

5.2.2.2　四川藏族聚居区各县的住房状况

总的来说，当前四川藏族聚居区农牧民家庭的住房条件有了极大改善，但仍有部分县的危房户数占比较高。从全县平均水平来看，危房户数占比低于1%的县有5个，包括木里县（0）、理县（0）、黑水县（0）、色达县（0.52%）和红原县（0.77%）；也就是说，木里县、理县和黑水县的农牧民家庭中没有一户是危房户，而在色达县和红原县每100户农牧民家庭中不到1户是危房户。而且，四川藏族聚居区大多数县（有22个县）的危房户数占比都小于10%。但是，仍有部分县的居住条件没有得到较好的改善，危房户数比例超过了20%，包括稻城县（35.1%）、得荣县（31.5%）、炉霍县（30.4%）、巴塘县（28.2%）、乡城县（23.3%）、九龙县（22.7%）、丹巴县（22.2%）等7个县，如图5-16所示。也就是说，在这7个县里，每5户农牧民家庭中就有至少1户家庭的房屋居住条件没有达到安全标准。

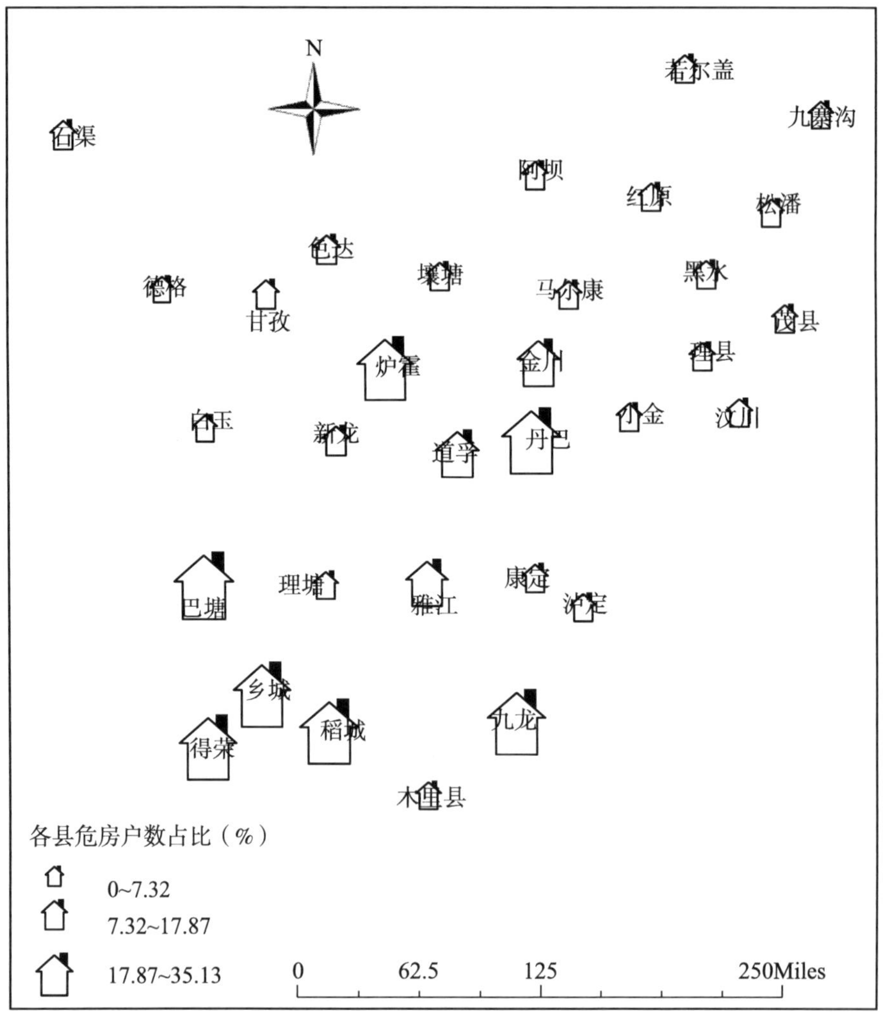

图5-16　四川藏族聚居区各县危房户数占比示意图

5.2.2.3　四川藏族聚居区各县的通讯通信状况

通讯通信水平的高低对于四川藏族聚居区农牧民掌握外界信息，特别是了解农牧产品的价格有着重要的作用。图5－17和图5－18分别展示了四川藏族聚居区通宽带和手机能上网的行政村比例，用来衡量各县的通讯通信水平。由图5－17可知，在四川藏族聚居区，通宽带行政村比例超过50%的县只有5个，它们分别是汶川县（100%）、乡城县（100%）、红原县（94%）、小金县（60%）和康定县（60%）。而通宽带行政村比例不足10%的县则多达14个；其中，占比不足5%的县就有8个，它们分别是石渠县（4.8%）、炉霍县（4.7%）、甘孜县（4.6）、黑水县（4.0%）、新龙县（3.4%）、阿坝县（2.3%）、理县（0）、德格县（0）。我们发现，在四川藏族聚居区32个县中靠近成都平原的东部县通宽带行政村的比例明显高于西部县；汶川县和乡城县全部的行政村都已通宽带，但德格县和理县全部的行政村都没有通宽带。

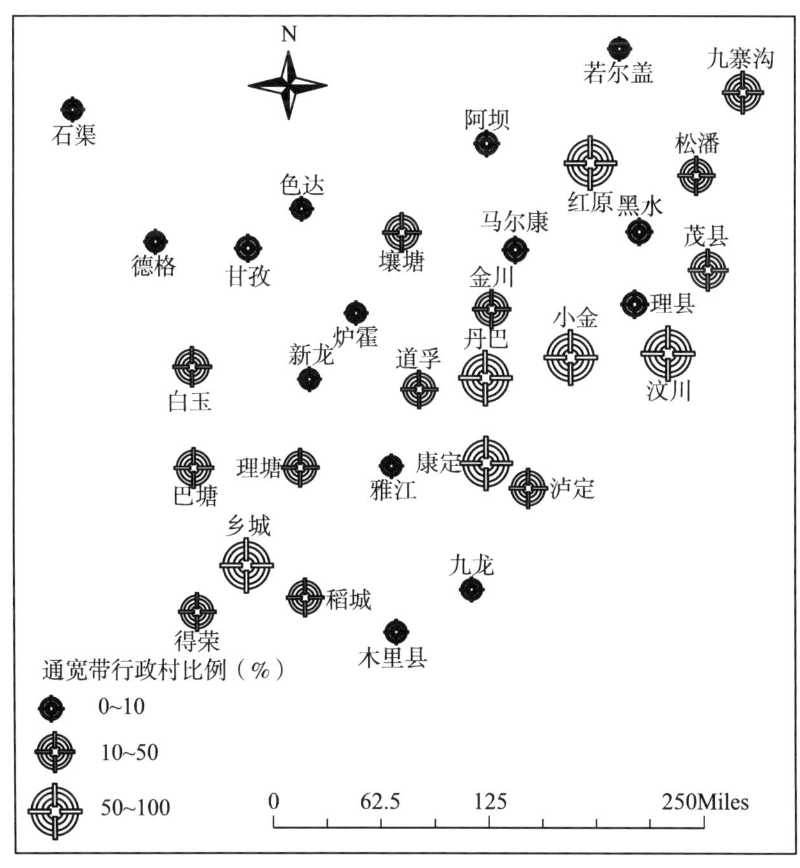

图5－17　四川藏族聚居区各县通宽带行政村比例示意图

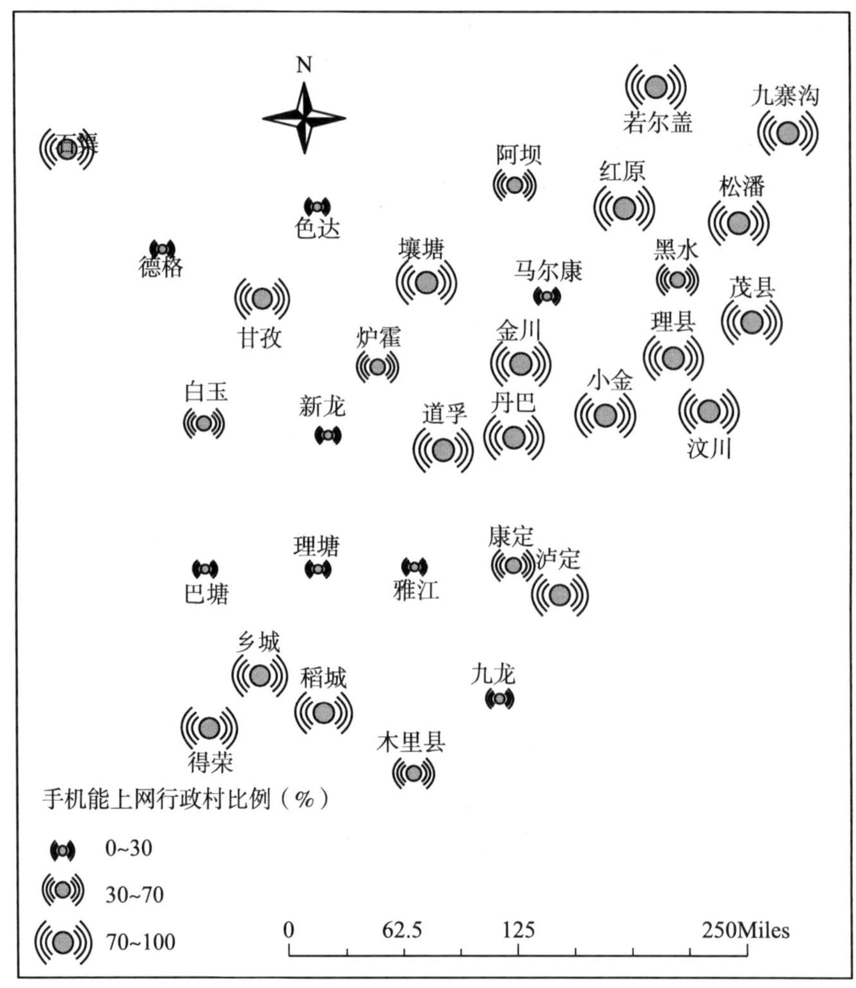

图 5 – 18　四川藏族聚居区各县手机能上网行政村比例示意图

由图 5 – 18 可知，在四川藏族聚居区 32 个县中，手机能上网的行政村比例超过 80% 的县就有 17 个，而且大部分县域也都位于四川藏族聚居区东部。另外，仍有 11 个县手机能上网的行政村比例低于 50%；其中，手机能上网的行政村比例低于 10% 的县有 3 个，包括九龙县（9.5%）、理塘县（0）、德格县（0）。一般而言，在四川藏族聚居区 32 个县中，靠近成都平原的东部县手机能上网的行政村比例明显高于西部县。同时，根据统计数据分析，我们可以看出，德格县和理塘县全部行政村的手机都不能上网。

5.2.3 四川藏族聚居区的公共服务水平较落后

5.2.3.1 四川藏族聚居区各县的教育文化水平较低

地区人力资本特别是教育文化水平的发展，短期内可能对当地的经济发展和反贫困的贡献没有显著效应，但其间接正效应将会在未来较长时间内凸显出来。整体来看，四川藏族聚居区大部分县的学前三年平均入园率和高中阶段毛入学率都超过了50%，但是仍有部分县的比率较低，见图5-19和图5-20所示。

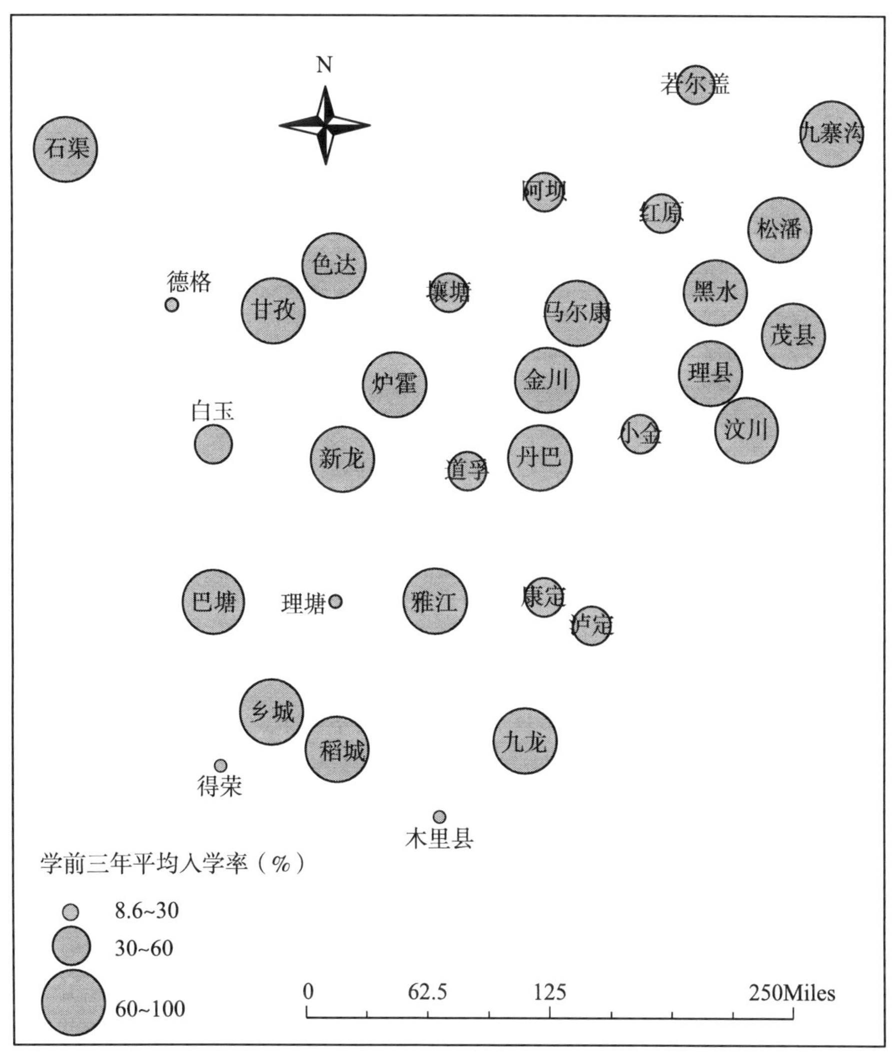

图5-19 四川藏族聚居区各县学前三年平均入园率示意图

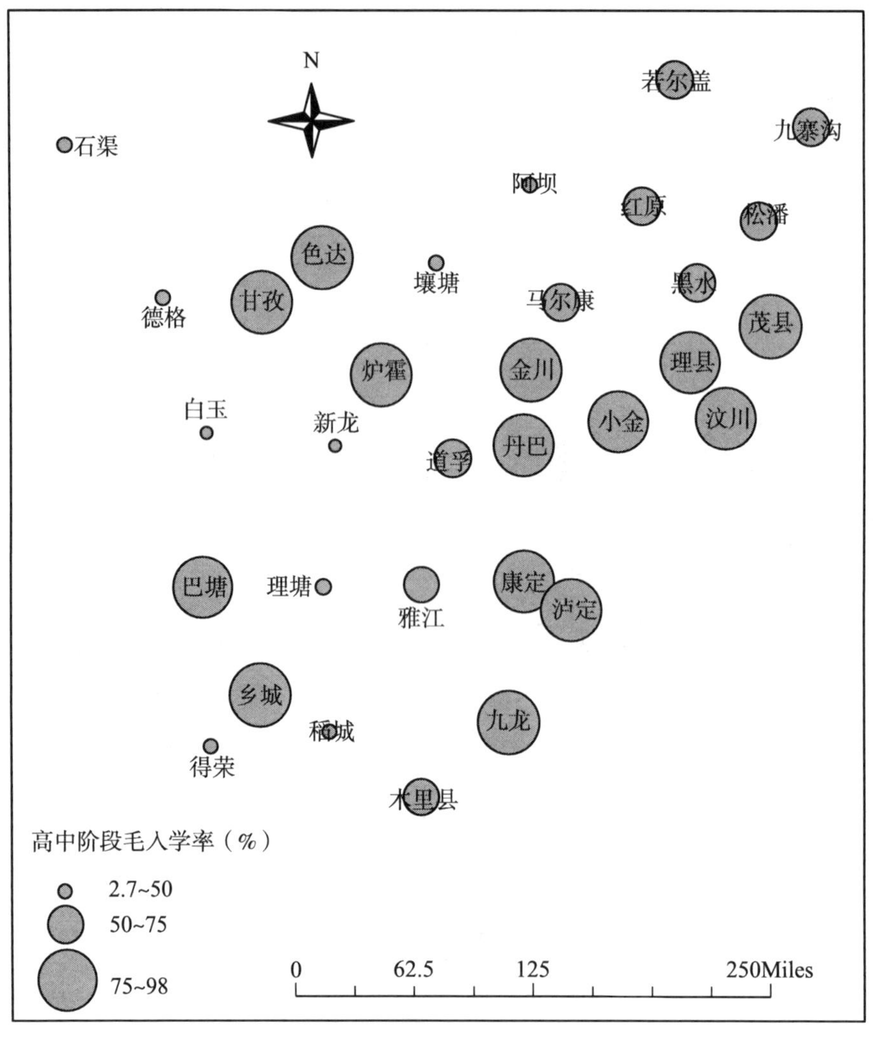

图 5－20　四川藏族聚居区各县高中阶段毛入学率示意图

在四川藏族聚居区，学前三年平均入园率仍低于50%的县有6个，包括木里县（8.6%）、理塘县（13.0%）、得荣县（20.0%）、德格县（30.0%）、白玉县（42.0%）和道孚县（43.1%）；高中阶段毛入学率低于50%的县有9个，基本位于四川藏族聚居区的西部地区，包括稻城县（2.7%）、白玉县（12.0%）、德格县（20.0%）、理塘县（24.0%）、新龙县（26.8%）、得荣县（27.6%）、石渠县（38.0%）、阿坝县（41.2%）、壤塘县（43.5%）。总的来说，靠近成都平原的东部县的高中阶段毛入学率相对更高。

从图5－21中我们可以看到，四川藏族聚居区东部县初中及以上文化程度的贫困人口占该县总贫困人口的比例大于西部县，尤其是靠近成都平原的10个县的贫困人口受教育水平相对更高，文盲或半文盲贫困人口占比较小，它们分别是九龙县、泸定县、康定县、小金县、金川县、汶川县、理县、茂县、松潘县和九寨沟县；西部县初中及以上文化程度的贫困人口占比较小，贫困人口的文化水平主要以小学文化为主；而且在西部县域贫困人口中，文盲或半文盲人口的比例普遍要高于东边县域。从图中我们还可以看出，文盲或半文盲人口占比最高的5个县都在四川藏族聚居区西部地区，它们分别是石渠县（67.0%）、德格县（54.7%）、雅江县（54.4%）、白玉县（51.8%）、道孚县（50.9%）。可见，这5个县超过一半以上的是文盲或半文盲贫困人口，很可能是限制这些县域经济自我发展的又一重要因素。

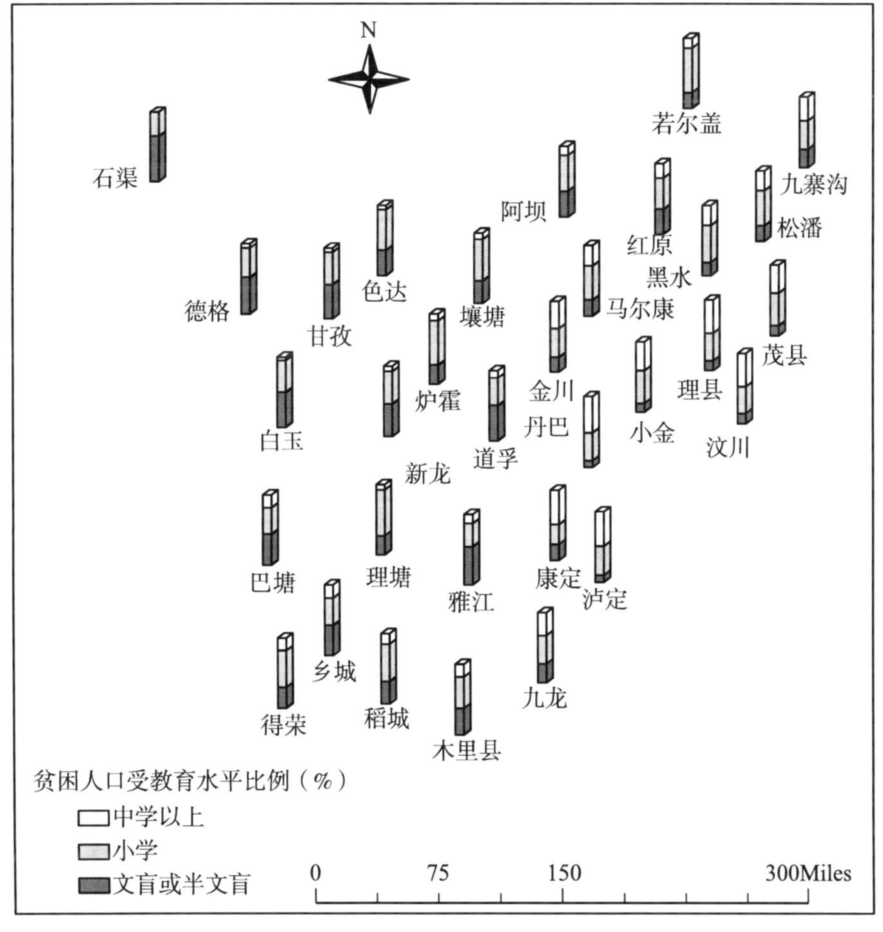

图5-21 四川藏族聚居区各县贫困人口受教育情况构成示意图

5.2.3.2 四川藏族聚居区各县的医疗卫生状况差

由于恶劣的自然地理环境，四川藏族聚居区贫困人口中有部分人口，是因为患病失去劳动力而陷入贫困的，也就是我们常说的“因病致贫”。图 5－22 是四川藏族聚居区各县贫困人口中的患病人口比例图。从图中我们可以看出，就整体而言，四川藏族聚居区东部县的贫困人口的患病比例要高于西部县；其中，贫困人口中患病人口比例超过 20% 的县有 5 个，包括马尔康县（25.0%）、康定县（23.1%）、茂县（21.4%）、阿坝县（20.0%）和红原县（20.0%）。

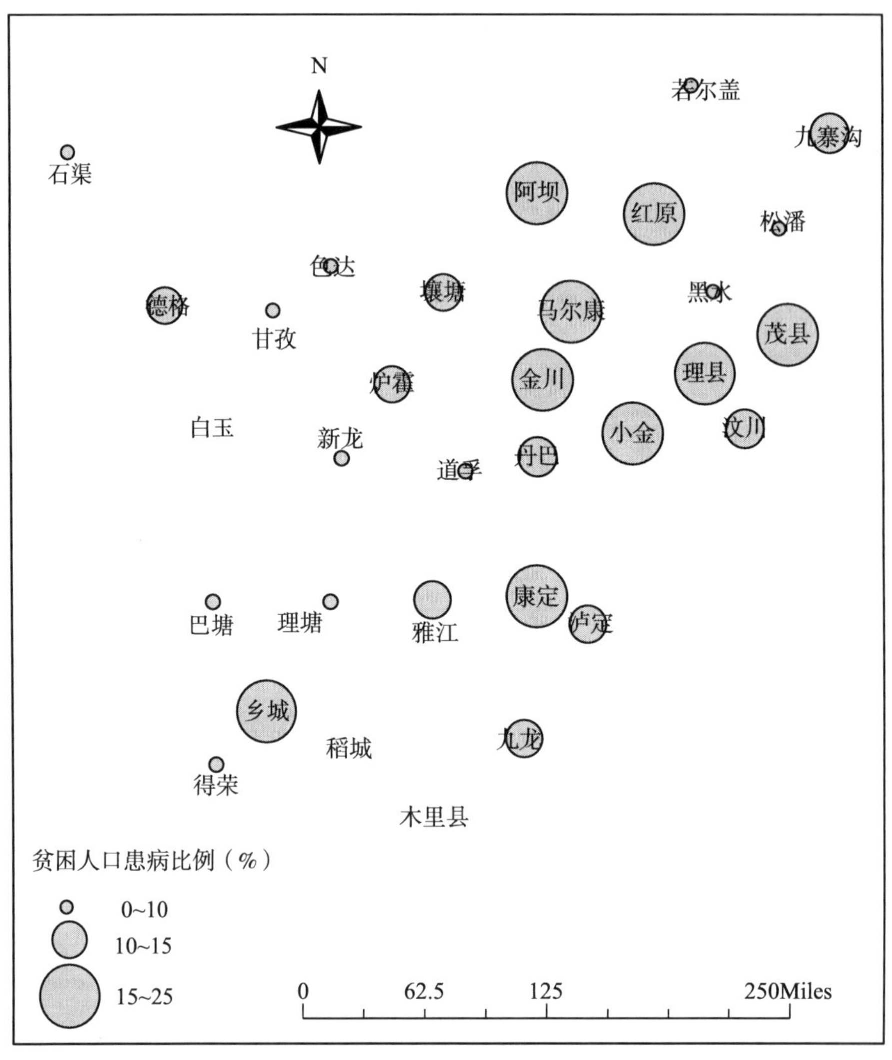

图 5－22 四川藏族聚居区各县贫困人口患病比例示意图

图 5－23 是四川藏族聚居区各县贫困人口中无劳动力人口比例图。全省贫困人口中无劳动力人口比例为 37%，四川藏族聚居区有 15 个县的贫困人口中无劳动力人口比例超过了 37%，超过了全省的平均水平。其中，贫困人口中无劳动力人口比例超过 50% 的县就有 4 个，包括九龙县（55.6%）、理县（50.0%）、巴塘县（50.0%）和石渠县（50.0%）。总之，无论是贫困人口中患病人口比例大的县，还是劳动力资源稀缺的县，都会限制本县域经济的自我发展，也加大了反贫困的难度。

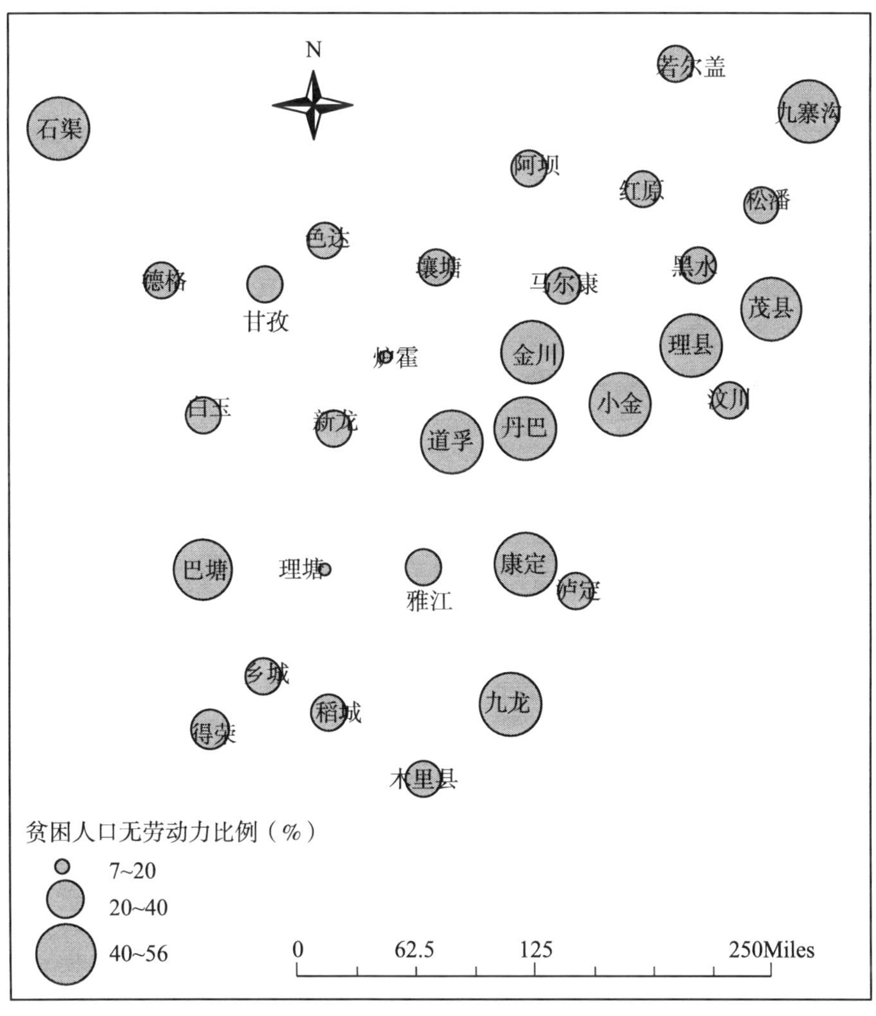

图 5－23　四川藏族聚居区各县贫困人口无劳动力比例示意图

图5－24、图5－25、图5－26分别展示了四川藏族聚居区各县医疗卫生水平的空间分布特征。图5－24显示，四川藏族聚居区有一半的县拥有卫生室的行政村比例超过90%；但仍有4个县的比例不足50%，包括色达县（4.5%）、木里县（35.4%）、巴塘县（39.3%）和松潘县（45.5%）。图5－25显示，每千人医疗技术人员数达到50人的县只有3个，包括雅江县（99人）、黑水县（89人）和色达县（67人）。但是，四川藏族聚居区绝大部分县（有24个县）的每千人医疗技术人员数低于10人；其中，低于5人的就有17个县。图5－26显示，每千人床位数超过100张的县只有3个，包括雅江县（189.2张）、黑水（173张）、色达县（149张）；同时，绝大部分县（有22个县）的每千人床位数不超过10张。可见，医疗水平相对落后的县域与其相对较高的贫困发生率有着密切的联系。

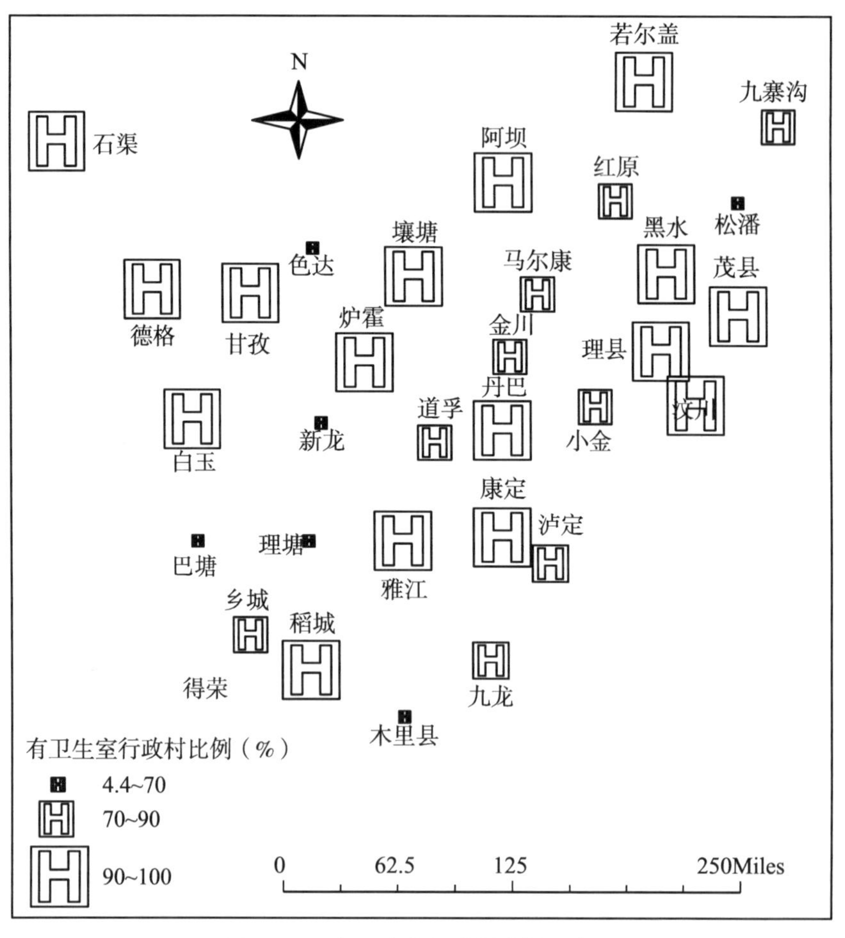

图5－24　有卫生室行政村比例示意图

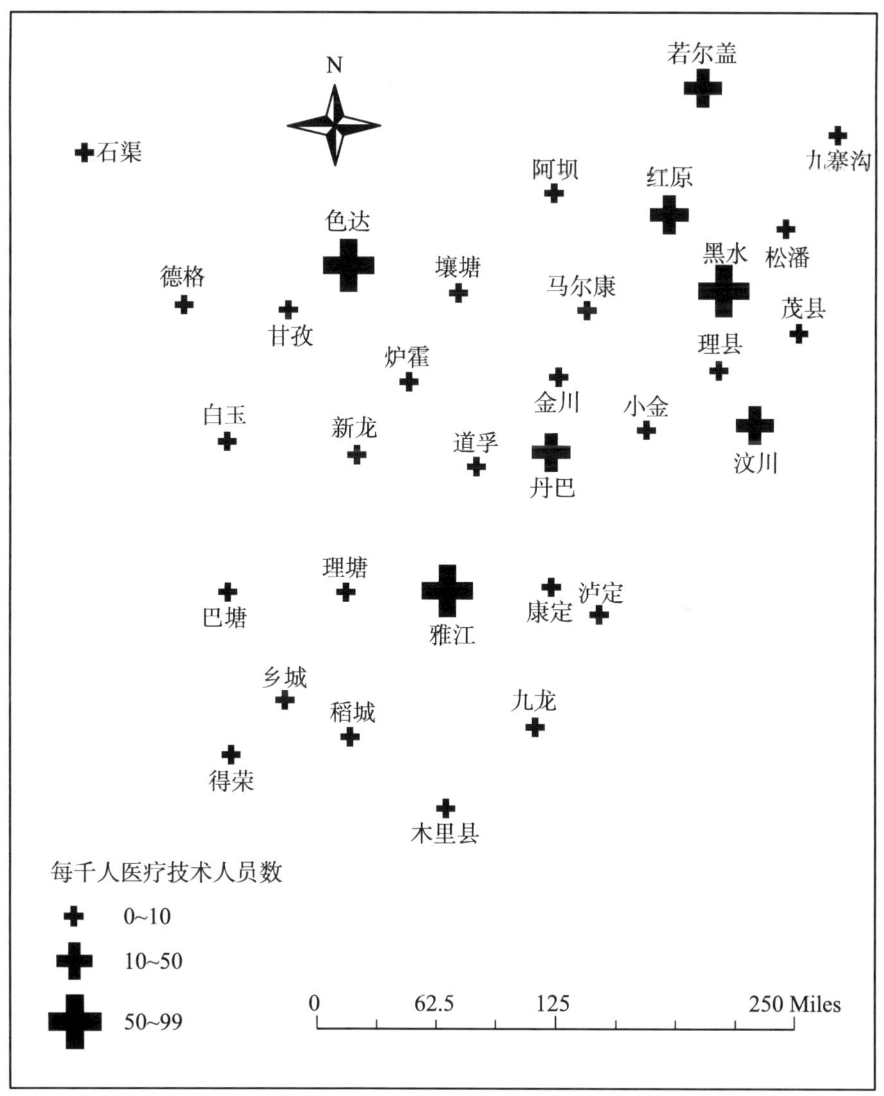

图5－25　每千人医疗技术人员数示意图

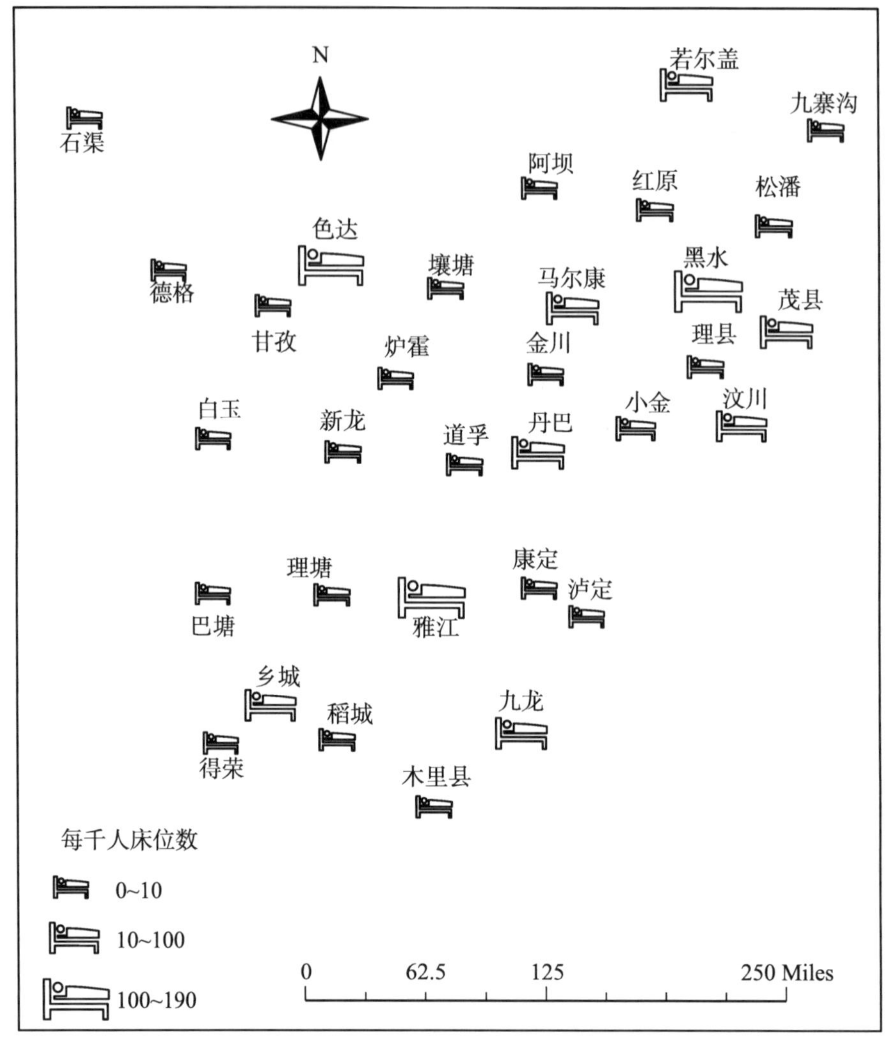

图 5－26　每千人床位数示意图

5.2.3.3　四川藏族聚居区各县的新农保参保比例低

2014 年，四川藏族聚居区贫困人口的新农合参保比例很高，达到 97.2%。但是，四川藏族聚居区贫困人口的新农保参保比例却很低，仅为 37.2%，低于全省的平均水平（48.5%），也低于四大片区的平均水平（44.8%）。图 5－27 是四川藏族聚居区各县贫困人口参加新型农村养老保险比例的分布图；从图中我们可以看出，东部县域的参保率相对更高；结合各县贫困人口的年龄结构图，从图 5－28 来看，东部县的贫困人口中 60 岁以上人口所占比例普遍较大。但是，仍有部分县的情况并非如此。比如，参加新型农村养老保险比例低于20%的县就有5个，包括红原县（19.7%）、壤塘县（19.4%）、理塘县（18.8%）、阿坝县（18.1%）和色达县（16%）。

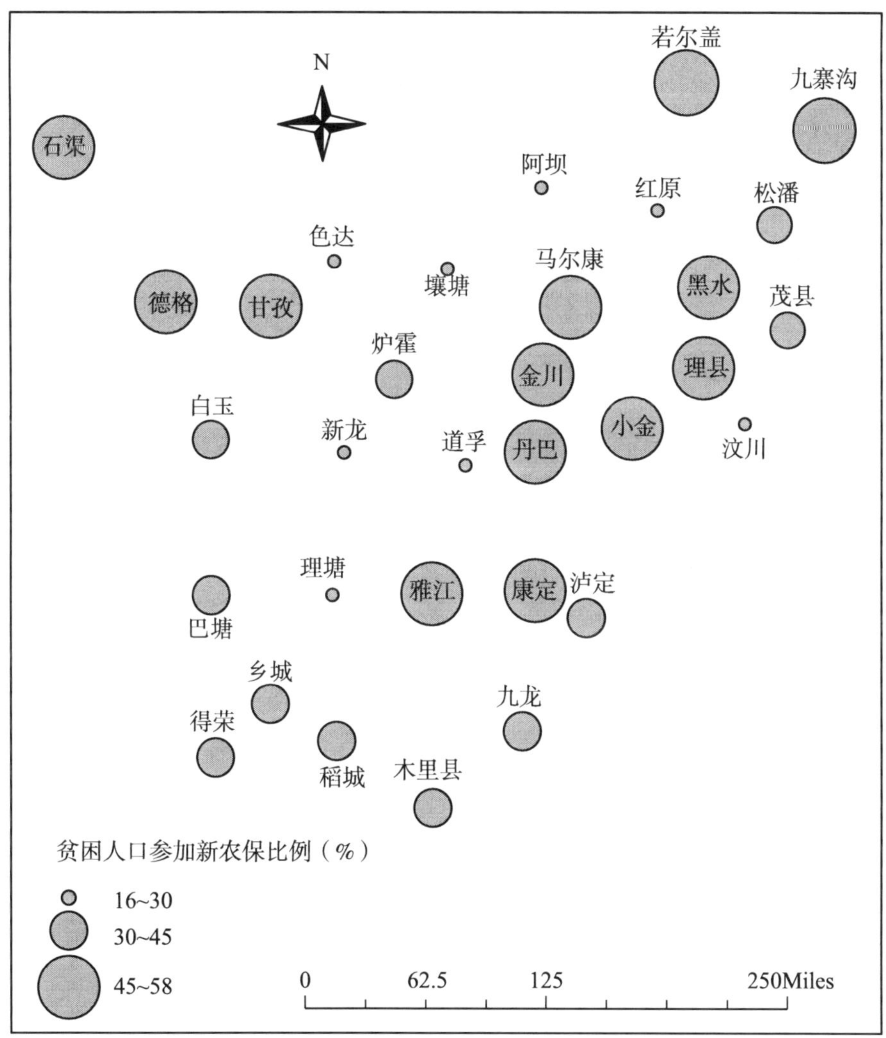

图5－27 各县贫困人口新农保参保比例示意图

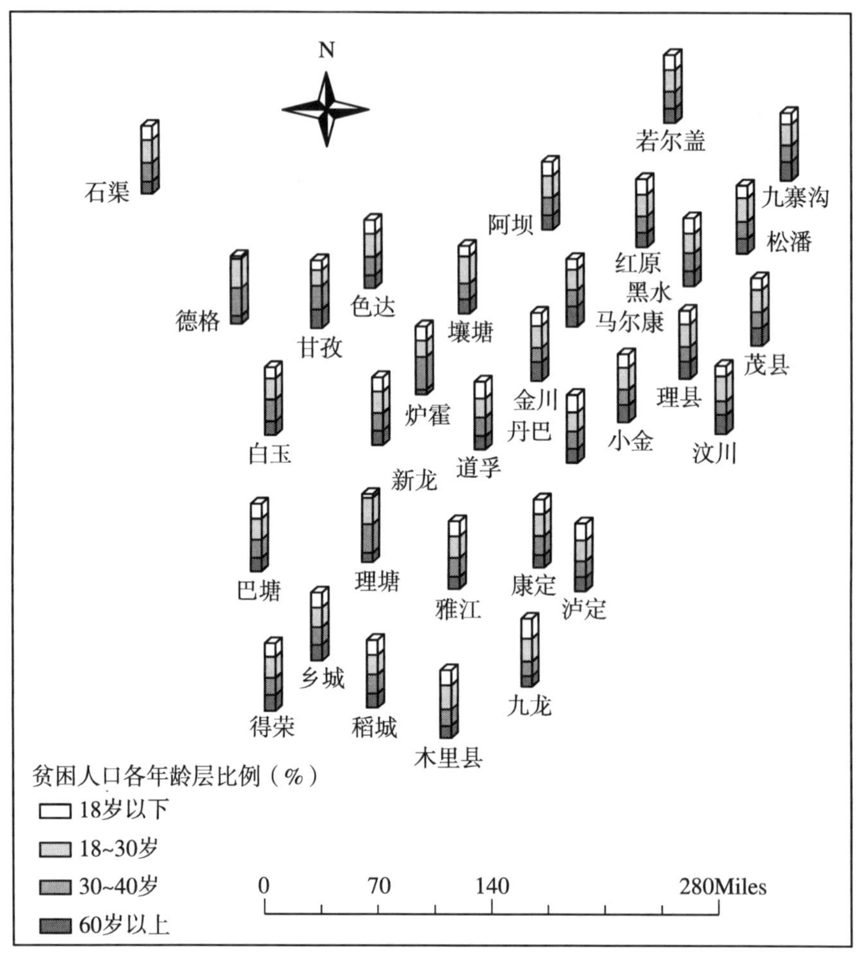

图 5－28　四川藏族聚居区各县贫困人口年龄构成示意图

5.3　四川藏族聚居区贫困的空间溢出效应明显

5.3.1　地理环境对贫困有着显著影响

四川藏族聚居区各县域的平均海拔较高。从图 5－29 中我们可以看出，平均海拔在 3000 米以上的县有 11 个，它们分别是石渠县（4178 米）、理塘县（3956 米）、色达县（3879 米）、稻城县（3767 米）、若尔盖县（3442 米）、甘孜县（3377 米）、德格县（3290 米）、壤塘县（3259 米）、炉霍县（3229 米）、新龙县（3066 米）和白玉县（3006 米）；其中，平均海拔最高的 3 个县在 4000 米左右，分别是石渠县、理塘县、色达县，它们都位于甘孜州境内。平均海拔在2000米以下的县只有5个，包括泸定县（1349米）、九寨沟县（1392米）、汶川县（1433米）、茂县（1602米）和理县（1885米）。平均海拔在2000～3000米的县有15个；其中平均海拔在2500米以上的县有9个，包括道孚县（2979米）、乡城县（2927米）、九龙县（2873米）、松潘县（2865米）、康定县（2861米）、马尔康县（2641米）、阿坝县（2617米）、巴塘县（2575米）和雅江县（2569米）。

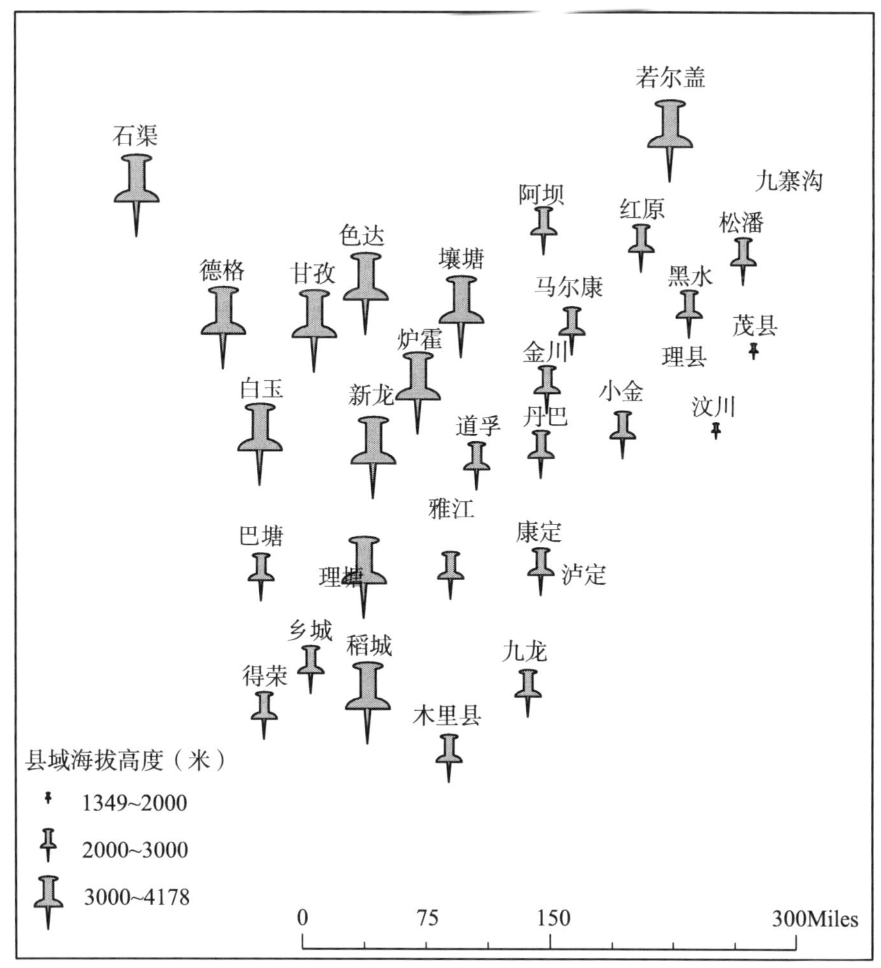

图5－29　四川藏族聚居区各县的平均海拔示意图

四川藏族聚居区地势呈现出“西高东低、梯次递减”的趋势。如果将贫困发生率与海拔高度联系起来看，如图5－30所示，我们发现，贫困发生率与平均海拔呈现出正相关关系。也就是说，在其他因素不变的情况下，平均海拔越高的县，其贫困发生率往往也越大。平均海拔高度较高的石渠县（4178 米）、理塘县（3956 米）和色达县（3879 米）3 个县，其贫困发生率都非常高，分别为 18.9%、19.4%、19.2%；这 3 个县的农村居民人均纯收入分别为 5681 元、5737 元和 5478 元。而汶川县、九寨沟县和茂县等平均海拔相对较低的县，其对应的贫困发生率也相对较低；汶川县（1433 米）、九寨沟县（1392 米）和茂县（1602 米）的贫困发生率分别为 11.7%、13.3%、14.4%，农村居民人均纯收入分别为 8835 元、7952 元和 7894 元。可见，县域地理位置和海拔高度在一定程度上决定了该县域的经济社会的发展，它们是形成县域贫困的非常重要的原因之一。

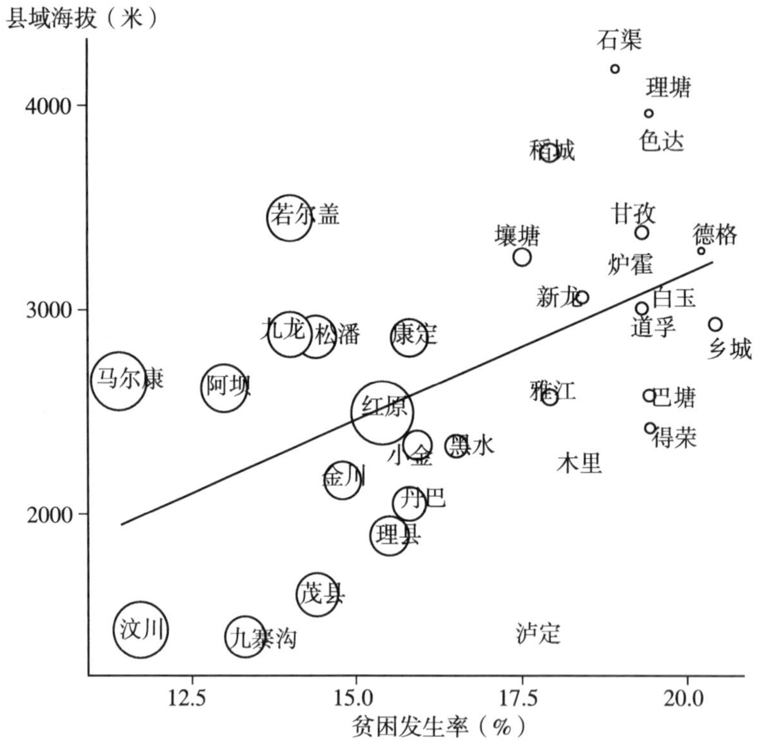

图 5－30　各县农牧民人均纯收入泡状图①

进一步观察图 5－30 我们会发现，农牧民人均纯收入最高或贫困发生率最低

① 注：图中泡状的大小表示对应县农村居民人均纯收入的高低。

的县，其县域平均海拔高度不一定是最低的。这表明，随着四川藏族聚居区各县经济的不断发展，自然地理环境对经济发展的制约在逐渐弱化；特别是基础设施、基本公共服务的发展在提升人们生活水平方面的作用越来越明显。所以，我们有必要把各县的贫困状况与该县的住房饮水、道路交通、水利等基础设施和医疗卫生、文化教育、通讯等基本公共服务水平联系起来，更有针对性地探讨四川藏族聚居区各县贫困状况的主要影响因素。

平均海拔越高，饮水困难户所占比重也相应较高。图5－31是县域饮水困难户比例泡状图，展示了不同饮水困难户比例的县域所对应的海拔高度和贫困发生率的关系，泡状越大表明饮水困难户占比越高，饮水困难户比例最大的县域的海拔或贫困发生率位于相对较高的位置。这一特征比较明显的石渠县、德格县、木里县、色达县的饮水困难户比例分别为75%、75%、75%、70%，其对应的贫困发生率也都相对较高，分别为18.9%、20.2%、18.4%、19.2%。

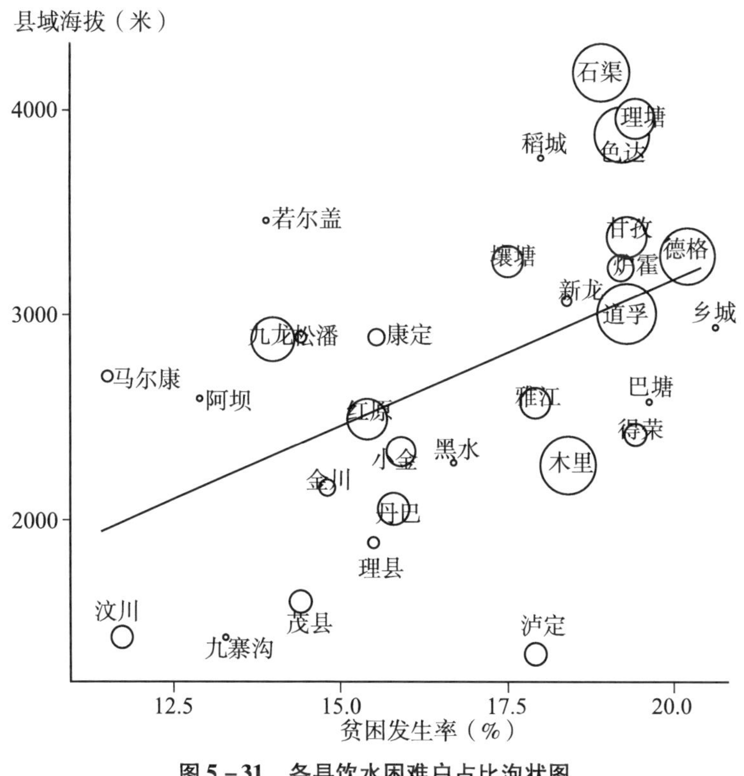

图5－31　各县饮水困难户占比泡状图

一般来说，平均海拔越高，危房户所占比重相应也较高。泡状图5－32显示，危房户数比例较高的县域（图 5－32 右上角）稻城县（35.13%）、得荣县（31.46%）、炉霍县（30.38%）、巴塘县（28.23%）、乡城县（23.28%）对应的贫困发生率在四川藏族聚居区处于较高水平，分别为 17.9%、19.4%、19.2%、19.4%、20.4%；危房户数比例相对较低的县——马尔康县、汶川县、九寨沟县、若尔盖县对应的贫困发生率在四川藏族聚居区也处于较低水平；整体来看，危房户数比例越高的县，其贫困发生率越高；贫困发生率越低的县，危房户数占比也相对更低。泡状图 5－33 右上角聚集的县为通水泥路行政村比例相对较低的县，比如最低的 5 个县——德格县（0）、得荣县（0）、道孚县（3.8%）、甘孜县（4.1%）、雅江县（5.3%）的贫困发生率在四川藏族聚居区 32 个县中都处于非常高的水平，分别为 20.2%、19.4%、19.3%、19.3%、17.9%；而图 5－33 左下角的汶川县、九寨沟县、马尔康县的情况则正好相反；这表明县域道路条件的改善能在一定程度上削减县域贫困。

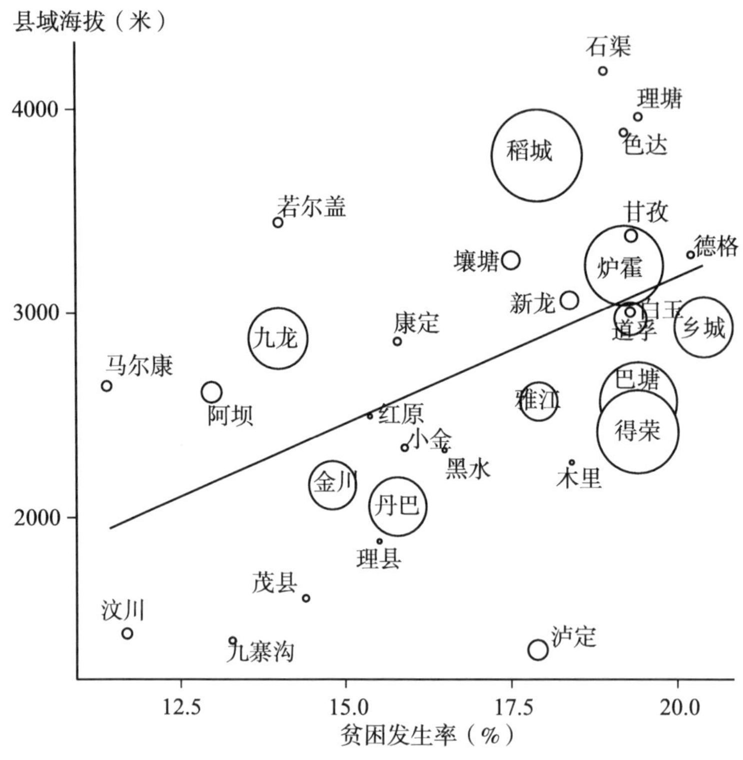

图 5－32　各县危房户数占比泡状图

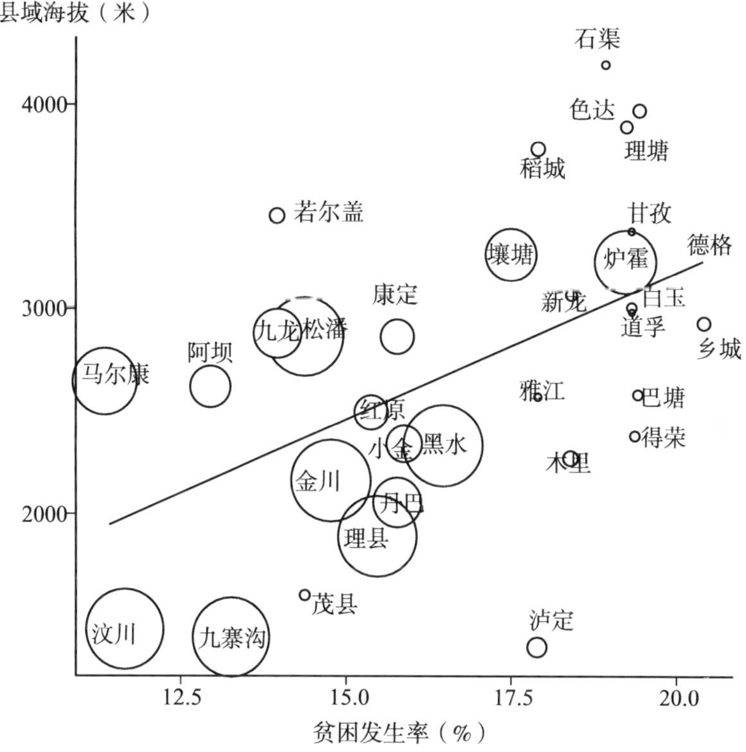

图5－33　各县通水泥路行政村占比泡状图

5.3.2　空间贫困溢出效应的模型构建

这里，我们所用数据主要来自2014年《四川省统计年鉴》与《2014年度四川省扶贫开发建档立卡常用数据手册》；县域行政区划矢量图采用四川省2014年县域行政区划图。贫困发生率是反映地区人口的贫困程度和生活水平状况的重要指标，选取四川藏族聚居区各县域2014年贫困发生率为因变量，用各县域农业总人口中贫困人口所占的比率来表示，该变量描述性统计如下：样本容量为32，最小值为11.40%，最大值为20.40%，均值为16.81%，标准差为2.59%。我们选取滞后一期的即2013年的自变量作为影响2014年贫困发生率的因素，包括环境、社会和经济三个方面的变量。经过变量共线性检验后选取如下指标，自变量描述性统计见表5－11。

表 5-11　　相关变量的描述性统计

变量	单位	平均值	最大值	最小值	标准差
自然因素					
人均耕地面积（X_1）	亩	0.151	1.540	0.000	0.295
人均基本农田面积（X_2）	亩	0.046	0.120	0.000	0.039
森林覆盖率（X_3）	%	41.88	92.000	0.700	20.221
人均牧草地面积（X_4）	亩	4.795	21.940	0.000	5.727
社会因素					
危房户数比（X_5）	%	9.112	35.130	0.000	10.972
安全饮水人数比（X_6）	%	46.200	100.000	0.000	33.163
通电行政村比（X_7）	%	90.360	100.000	46.300	14.979
通水泥路行政村比（X_8）	%	40.100	100.000	0.000	36.949
通宽带行政村比（X_9）	%	25.196	100.000	0.000	30.601
通广播电视自然村比（X_{10}）	%	82.110	100.000	0.000	32.781
每千人技术人员数（X_{11}）	人	14.440	99.100	0.000	25.323
有卫生室行政村比（X_{12}）	%	81.970	100.000	4.478	23.459
高中阶段毛入学率（X_{13}）	%	64.130	98.000	2.700	27.240
参加养老保险比（X_{14}）	%	30.440	95.900	0.000	19.862
经济因素					
第一产业 GDP 累积增长率（X_{15}）	%	4.588	7.900	1.800	1.454
第二产业 GDP 累积增长率（X_{16}）	%	14.103	48.400	-18.100	16.394
第三产业 GDP 累积增长率（X_{17}）	%	6.156	11.900	0.100	2.940

我们的实证模型使用空间回归模型（SAC），该模型结合了空间相关性的两种类型。方程表达式为：

$$Y = \rho W_1 Y + \beta X + u,\ u = \lambda W_2 u + \varepsilon,\ \varepsilon \sim N(0,\ \sigma^2 I_n) \tag{5.1}$$

式（5.1）中，Y 是因变量（四川藏族聚居区每个县的贫困发生率）的 $n(n=32)$ 个观测值；W_1 为 $n \times n$ 阶的空间权重矩阵，用来表示因变量自身的空间变化趋势；ρ 为空间自回归系数，描述了某县的空间邻接县对它自身带来的影响，即空间溢出效应；X 为解释变量的 $n \times k$ 观测矩阵；u 为随机误差项；一个县的贫困发生率对其他县的空间依赖关系是相当复杂的，仅凭贫困发生率的空间滞后项（$\rho W_1 Y$）可能涵盖不了所有的影响因素；其他可能对县域贫困发生率产生影响且具有空间相关性的因素（比如制度、科技、文化等因素）便包含在模型的误差项中了。这也许会导致空间自回归模型的随机误差项也呈现出一定的空间相关性；因此，我们引入误差项的空间滞后项（$\lambda W_2 u$）来度量某县观测值受邻接县因变量的误差冲击程度。λ 为空间误差回归系数；权重矩阵 W_2 反映误差项的空间趋势；我们假设随机扰动项 ε 服从同方差的正态分布。

当 ρ 和 λ 同时为0时，说明不存在空间相关性，模型可使用 OLS 估计；如果任何一个系数显著异于0，模型就不再适合 OLS 估计。这时，一般会采用极大似然法（ML）进行估计，从而得到可信的参数估计值。当 ρ 为0，λ 不为0时，模型为空间误差模型（SEM）；当 ρ 不为0，λ 为0时，模型为空间滞后模型（SLM）。两个权重矩阵可以相同也可以不同，分别代表贫困发生率及其他误差项的空间联系形式。在这里，我们设置 $W_1 = W_2$，并根据四川藏族聚居区的县域地理特征，借助 GeoDa 软件，采用基于 queen 规则①的简单二进制邻接矩阵，设定四川藏族聚居区 32 个县的一阶空间权重矩阵来估计各项指标对贫困发生率的影响。

我们的模型试图检验空间县域单元的自然地理环境，对本县域的贫困发生率是否产生显著影响，以及贫困发生率在县域之间的相互影响状况。我们使用空间滞后因子 $\rho W_1 Y$ 来观测贫困发生率的空间溢出效应，同时我们也预期误差项具有显著的空间相关性，从而探讨某个县域的减贫政策是否会削减邻接县域的贫困发生率，这是我们使用空间滞后误差回归（SAC）实证模型来进行参数估计的原因。另外，我们使用 R 语言来实现以上回归运行过程。

5.3.3　空间贫困溢出效应的估算结果

我们采用横截面数据模型，以 2014 年四川藏族聚居区 32 个县的贫困发生率为因变量，选择了空间地理、经济、社会等三大类变量，并将其带入空间自回归模型来解释县域贫困发生率。我们主要从以下四个方面进行分析：(1) 检验空间地理因素的贫困效应，即自然地理环境因素对四川藏族聚居区贫困的影响；(2) 分析经济社会发展对减缓空间贫困效应的作用；(3) 分析邻接县域贫困发生率的加权平均值（贫困发生率空间滞后项）对本县域贫困发生率的影响程度，用系数 ρ 表示；(4) 分析邻接县域其他误差项的加权平均值（误差项空间滞后项）对本县域贫困发生率的影响程度，用系数 λ 表示；正态统计量 Z 用来表示显著性水平。由于选取的是横截面数据，可能存在异方差问题。因此，我们将因变量取自然

① Queen 规则指具有相邻边界或同一顶点的县域为相邻县域，一阶权重是指把直接的邻居确定为邻近关系。

对数进行建模，在降低异方差程度的同时也可提高模型整体的拟合水平，并通过逐步向前回归筛选出不具有共线性的 17 个解释变量。具体的回归结果见表 5 - 12。

将表 5 - 12 中三个模型的回归结果进行比较，我们发现：SEM 模型的 AIC 值最小，且拟合优度最好。因此，以下分析将以 SEM 模型回归结果为准。

首先，在影响贫困发生率的自然环境因素变量中，人均耕地面积、人均基本农田面积、森林覆盖率 3 个变量的回归系数符号为负；其中，森林覆盖率通过了 5% 水平的显著性检验，这表明自然资源的稀缺是导致四川藏族聚居区贫困的重要因素。四川藏族聚居区大部分地区自然条件恶劣，缺乏生产和生活条件，土地资源是农牧民从事农业发展的主要依赖和重要保障。

表 5 - 12　　贫困发生率影响因素的空间回归结果

变量	SLM 模型	SEM 模型	SAC 模型
环境因素			
人均耕地面积（X_1）	0.04294	-0.05695	-0.05291
人均基本农田面积（X_2）	0.97715**	-0.20644	-0.16814
森林覆盖率（X_3）	-0.00014	-0.00206**	-0.00205**
人均牧草地面积（X_4）	0.00580	0.01059**	0.01003*
社会因素			
危房户数比（X_5）	0.00303	0.00292	0.00276
安全饮水人数比（X_6）	0.00129*	-0.00089**	-0.00088*
通电行政村比（X_7）	-0.00277	-0.00469**	-0.00459*
通水泥路行政村比（X_8）	-0.00156**	-0.00042	-0.00034
通宽带行政村比（X_9）	-0.00060	-0.00135**	-0.00132**
通广播电视自然村比（X_{10}）	-0.00017	-0.00014	-0.00009
每千人技术人员数（X_{11}）	-0.00111	0.00088	0.00082
有卫生室行政村比（X_{12}）	-0.00198**	-0.00237***	-0.00227***
高中阶段毛入学率（X_{13}）	0.00050	0.00133*	0.00125
参加养老保险比（X_{14}）	-0.00374***	-0.00177*	-0.00176*
经济因素			
第一产业 GDP 累积增长率（X_{15}）	-0.03886***	-0.05689***	-0.05599***
第二产业 GDP 累积增长率（X_{16}）	0.00288**	0.00308**	0.00303**
第三产业 GDP 累积增长率（X_{17}）	0.00673	0.00698	0.00667

续表

变量	SLM 模型	SEM 模型	SAC 模型
截距项	3.72586**	3.67987***	3.48444***
贫困发生率滞后项系数 ρ	-0.13599	—	0.06305
误差项滞后项系数 λ	—	-1.4688***	-1.4626***
Log likelihood	34.152	37.448	37.475
AIC	-28.304	-34.895	-32.950
R^2	0.7319	0.8753	0.8748

注：***、**、*分别表示1%、5%、10%的显著性水平。

其次，在影响贫困发生率的社会环境因素变量中，有5个变量的回归系数值通过了显著性检验。X_6、X_7、X_9、X_{12}、X_{14}的系数为负表明，饮水安全、通电、通信、医疗和社会养老等公共服务水平的提高将有助于降低县域贫困发生率。这表明，基础设施和公共服务的总体欠缺使农牧民对本地资源进行转化和合理配置的能力偏低。当地农牧民为了缓解生存压力，长期以来只能对本地自然资源进行掠夺式地开发和经营，使得当地的生态环境更脆弱，而不断恶化的生态又会限制本地农牧民收入的增加。另一方面，通过对社会因素回归结果的弹性系数绝对值的大小的比较，$X_7 > X_{12} > X_{14} > X_9 > X_6$；这说明，通电行政村比例的增加对于削减县域贫困作用最为明显；其次是，县域医疗卫生设施的改善。第三是，养老保险覆盖率的增加。

再其次，在影响贫困发生率的经济因素变量中，只有第一产业的增长率与贫困发生率呈现负相关关系，说明农、林、牧等第一产业的发展对于县域贫困发生率的降低最为明显；因此，在四川藏族聚居区要大力发展农业，尤其是农业特色产业。第二产业累积增长率与县域贫困发生率呈现正相关关系，这表明在自然环境脆弱的四川藏族聚居区，第二产业的快速增长也许不能直接减少县域贫困人口数量，达不到降低县域贫困发生率的作用，反而可能因为资源的不合理配置增加县域贫困发生率。因为第二产业的快速增长可能会以牺牲部分生态环境为代价，而对环境造成的负的外部影响可能会抵消经济增长带来的正效应。因此，在四川藏族聚居区的发展进程中需要权衡经济增长与环境外部性的关系。

最后，空间滞后项的回归系数表明，就整体而言，县域贫困发生率之间的直接影响作用没有通过显著性检验。空间误差项的回归系数表明，县域贫困发生率通过经济社会发展的间接作用而相互影响着，并且形成了负的冲击。比如邻接县的通信、医疗卫生等基础设施的改善可能会惠及本县，从而达到降低本县贫困发生率的作用。

总的来说，相对于东部县，四川藏族聚居区西部县的地理环境更加恶劣，经济社会发展水平相对更低，贫困面更大、贫困发生率更高、贫困程度更深。排除经济社会、政策制度的影响，我们发现，海拔高度等空间地理因素的贫困效应特别突出，而且随着县域间隔距离的增加，贫困产生的外溢效应呈现出递减趋势。而包括在随机误差项中的其他因素，比如制度、科技、文化等因素的溢出效应，并没有受到县域间空间距离远近的影响。这意味着，四川藏族聚居区各县通过实施相关减贫政策措施，不仅可以削减所在县域的贫困状况，而且还可以通过空间溢出效应达到降低空间邻近县的贫困程度的效果。

第6章

中国藏族聚居区农牧民的贫困脆弱性分析：以西藏为例

6.1 贫困脆弱性的定义和测度

6.1.1 贫困脆弱性的定义

我们采用贫困脆弱性的第一种定义，借用世界银行经济学家乔德里等人的观点，将贫困脆弱性定义为“一个家庭或个人在未来可能陷入贫困的概率”,① 他们认为家庭 h 在 t 时期的贫困脆弱性就是这个家庭在 t+1 时期陷入消费贫困的概率，并利用 t 时期的数据对于 t+1 时期家庭的消费预期进行计算，这一思想可以用公式表示为：

$$V_{h,t} = P_{rob}(c_{h,t+1} \leqslant z) \tag{6.1}$$

在公式（6.1）中，$V_{h,t}$表示农牧民家庭 h 在 t 时期的贫困脆弱性水平；$c_{h,t+1}$是指农牧民家庭 h 在 t+1 时期的消费水平；z 为贫困线；$P_{rob}(.)$ 表示概率函数。

该贫困脆弱性的测量决定于4个因素：(1) 贫困线 Z 的设定。在其他条件不变时，贫困线越高，贫困脆弱性就越大。同大多数学者一样，我们也采用了2005年新的国际贫困线标准，即每人每天消费1.25美元。(2) 未来消费水平 $c_{h,t+1}$的估计方法。$c_{h,t+1}$是无法直接获取的，学者们往往是利用 h 家庭在 t 时期已有的消费数据进行估算。所以，需要首先推导出 h 家庭未来消费的概率分布函数。我们对未来消费水平的讨论，采用了乔德里（2003）的方法，基于现有数据类型建立消费模型来估计未来消费值。因为藏族聚居区数据采集很难，我们只能使用横截面数据；所以，在假设消费模型中扰动项服从正态分布情况下，建立起适用于所有家庭的唯一的对数消费模型。(3) 未来期限 t 的时间跨度。不同的期限选择会

① Shubham Chaudhuri. Assessing vulnerability to poverty: concepts, empirical methods and illustrative examples [J]. Columbia University Department of Economics, Discussion Paper, 2003.

产生不同的贫困脆弱性估计值，已有研究通常将未来消费的期限设定为一年或两年。这里我们在时间跨度 t 的选择上，也选择 t+1，即考虑在未来一年或两年中至少有一次脆弱性低于预设临界值的家庭。（4）脆弱线设定。一般有两种方法：一种是 Foster 等（1984）提出的“人头数比重”，即贫困家庭数占全部家庭数的比重。其中，贫困家庭数为收入小于等于贫困线的家庭数；另一种是乔德里（2003）、克瑞斯特森和苏巴拉奥（2004）、万广华和章元（2009）提出的“将脆弱线设定为 50%”的方法。我们也将脆弱线设定为 50%，因为当一个家庭未来陷入贫困的概率大于 50%，则这个家庭确实很可能陷入贫困。①

6.1.2 贫困脆弱性的度量

测度贫困脆弱性，最理想的情况是能够拥有足够长度和内容的面板数据，但是这样的数据往往很难得到，特别是像中国藏族聚居区这样经济社会发展比较落后的地区。相对而言，包含大量家庭特征及消费信息的截面数据获取难度则较低。虽然横截面数据有种种局限性，但是仍然包含大量关于未来的信息。我们采集到的西藏自治区农牧民家庭间消费水平的截面差异主要源于已观测的家庭特征，所以，我们认为使用农牧民家庭的横截面数据，也有可能对农牧民家庭的贫困脆弱性进行较为可靠的测度。

我们借鉴乔德里的模型，用基于回归的方法来估计农牧民家庭的未来消费分布函数，用来测算农牧民家庭 h 在 t+1 时期的消费水平。

$$\ln c_h = x_h \beta + e_h, \quad h = 1, 2, 3, \cdots, n \tag{6.2}$$

式（6.2）中，x_h 是可观察的农牧民家庭特征的向量集合，在乔德里等人看来，这些家庭特征包括农牧民家庭的家庭规模、家庭位置、户主的年龄、性别、受教育水平等；β 是待估的向量参数；e_h 是误差项。用横截面数据测算消费的未来分布函数，需要做出严格的假设。首先，没有纵向数据，无法确定家庭持久消费水平的分布参数，所以需要假设每个家庭消费的特殊冲击在不同时间上独立同分布，这就剔除了不同时间上家庭持久消费方面未观测到的影响因素。其次，没有足够多期的面板数据，就无法识别消费的数据生成过程，所以需要假设经济结构在时间上相对稳定，即向量 β 不随时间变化，从而剔除了经济中未预期的结构性变化等冲击的可能性。也就意味着未来消费的不确定性完全源于特殊冲击 e_h 的不确定性，即不考虑未来经济结构不确定性造成的未来消费的不确定性，在这种情况下，e_h 的方差等于 $\ln c_h$ 的方差。②

① 杨文，孙蚌珠，王学龙．中国农村家庭脆弱性的测量与分解［J］．经济研究，2012（4）．

② 李丽．中国城乡居民家庭贫困脆弱性研究［M］．北京：经济科学出版社，2012．

因此，乔德里等人进一步假设家庭的消费波动可以由模型（6.2）的回归残差平方代替，并称之为未来的消费方差，他们依据计量经济学中横截面数据的异方差性，认为这一方差是由样本户的家庭特征决定的，这一思想可以由式（6.3）反映：

$$\sigma_{e,h}^2 = x_h\theta \tag{6.3}$$

由于横截面数据的局限性和各种假设，上述模型的估计不再适用于普通最小二乘法。借鉴乔德里的做法，我们用阿麦米亚（Amemiya，1977）提出的三阶段可行性广义最小二乘法（Three-step Feasible Generalized Least Squares，FGLS）来估计 β 和 θ。

（1）用 OLS 估计 $\ln c_h = x_h\beta + e_h$，得到估计残差，并假设农牧民家庭的消费波动可由回归残差平方代替，得到式（6.4）。

$$\hat{e}_{ols,h}^2 = x_h\theta + \eta_h \tag{6.4}$$

（2）用残差对农牧民家庭特征做回归，得到相应的 OLS 估计量 $\hat{\theta}_{OLS}$。

（3）用估计值 $x_h\hat{\theta}_{OLS}$对 $\hat{e}_{ols,h}^2 = x_h\theta + \eta_h$ 进行变形，得到式（6.5）。

$$\frac{\hat{e}_{ols,h}^2}{x_h\hat{\theta}_{OLS}} = \left(\frac{x_h}{x_h\hat{\theta}_{OLS}}\right)\theta + \frac{\eta_h}{x_h\hat{\theta}_{OLS}} \tag{6.5}$$

对变形之后的模型再次应用 OLS，就得到了一个渐近、有效的 FGLS 的估计量 $\hat{\theta}_{FGLS}$，而 $x_h\hat{\theta}_{FGLS}$就是对农牧民家庭消费波动方差 $\sigma_{e,h}^2$的一致估计量。

（4）用 $\hat{\sigma}_{e,h}$对 $\ln c_h = x_h\beta + e_h$ 进行变形，可得到式（6.6），并估计得到 β 的一致和渐近有效估计量 $\hat{\beta}_{FGLS}$。

$$\frac{\ln c_h}{\hat{\sigma}_{e,h}} = \left(\frac{x_h}{\hat{\sigma}_{e,h}}\right)\beta + \frac{e_h}{\hat{\sigma}_{e,h}} \tag{6.6}$$

（5）由 β 和 θ 的估计量 $\hat{\beta}_{FGLS}$和 $\hat{\theta}_{FGLS}$直接估计 $\ln c_h$ 的期望和方差，由农牧民家庭消费跨期分布的稳定性假设，估算未来消费分布的均值和方差分别为式（6.7）和式（6.8）：

$$\hat{E}(\ln c_h \mid x_h) = \ln\hat{c}_{h,t+1} = x_h\hat{\beta}_{FGLS} \tag{6.7}$$

$$\hat{V}ar(\ln c_h \mid x_h) = \hat{\sigma}_{e,h}^2 = x_h\hat{\theta}_{FGLS} \tag{6.8}$$

乔德里、章元和万广华等学者认为，在假设家庭的消费服从对数正态分布的基础上可以通过“回归的方法”估计家庭未来消费的均值和方差，来估计家庭的未来消费水平。因此，h 家庭在 t 时期的贫困脆弱性水平的估计值就可以通过将消费均值和消费波动综合起来进行计算，这一思想可由公式（6.9）来表示：

$$\hat{V}_{h,t} = \hat{P}_{rob}(\ln c_h \mid x_h < \ln z) = \Phi\left[\frac{\ln z - \hat{E}(\ln c_h \mid x_h)}{\sqrt{\hat{V}ar(\ln c_h \mid x_h)}}\right] = \Phi\left(\frac{\ln z - x_h\hat{\beta}_{FGLS}}{\sqrt{x_h\hat{\theta}_{FGLS}}}\right) \tag{6.9}$$

在公式（6.9）中，贫困脆弱性被分解为家庭消费均值和消费方差，并且通过FGLS计量方法求消费均值和消费方差，使得贫困脆弱性的测度不再依赖面板数据。式中，$\hat{V}_{h,t}$为测算的贫困脆弱性指数；$\hat{P}_{rob}(.)$ 表示概率函数；$\Phi[.]$ 表示正态分布函数。$\hat{E}(\ln c_h|x_h)$ 表示农牧民家庭未来消费水平的均值，$\hat{V}ar(\ln c_h|x_h)$ 表示农牧民家庭未来消费水平的方差。公式（6.9）中的 $\hat{E}(\ln c_h|x_h)$ 和 $\hat{V}ar(\ln c_h|x_h)$ 的值可以通过前面的消费均值和消费方差模型的估计值来获得。最后，只要我们把 $\hat{E}(\ln c_h|x_h)$ 和 $\hat{V}ar(\ln c_h|x_h)$ 的值代入式（6.9）中，就可以计算出各个农牧民家庭的贫困脆弱性指数（或贫困脆弱性水平）。

6.2 数据来源、贫困标准与统计方法

6.2.1 数据来源

本章的数据来自于西藏自治区统计局2012年的农村住户调查数据。从表6－1中可以看出，样本数据涉及了西藏自治区的1市6区的36个县、125个乡镇、143个村和1430户农牧民家庭，涉及的人口数为8084人。从区域分类来看，样本数据涉及西藏农区19个县，占西藏35个农业县的52.3%；涉及半农半牧区11个县，占西藏24个半农半牧县的45.8%；涉及牧区6个县，占西藏15个牧业县的40.0%。

表6－1　　问卷调查主要地点说明

调查分区	调查县名
农区（19个县）	波密县　达孜县　定日县　堆龙德庆县　贡嘎县　加查县　江孜县　拉孜县　林芝县　芒康县　米林县　乃东县　南木林县　琼结县　仁布县　日喀则市　萨迦县　桑日县　左贡县
半农半牧区（11个县）	察雅县　昌都县　措美县　噶尔县　江达县　工布江达县　康马县　类乌齐县　林周县　日土县　谢通门县
牧区（6个县）	那曲县　聂荣县　安多县　嘉黎县　当雄县　革吉县

调查问卷包括社区问卷和农户问卷，如表6－2所示。在农区，农户问卷有690份，涉及690户家庭；社区问卷有69份，涉及69个村；共计760份问卷。

在半农半牧区，农户问卷有 430 份，涉及 430 户家庭；社区问卷有 43 份，涉及 43 个村；共计 473 份问卷。在牧区，农户问卷有 310 份，涉及 310 户家庭；社区问卷有 31 份，涉及 31 个村；共计 341 份问卷。

表 6 – 2　　调查基本情况汇总

调查分区	问卷调查（人次）		合计（样本量）
	社区问卷	农户问卷	
农区	69	690	760
半农半牧区	43	430	473
牧区	31	310	341
合计	143	1430	1574

6.2.2　贫困标准

在中国，目前衡量贫困状况的标准主要有两个：第一个是国家贫困标准，也就是由国家统计局公布的农村贫困标准，现在我国最新的农村贫困标准为农民人均纯收入 2300 元（2010 年不变价）；第二个是世界银行的国际贫困标准①，即“每人每日收入 1.25 美元”，这是绝对贫困线或极端贫困线。由于世界上许多国家只有家庭消费支出数据，而没有收入数据，所以，世界银行用年人均消费水平来衡量贫困状况。另外经济学家们也认为消费是人们的一种持久行为，比收入更稳定，能够更好地反映贫困程度或贫困状况。

在这里，我们也采用世界银行的“1 天 1.25 美元”的国际贫困标准来衡量样本家庭的贫困状况。由表 6 – 3 可知，通过折算，我们确定了 2012 年的消费贫困线为年人均消费支出 2878.5 元。我们将样本中家庭中年人均消费支出小于等于 2878.5 元的家庭划为贫困户，将大于 2878.5 元的家庭划为非贫困户。

① 2008 年，世界银行根据 75 个国家（其中包括转型国家）的贫困线数据以及 2005 年购买力平价（PPP），对 1 天 1 美元贫困线进行了重新修订。根据这次估算，15 个最不发达国家贫困线的平均数为 1.25 美元/天。

表 6－3　　中国与国际贫困标准比较

年份	国际贫困线标准	当年平均汇率	国际年人均消费极端贫困线①	
			人民币（元）	美元
2000	1 人 1 天 1 美元	8.2790	3063.2	370
2001	1 人 1 天 1 美元	8.2770	3062.5	370
2002	1 人 1 天 1 美元	8.2770	3062.5	370
2003	1 人 1 天 1 美元	8.2770	3062.5	370
2004	1 人 1 天 1 美元	8.2768	3062.4	370
2005	1 人 1 天 1.25 美元	8.1917	3735.4	456
2006	1 人 1 天 1.25 美元	7.9718	3635.1	456
2007	1 人 1 天 1.25 美元	7.6040	3467.4	456
2008	1 人 1 天 1.25 美元	6.9451	3167.0	456
2009	1 人 1 天 1.25 美元	6.8310	3112.9	456
2010	1 人 1 天 1.25 美元	6.7695	3086.9	456
2011	1 人 1 天 1.25 美元	6.4696	2950.1	456
2012	1 人 1 天 1.25 美元	6.3125	2878.5	456
2013	1 人 1 天 1.25 美元	6.1932	2824.1	456
2014	1 人 1 天 1.25 美元	6.1428	2801.1	456

从表 6－4 中可以看出，1430 户样本家庭中涉及 834 户贫困家庭，占样本家庭的 58.32%。其中，农区有 690 户，贫困家庭占农区样本家庭的 53.33%；半农半牧区有 430 户，贫困家庭占 57.44%；牧区有 310 户，贫困家庭占 70.65%。

表 6－4　　总体及分区域的贫困与非贫困农牧民家庭的样本数量　　单位：户、%

家庭类型	藏族聚居区		农区		半农半牧区		牧区	
	样本量	占比	样本量	占比	样本量	占比	样本量	占比
贫困户（≤2878.5）	834	58.32	368	53.33	247	57.44	219	70.65
非贫困户（＞2878.5）	596	41.68	322	46.67	183	42.56	91	29.35

① 最后一列是"国际人均消费极端贫困线"：2000～2004 年是人均每天消费 1 美元，2005～2014 年为人均每天消费 1.25 美元，2015 年及以后是人均每天消费 1.9 美元；倒数第二列是按照当年汇率折算为人民币的数值。

6.2.3　统计方法

在本章中，我们使用R软件3.1.1版本来进行统计分析，主要借鉴乔德里等的做法，运用三阶段可行性广义最小二乘法来测算藏族聚居区农牧民家庭的贫困脆弱性水平。我们所用到的统计分析方法包括描述性统计、均值比较、列联表分析和多元回归分析等。

6.3　模型构建、变量设置与估计结果

6.3.1　计量模型

我们采用邰秀军、李树茁（2012）的方法，分别构建更加具体的消费均值和消费波动的计量模型，分别为公式（6.10）和公式（6.11）。

$$\ln c_h = \alpha_0 + \alpha_1 Y + \alpha_2 X + e \tag{6.10}$$

公式（6.10）是消费均值模型，是影响持久性消费的因素，如家庭的人口特征和收入来源等。其中，c是h家庭的人均消费支出；Y为h家庭的持久性收入，它对持久消费起着决定性影响作用。由于它不能够从调查中直接获得，所以我们借鉴万广华和章元（2009）的方法，将决定家庭持久性收入的因素作为替代变量（具体包括耕地、牧草地、是否有生产工具、是否在保护区等）；X是指与消费相关的家庭人口特征因素，具体包括家庭劳动力最高受教育水平、男劳动力人数、女劳动力人数、非劳动力人数、老人数和小孩数；α_0、α_1、α_2是待估参数，e是误差项。

$$\mathrm{Var}\ln c_h = \beta_0 + \beta_1 \mathrm{Risk} + \beta_2 \mathrm{Management} + \beta_3 \mathrm{Supports} + X + \varepsilon \tag{6.11}$$

公式（6.11）是消费方差模型，影响消费波动的因素主要包括风险冲击因素、风险管理能力因素、支持因素和家庭人口特征因素等。其中，$\mathrm{Var}\ln c_h$是指对式（6.10）回归估计后的残差平方值；Risk表示家庭面临的风险冲击因素；Management表示家庭的风险管理能力或家庭平滑消费的能力；Supports则为家庭可得到的社区或社会支持；β_0、β_1、β_2、β_3是待估的参数，ε是残差项。需要注意的是，衡量Risk、Management和Supports的具体变量可参见表6-5和表6-6。

构建了上述消费均值计量模型（6.10）和消费波动计量模型（6.11），我们就可以借鉴乔德里等提出的三阶段可行性广义最小二乘回归方法（FGLS），采用课题组通过调研获得的1430户西藏农牧民家庭2012~2013年度的横截面数据，来估计样本家庭的未来消费均值和消费方差：第一阶段，用普通最小二乘法回归消费均值模型；第二阶段，将第一阶段回归后的残差平方表示为消费波动，即将

残差平方作为消费方差模型的因变量，然后用 OLS 方法回归该消费方差模型，从而取得异方差的结构；第三阶段，将所取得的异方差结构加权回归上述两个模型，就可取得所需估计的各个参数。

6.3.2 变量设置

表 6－5 给出了公式（6.10）中的消费均值模型和公式（6.11）中的消费方差模型中的主要变量的描述性统计特征。

表 6－5　　农牧民家庭消费均值和消费波动计量模型中变量的描述性统计表

变量	观察值	均值	标准差	最小值	最大值
风险因素					
风险指数①	1430	2.651	1.129	0	6
风险管理能力					
耕地（亩）	1430	1.999	2.532	0	27
牧草地（亩）	1430	1473.720	6729.848	0	7660
资产指数②	1430	0.449	0.143	0.06	0.90
是否生产工具（有＝1）	1430	0.514	0.500	0	1
是否有储蓄（有＝1）	1430	0.073	0.260	0	1
现金（元）	1430	3338.000	5227.462	0	92620
虫草收入（元）	1430	1052.800	2859.633	0	37500
外出务工收入（元）	1430	967.800	2122.052	0	27150
农业收入（元）	1430	1769.020	2999.907	－6275	37100
非农收入（元）	1430	778.800	2799.564	－9488	50050
畜牧业收入（元）	1430	1422.900	2572.350	－3289	33150
支持可及性					
是否有借贷（是＝1）	1430	0.157	0.364	0	1
政府补助收入（元）	1430	205.900	515.672	0	8473

① 借鉴郃秀军、李树茁（2012）给农户风险赋权的方法，构建了藏族聚居区农牧民家庭的风险指数。

② 采用李小云等的赋值方法对样本家庭的房屋进行赋值，采用郃秀军、李树茁的方法给样本家庭的固定资产进行赋值，得出最终的资产指数：资产指数＝住房×0.6＋家庭固定资产×0.4。

续表

变量	观察值	均值	标准差	最小值	最大值
转移性收入（元）	1430	830.000	1629.903	0	25290
是否在保护区（是=1）	1430	0.462	0.499	0	1
家庭人口特征变量					
劳动力最高受教育水平①	1430	1.053	0.706	0	4
男劳动力人数（人）	1430	1.787	1.103	0	7
女劳动力人数（人）	1430	1.634	0.883	0	6
非劳动力人数（人）	1430	2.236	1.564	0	9
老人数（人）	1430	0.459	0.691	0	3
小孩数（人）	1430	1.483	1.235	0	6
区域变量					
牧区（是=1）	310	0.2168	0.412	0	1
半农半牧区（是=1）	430	0.3007	0.459	0	1

6.3.3 估计结果

表6-6给出了公式（6.10）中的消费均值模型和公式（6.11）中的消费方差模型中的估计结果。根据乔德里等使用FGLS方法来测度贫困脆弱性的说明，需要分别使用OLS和FGLS方法对消费均值和消费方差进行回归分析，OLS回归的目的是取得未知方差的结构，并在FGLS回归中对消费均值和消费方差进行加权回归，以剔除由横截面数据回归而产生的异质性，并取得未来的消费均值和消费方差的估计值。

通过将OLS回归结果与FGLS回归结果进行比较分析，可以看出FGLS回归效果更好。因为在FGLS回归结果中，无论是消费均值模型中的影响因素，还是消费方差模型中的影响因素，显著性更加明显。因此，我们将着重分析FGLS回归结果。

从表6-6的FGLS回归结果中我们可以看出，在对持久性消费影响的因素中，除了劳动力最高受教育水平对农牧民家庭持久性消费的影响不显著外，其他

① 在样本家庭中，将劳动力文化程度为文盲或不识字赋值为0，为小学文化赋值为1，为初中文化赋值为2，为高中文化赋值为3，为大专及以上文化程度赋值为4；然后取最大的赋值为样本家庭的劳动力最高的受教育水平。下同。

的持久性收入因素和家庭人口特征因素都对农牧民家庭的持久性消费有着显著的影响。耕地、是否有生产工具、是否在保护区等持久性收入影响因素对消费均值有正的显著效应。一般而言，耕地越多，农作物的产量会越多；有生产工具的农牧民会有较高的生产效率，也会增加农作物的产量；所以稳定的收入增长预期会带来消费均值的提高。另外，在自然保护区的农牧民比不在自然保护区的农牧民有更高的消费均值，可能是因为自然保护区的设立虽然限制了农牧民的收入来源。但是，政府对保护区的农牧民有相应的生态补偿，这些补偿金为藏族聚居区农牧民带来了稳定的收入流。同时在自然保护区的农牧民比保护区外的农牧民更有动力外出务工，这也增加了农牧民的收入来源，从而提高了保护区农牧民家庭的消费均值。

表 6-6　　藏族聚居区农牧民家庭消费均值和消费波动模型的回归结果

变量	OLS 回归结果		FGLS 回归结果	
	lnc_h	$Varlnc_h$	lnc_h	$Varlnc_h$
风险因素：				
风险指数		0.015929		0.018437***
风险管理能力：				
耕地	0.025455***	0.006761	0.025070***	-0.005578***
牧草地	0.000001	0.000000	0.000002	0.000000
资产指数		0.352108***		-0.211178***
是否有生产工具	0.046859		0.055091**	
是否有储蓄		-0.041085		-0.024157
手存现金		-0.000001		-0.000001*
虫草收入		-0.000009		-0.000036**
外出务工收入		0.000008		0.000006***
农业收入		0.000003		0.000006
非农收入		0.000022***		0.000017***
畜牧业收入		-0.000008		-0.000001
支持的可及性：				
是否有借贷		0.122058***		0.092710***
政府补助收入		-0.000075**		-0.000055***
转移性收入		0.000052***		0.000030***

续表

变量	OLS 回归结果		FGLS 回归结果	
	lnc_h	$Varlnc_h$	lnc_h	$Varlnc_h$
是否在保护区	0.000933	0.003946	0.038964 *	-0.001298
家庭人口特征变量：				
劳动力最高受教育水平	-0.003048	0.012543	0.000583	0.018093 ***
男劳动力人数	-0.075290 ***	0.012393	-0.084361 ***	0.006033 *
女劳动力人数	-0.113049 ***	0.015797	-0.126141 ***	0.011526 **
非劳动力人数	-0.062035 ***	-0.031604 *	-0.061517 ***	-0.015162 ***
老人数	-0.064527 ***	0.027587	-0.057692 ***	0.015294 **
小孩数	-0.058122 ***	0.052136 **	-0.066912 ***	0.025723 ***
藏族聚居区虚拟变量（农区为参照）				
牧区	-0.057051	0.101818 **	-0.108052	0.025224 *
半农半牧区	-0.021854	0.043498	0.015130	0.010120
常数项	8.444674 ***	-0.163445 *	8.442648 ***	-0.093394 ***
调整后的 R^2	0.2188	0.05334	0.3726	0.2892

注：*、**、*** 分别表示在 1%、5%、10% 水平下显著。

在对消费波动影响的因素中，“风险指数”对农牧民家庭的消费方差有着显著的正向影响，这说明风险冲击会增加农牧民家庭未来的消费波动，这是因为藏族聚居区农牧民家庭资源禀赋不足、风险管理能力不足等原因造成的。“是否有借贷”也对农牧民家庭的消费方差有着显著的正向影响，说明有借贷的农牧民家庭的消费波动更大。耕地、资产指数、是否有储蓄、手存现金、虫草收入和政府补助收入等与消费方差都有着显著的负向关系，它们都能显著地减少藏族聚居区农牧民消费的波动。可见，资产和可靠的收入的确是农牧民赖以平滑消费的主要工具和主要手段。可能是因为当前藏族聚居区农牧民家庭不同来源的收入在农牧民家庭生计中的作用不同，外出务工收入、非农收入和转移性收入反而对消费方差有着正向的影响。相对于农区而言，牧区的农牧民家庭的消费波动性较大，可能是因为牧区的生产生活方式更为单一、自然风险更为严重、距离市场更远等因素造成的。劳动力最高受教育水平、家庭中老人数和小孩数与消费方差有着正向的影响关系，可能是由于小孩上学的年级越高，教育费用支出就越多，特别是巨额的高等教育费用支出，会使家庭中劳动力的受教育程度越高，家庭的负担越重，从而增大了家庭消费的波动性。另外，家庭中不能产生收入的老人数和小孩数越多，也会增大家庭消费的波动性。

6.4 农牧民家庭的贫困脆弱性水平

我们将 FGLS 回归结果得到的 $\ln c_h$ 和 $\mathrm{Var}\ln c_h$，代入公式（6.9）中，就可以计算出各个农牧民家庭的贫困脆弱性指数（或贫困脆弱性水平）。这里，贫困脆弱性指数是指农牧民家庭在未来风险的冲击下陷入贫困的概率值。贫困脆弱性指数值越大，说明农牧民家庭在未来陷入贫困的可能性越大；指数值越小，说明农牧民家庭在未来陷入贫困的可能性越小。

6.4.1 贫困脆弱性水平呈现出向中间聚集、两边分散的趋势

从藏族聚居区 1430 户农牧民家庭的总体分析来看，69.03% 的农牧民家庭的贫困脆弱性指数集中在 0.3 ~ 0.8；其中，贫困脆弱性指数在 0.4 ~ 0.5 的家庭户数最多，占总户数的 15.31%。另外，贫困脆弱性指数为 0 ~ 0.3 的家庭占 16.79%，0.8 以上的家庭占 12.18%。可见，藏族聚居区农牧民家庭的贫困脆弱性指数分布呈现出向中间聚集、两边分散的分布特征；也就是说，贫困脆弱性指数在 0.3 ~ 0.8 的较多，而在 0.3 以下和 0.8 以上的却较少，如图 6 - 1 所示。

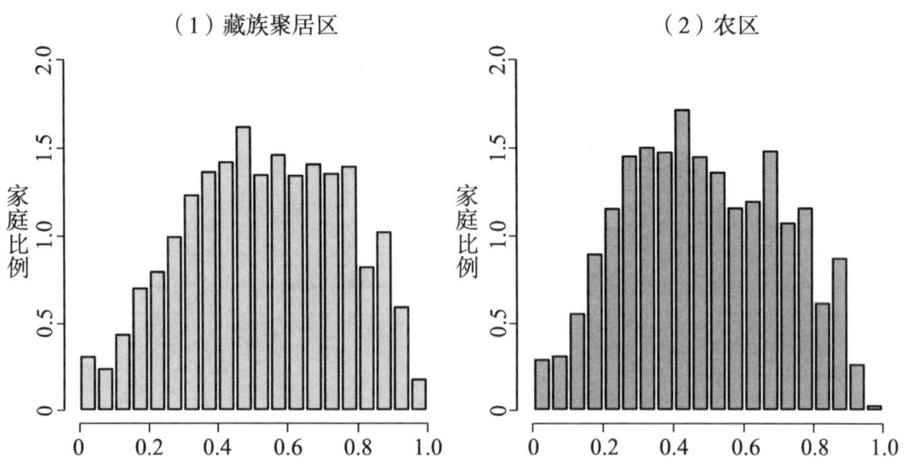

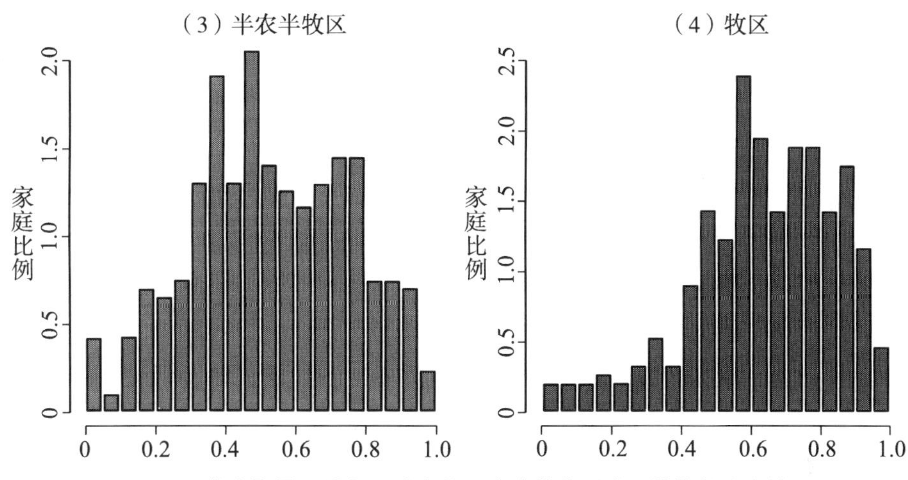

图6－1 藏族聚居区及各区域农牧民家庭的贫困脆弱性指数分布情况

分区域类型来看，农区和半农半牧区农牧民家庭的贫困脆弱性指数分布与总体分析情况相同，也呈现出向中间聚集、两边分散的特点。具体而言，在农区和半农半牧区的农牧民家庭中，贫困脆弱性指数在0.3～0.8的家庭分别为66.84%和70.94%，其中，贫困脆弱性指数在0.4～0.5的家庭最多，分别占各自总户数的17.39%和16.05%。另外，贫困脆弱性指数在0～0.3的家庭分别为21.59%和12.89%，在0.8以上的家庭分别为9.57%和12.19%。值得关注的是，牧区牧民家庭的贫困脆弱性指数分布状况比较特殊，呈现出向"高贫困脆弱性水平"集中的趋势。贫困脆弱性指数在0.3以下的家庭仅占牧区310户家庭的6.77%，0.8以下的家庭占25.16%；而贫困脆弱性指数在0.5以上的家庭却占到了近80%。

6.4.2 贫困脆弱性水平较高，牧区家庭的贫困脆弱性程度最高

在乔德里等的研究中，50%被称为高脆弱线（High Vulnerability Threshold）。他们认为"只有那些陷入贫困的概率超过50%的家庭才被认为是脆弱的"。但是，一些学者却认为这一贫困脆弱性的选择标准是比较主观和任意的，并对此提出了批评。其实，乔德里等也意识到了这个问题，但是他们仍然将50%作为高低贫困脆弱性水平的分界线：一是到目前为止还没有找到更好的替代标准；二是当家庭的预期收入正好达到贫困线时，度量出的贫困脆弱性水平恰好等于50%，而如果家庭的预期收入低于贫困线时，度量出的贫困脆弱性水平则大于50%。可见，50%的概率正好对应了一个达到贫困线的预期收入水平。有鉴于此，我们也选择将50%作为高低贫困脆弱性水平的分界线，即根据V值是否大于0.5将藏族聚居区农牧民家庭划分为高脆弱户和低脆弱户。

根据这一标准，由表6－7可以看出，藏族聚居区1430户样本家庭中的高脆弱户数量是大于低脆弱户数量的。其中，贫困脆弱性水平小于0.5的低脆弱户有632户，占比为42.2%；贫困脆弱性水平大于等于0.5的高脆弱户有798户，占比为55.8%。可见，藏族聚居区农牧民家庭的贫困脆弱性水平整体偏高。

表6－7　全部及分区的农牧民家庭在不同脆弱性水平上的样本数量　单位：户、%

贫困脆弱性水平	藏族聚居区		农区		半农半牧区		牧区	
	样本量	占比	样本量	占比	样本量	占比	样本量	占比
低脆弱水平（<0.5）	632	42.2	366	53.04	198	46.06	68	21.93
高脆弱水平（≥0.5）	798	55.8	324	46.96	232	53.96	242	78.07

分区来看，农区、半农半牧区、牧区家庭中的高脆弱户所占比重分别为46.96%、53.96%、78.07%，除了农区的高脆弱户数量略小于低脆弱户外，半农半牧区和牧区的高脆弱户数量均多于低脆弱户，尤其是牧区农牧民家庭中的高脆弱户占比最高。在牧区，贫困脆弱性指数在0.5以下的家庭只占牧区310户家庭的22%，而0.5以上的家庭却占到78%。牧区大多数农牧民家庭的贫困脆弱性指数处于较高水平，可能是由牧区农牧民家庭的单一收入结构和更加恶劣的地理气候条件决定的。因为牧区农牧民家庭的收入主要来自于畜牧业，而畜牧业的投入成本比较高且生产周期长，加上气候灾害、地质灾害等高原自然灾害风险大，使得牧区农牧民消费波动较大，容易陷入贫困境地。

图6－2是藏族聚居区、农区、半农半牧区和牧区家庭的贫困脆弱性水平的箱线图。从图中我们可以看出，从农区→半农半牧区→牧区，农牧民家庭的贫困脆弱性水平是逐步上升的，尤其是牧区农牧民家庭的贫困脆弱性指数聚集度最高，高水平的贫困脆弱性家庭占比更高。

6.4.3　贫困家庭的脆弱性水平更高，牧区贫困家庭的更深重

在藏族聚居区，贫困户或贫困家庭中有72.34%的家庭属于高脆弱户，而非贫困家庭中仅有29.87%的家庭属于高脆弱户。在农区，贫困家庭中有67.12%的家庭属于高脆弱户，而非贫困家庭中仅有23.91%的家庭属于高脆弱户；在半农半牧区，贫困家庭中有70.85%的家庭属于高脆弱户，而非贫困家庭中仅有31.15%的家庭属于高脆弱户；在牧区，贫困家庭中有90.41%的家庭属于高脆弱户，而非贫困家庭中仅有48.35%的家庭属于高脆弱户，如表6－8所示。

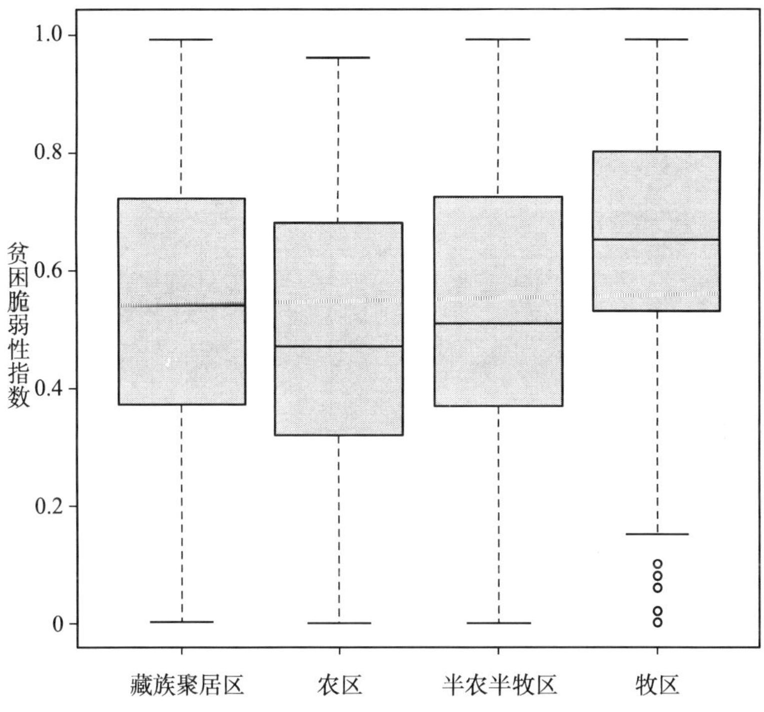

图6－2　藏族聚居区及各区域农牧民家庭的贫困脆弱性水平比较

表6－8　藏族聚居区及各区域的农牧民家庭在贫困与非贫困上的比重　单位：%

贫困脆弱性水平	藏族聚居区		农区		半农半牧区		牧区	
	贫困户	非贫困户	贫困户	非贫困户	贫困户	非贫困户	贫困户	非贫困户
低脆弱水平（<0.5）	25.66	70.13	32.88	76.09	29.15	68.85	9.59	51.65
高脆弱水平（≥0.5）	72.34	29.87	67.12	23.91	70.85	31.15	90.41	48.35

从图6－3和图6－4中，我们可以更加直观地看出不同区域贫困家庭与非贫困家庭的贫困脆弱性水平差异程度和高低水平。整体而言，无论是农区、半农半牧区，还是牧区，贫困家庭的贫困脆弱水平都高于非贫困家庭。尤其值得注意的是，牧区贫困家庭的贫困脆弱性水平最深重。

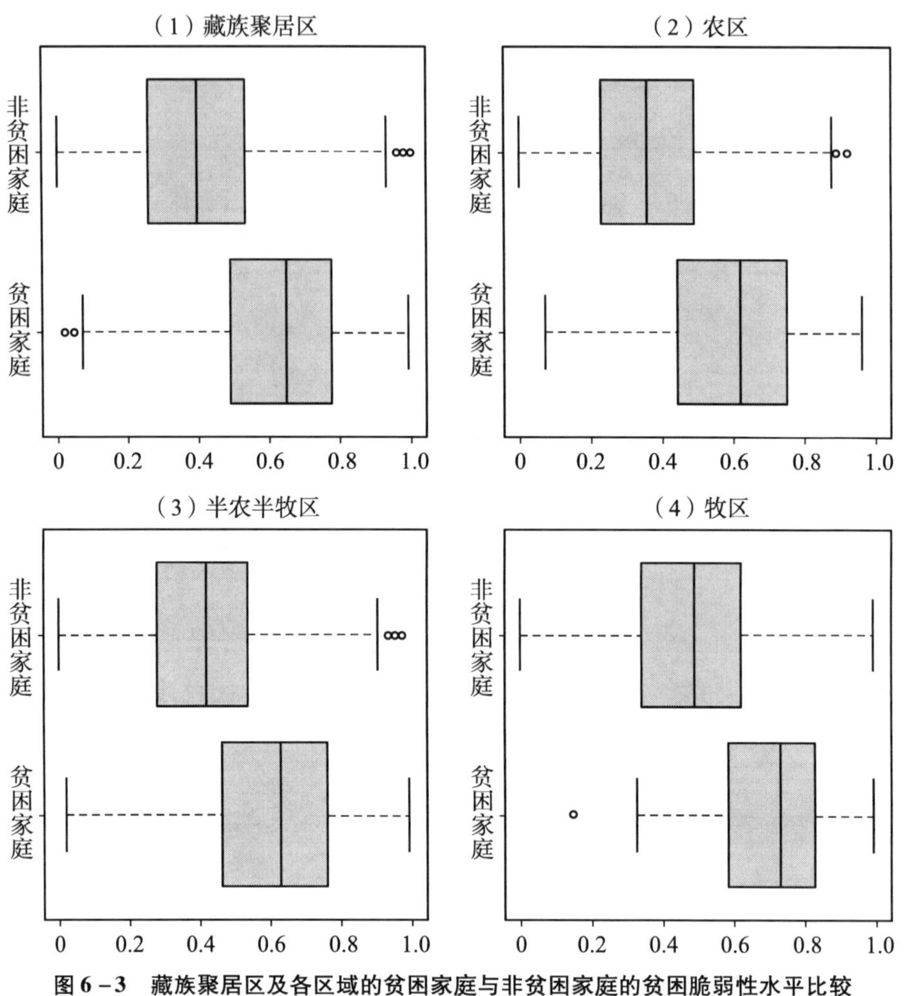

图 6-3　藏族聚居区及各区域的贫困家庭与非贫困家庭的贫困脆弱性水平比较

在贫困家庭与非贫困家庭的贫困脆弱性指数箱线图中，将两类家庭在农区、半农半牧区和牧区的贫困脆弱性水平进行了直接的对比。很明显，贫困家庭的贫困脆弱性指数均有向上偏的趋势，特别是牧区贫困家庭的贫困脆弱性指数上偏趋势最明显，而非贫困家庭的贫困脆弱性指数均有向下偏的趋势。这进一步说明，贫困家庭的脆弱性程度要高于非贫困家庭，而牧区贫困家庭的脆弱性水平最高。

图 6-5 分别绘制了总体样本家庭、贫困家庭和非贫困家庭的贫困脆弱性发生率曲线，从图中我们可以看出。

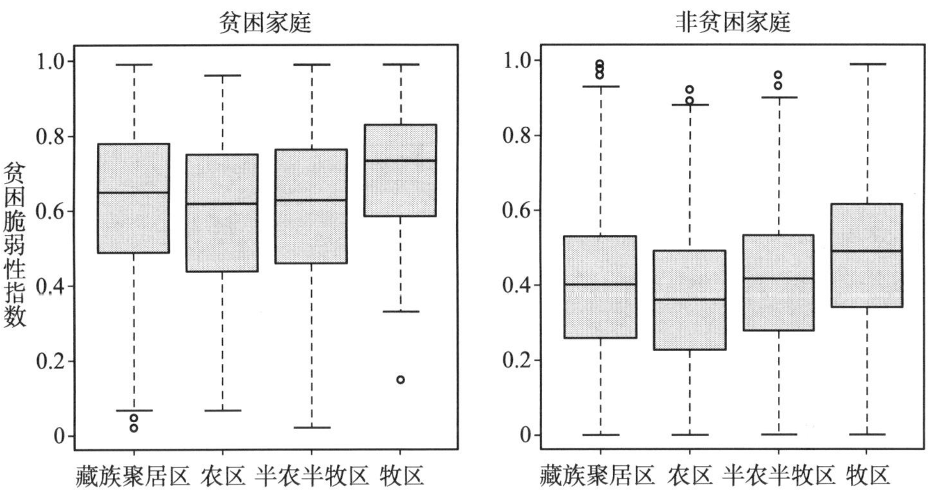

图6－4　藏族聚居区及各区域贫困家庭与非贫困家庭贫困脆弱性水平对比图

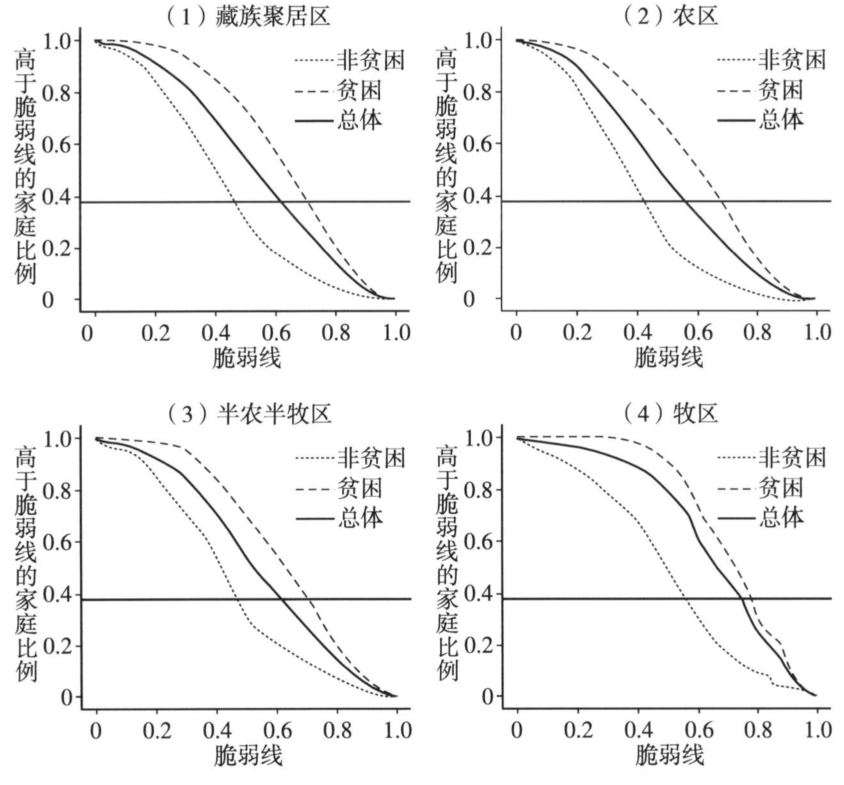

图6－5　藏族聚居区及各区域农牧民家庭的贫困脆弱性发生率曲线

第一，每条贫困脆弱性发生率曲线都单调递减，贫困脆弱线越高，贫困脆弱发生率越低。当贫困脆弱线为最小值0时，所有的农牧民家庭都脆弱，贫困脆弱性发生率为100%。当贫困脆弱线为最大值1时，没有一个农牧民家庭脆弱，贫困脆弱性发生率为0。这与世界银行“人人都脆弱，只不过程度有高低”的说法相呼应。但是，人人都脆弱几乎没有可操作性，因为能够用于扶持贫困脆弱者的资源是有限的，太低的贫困脆弱线是不具有可操作性的，因而有必要设定一条合适的贫困脆弱线。

第二，贫困农牧民家庭更脆弱。无论是整个藏族聚居区，还是农区、半农半牧区和牧区，贫困家庭的贫困脆弱性发生率曲线都在最上方，高于中间位置的总体贫困脆弱性发生率曲线和最下方的非贫困家庭的贫困脆弱性发生率曲线。

第三，贫困和贫困脆弱性不一致。即使是贫困家庭，其贫困脆弱性发生率也并没有达到1，说明贫困家庭并非都脆弱；同样，即使是非贫困家庭，也有相当一部分是脆弱的。

第四，牧区农牧民家庭更脆弱。例如，贫困脆弱性指数在0.5以上的农区、半农半牧区和牧区农牧民家庭所占比例分别为46.96%、53.96%和78.07%，这与现实情况也是相吻合的。

总的来说，贫困脆弱线的取值越大或越小，总体、贫困家庭和非贫困家庭的贫困脆弱性发生率曲线越接近，也就是说，其累计分布越接近。另外，牧区家庭三条线的距离更大，说明牧区贫困家庭与非贫困家庭的贫困脆弱性分布差异要大于农区和半农半牧区。

6.4.4 家庭的贫困程度与贫困脆弱性水平有着显著的相关性

贫困是一个静态的定义，是一个事后的状态。贫困脆弱性是与未来的风险相关的，是一个动态的概念，是一个前瞻性的概念，因而在事前是无法观察到的，但可以在事前估计出“一个家庭或个人在未来因为各种风险而陷入贫困或无法摆脱贫困的概率”，即预测家庭或个人的贫困脆弱性。

从表6-9中不难看出，农牧民家庭的贫困状况与贫困脆弱性之间有着显著的相关关系。这是因为农牧民家庭是一个资产积累、收入与消费不断循环的社会系统，农牧民家庭下一周期的消费、收入和资产积累取决于该家庭本周期内的资产、收入与消费。罗伯特·霍尔（Robert Hall，1978）的消费随机游走假说（Random-walk Hypothesis）认为，在给定的一个时期里，一个人的消费水平并不是由那一期的收入单独决定的，而是由他一生的收入水平综合决定的，这就是持久性收入。因此，收入的时间模式对于消费来说并不重要，[1] 在本期贫困的家庭在下一期也有很大可能会陷入贫困。在表 6－9 中可以看到，贫困农牧民家庭中的 72.34%都是高脆弱户，仅有25.66%是低脆弱户；而非贫困家庭中的70.13%都不是高脆弱户，仅有29.87%是高脆弱户。

表 6－9　　贫困与贫困脆弱性的关系　　单位：%

		贫困脆弱性	
		低脆弱	高脆弱
贫困状况	贫困	25.66	72.34
	非贫困	70.13	29.87

从表 6－10 中也可以看到，高脆弱户中 77.69%的家庭都是贫困的，仅有22.31%的家庭是非贫困的；而低脆弱户中 66.14%的家庭都是非贫困的，仅有33.86%的家庭是贫困的。总之，贫困脆弱性和贫困既有联系又有不同，贫困脆弱性预测了未来的贫困，因此和现在的贫困状态存在联系；但是，因为贫困脆弱性是动态的，所以未来的贫困和现在的贫困并不完全一样。

表 6－10　　贫困脆弱性与贫困的关系　　单位：%

		贫困脆弱性	
		低脆弱	高脆弱
贫困状况	贫困	33.86	77.69
	非贫困	66.14	22.31

由表6－11 可知，藏族聚居区1430 户抽样家庭中有632 户低脆弱户和798 户高脆弱户。在632 户低脆弱家庭中，非贫困户为418 户，占比为66.1%。在798户高脆弱家庭中，贫困户为620 户，占比为77.7%。藏族聚居区农牧民家庭贫困与贫困脆弱性的重合率达到72.6%。分区域来看，在农区、半农半牧区、牧区高脆弱家庭中，贫困农牧民家庭占比都超过了 75%，分别为 76.2%、75.4%、81.8%；而在低脆弱家庭中，非贫困农牧民家庭占比则分别为66.9%、63.6%、69.1%，都超过了60%；三个区域的贫困与贫困脆弱性的重合率都达到了70%

① Robert Hall. Stochastic Implications of the Life Cycle-permanent Income Hypothesis：Heory and Evidence [J]. Journal of Political Economy，1978，86（6）：971－987.

以上，分别为71.3%、70.0%、79.0%。

表6－11　　藏族聚居区和各区域的贫困与贫困脆弱性的重合率

		低脆弱户（户）	高脆弱户（户）	合计（户）	重合率（%）
藏族聚居区	非贫困	418	178	596	72.6
	贫困	214	620	834	
	合计	632	798	1430	
农区	非贫困	245	77	322	71.3
	贫困	121	247	368	
	合计	366	324	690	
半农半牧区	非贫困	126	57	183	70.0
	贫困	72	175	247	
	合计	198	232	430	
牧区	非贫困	47	44	91	79.0
	贫困	21	198	219	
	合计	68	242	310	

综上所述，从贫困与贫困脆弱性的关系来看，无论是在总样本家庭中，还是在各区域的样本家庭中，贫困农牧民家庭中的高脆弱户数量明显是多于低脆弱户的，而高脆弱性家庭中贫困户是明显多于非贫困户的。可见，贫困与贫困脆弱性的关系是非常密切的。

6.5　农牧民家庭贫困脆弱性的空间分布

6.5.1　县域贫困脆弱性的估计方法

由于涉及隐私，我们不能将每户农牧民家庭的贫困脆弱性水平在空间地图上分散显示。于是，我们选择了一种替代的方式，它可以将农牧民家庭的贫困脆弱性水平聚集到更大的层面（乡镇层面、县级层面或地市级层面）来显示。我们选择在县级层面来显示农牧民家庭的贫困脆弱性状况，这里使用世界银行的评估区域层面贫困状况的贫困地图方法，这种方法可以将农牧民家庭调查数据和县域统计数据结合起来，从而绘制出县域农牧民家庭的贫困脆弱性地图。

为了实现对县域层面贫困脆弱性水平的估计，我们采取了以下步骤：(1) 从西藏自治区选取 36 个样本县，如图 6－6 所示，每个样本县再选取 5～8 个样本乡（镇）。(2) 从每个样本乡（镇）选择一个村，再从每个村中选取 10 户农牧民家庭作为抽样调查对象。(3) 通过对所有 1430 户农牧民家庭的人均消费水平的估计模型回归得到每个解释变量（家庭规模、受教育程度、健康状况等）所对应的系数，然后再结合 1430 户农牧民家庭的相关特征变量预测下一期农牧民家庭的消费水平。(4) 对每户家庭赋予对应的权重，将各县域相关家庭特征变量进行累积求和，用其代表该县域的贫困脆弱性水平。(5) 将求得的 36 个县的贫困脆弱性水平映射到地图上，就形成了传统意义上的贫困地图。

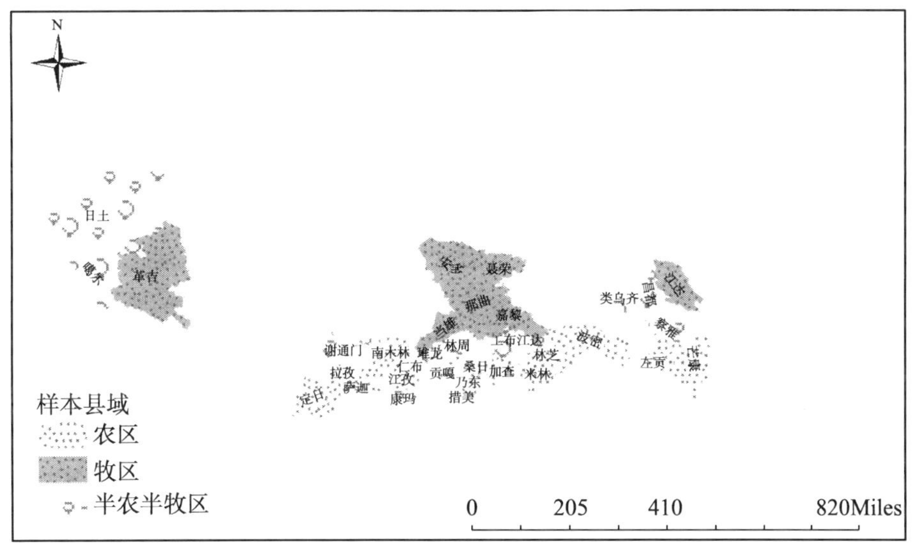

图 6－6　调查样本县的类型与地理分布图

前面，我们已经估算出了 1430 户农牧民家庭的贫困脆弱性水平，在此基础上我们可以借助世界银行评估区域贫困状况的方法来估计西藏 36 个样本县的贫困脆弱性水平。县域的贫困脆弱性水平（$\hat{V}_{county}$）的计算公式如下：

$$\hat{V}_{county} = \sum_{i=1}^{N} \frac{m_i}{M} \Phi\left(\frac{\ln z - x_h \hat{\beta}_{FGLS}}{\sqrt{x_h \hat{\theta}_{FGLS}}}\right) \tag{6.12}$$

在公式（6.12）中，m_i 表示第 i 个家庭的人口规模，M 表示第 i 个家庭所在县的所有样本家庭的总人口数量，N 表示该样本县的样本家庭总数；其他变量和前面“贫困脆弱性度量”中的变量相同。

6.5.2 县域贫困脆弱性的估计结果

通过估算，西藏36个样本县农牧民家庭的贫困脆弱性水平如表6-12所示。总的来说，和前面分区域农牧民家庭的贫困脆弱性特征相呼应，牧区县的贫困脆弱性指标也是最高的，半农半牧区县次之；相对而言，农区县的贫困脆弱性水平则较低。从表中我们还可以看出，在19个农区县中，贫困脆弱性指数小于0.5的低脆弱县有6个，其中林芝地区的米林县最低，仅为0.27，脆弱性水平最低，这与米林县海拔较低、生态环境相对较好相关，与米林县是边境县且享受兴边富民政策也相关；其他的13个县则都为贫困脆弱性指数大于0.5的高脆弱县，占比为68.4%；其中，日喀则市的仁布县最高，贫困脆弱性指数为0.69。在11个半农半牧县中，只有阿里地区的日土县和噶尔县的贫困脆弱性指数小于0.5，其中，日土县的贫困脆弱性指数最低，为0.39；而且这2个县也是边境县，可能是因为享受兴边富民政策扶持的缘故；其他9个县都是高脆弱县，占比为81.8%；

表6-12　西藏36个样本县农牧民家庭的贫困脆弱性指数

类型	样本县	贫困脆弱指数	类型	样本县	贫困脆弱指数
农区县	米林县	0.27	农区县	仁布县	0.69
	桑日县	0.45	半农半牧区县	日土县	0.39
	林芝县	0.45		噶尔县	0.47
	乃东县	0.47		工布江达县	0.52
	堆龙德庆县	0.48		康马县	0.56
	达孜县	0.49		林周县	0.57
	加查县	0.51		措美县	0.57
	琼结县	0.52		谢通门县	0.61
	波密县	0.56		察雅县	0.61
	南木林县	0.56		江达县	0.66
	定日县	0.57		昌都县	0.73
	日喀则市	0.57		类乌齐县	0.77
	江孜县	0.60	牧区县	聂荣县	0.66
	萨迦县	0.62		革吉县	0.68
	贡嘎县	0.62		安多县	0.69
	拉孜县	0.63		那曲县	0.72
	左贡县	0.67		嘉黎县	0.74
	芒康县	0.68		当雄县	0.77

昌都地区的类乌齐县脆弱性指数最高，为0.77。在牧区县中，全部6个牧区县的贫困脆弱性指数都超过了0.5，均为高脆弱县；其中，那曲地区的聂荣县为最低，但贫困脆弱性指数也达到0.66；最高的是拉萨市的当雄县，贫困脆弱性指数高达0.77，脆弱性程度最高。由此可见，牧区县的贫困脆弱性水平最高，半农半牧区县的贫困脆弱性水平次之，而农区县的脆弱性水平则是最低的。

6.5.3 县域贫困脆弱性的空间分布

从图6－7中，我们可以更加直观地看到36个样本县贫困脆弱性的空间分布状况。牧区的6个样本县都处于高脆弱性水平，其主要原因是由于牧区县的海拔较高、生态环境恶劣、自然灾害和地质灾害严重、基本公共服务水平低下等。这些都容易对牧民生计带来不利的冲击。

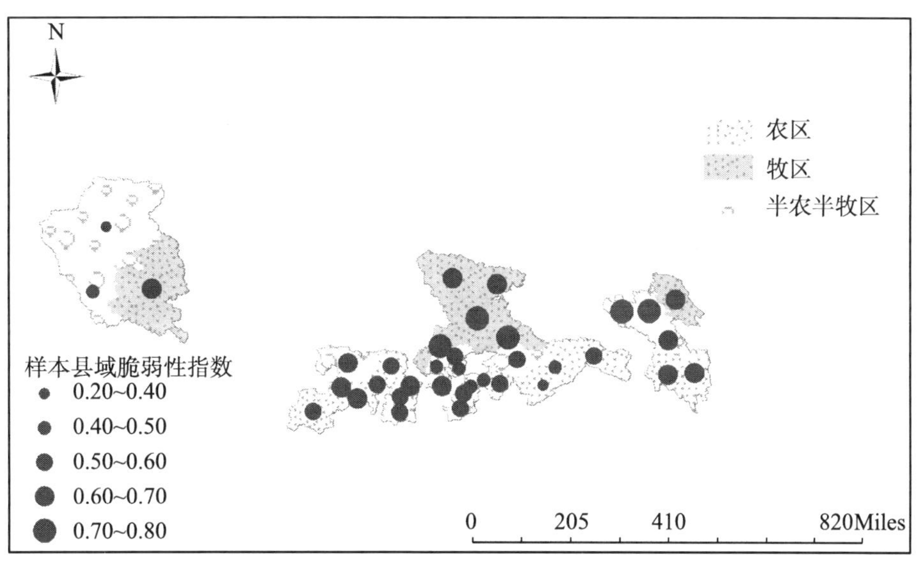

图6－7 西藏36个样本县农牧民家庭贫困脆弱性的空间分布图

在5个边境县中，与印度接壤的米林县、日土县和噶尔县等3个县的贫困脆弱性水平较低。米林县的脆弱性水平低，是与该县海拔水平较低、生态环境相对较好相关的，与该县是边境县且享受兴边富民政策相关的，也与开展的边民互惠贸易是相关的；日土县和噶尔县的脆弱性水平也低，也是与开展的边民互惠贸易和兴边富民政策分不开的。与不丹接壤的康马县，贫困脆弱性指数超过0.5，脆弱性水平相对高一些，这可能是因为边民互惠贸易量还比较小、开放程度还不够的原因造成的。定日县与尼泊尔接壤，贫困脆弱性指数为0.57，超过高脆弱线；

可能是由于珠穆朗玛峰在其境内，生态环境比较脆弱的缘故。

从图中我们还可以看出，芒康县、左贡县、察雅县、昌都县、类乌齐县5个县是相邻的，而且它们的贫困脆弱性水平很高，这样的特点与这些县的整体经济实力不强、基础设施薄弱、公共服务水平较低、市场不发达等因素密切相关。

第 7 章

中国藏族聚居区农牧民的生计资本状况和生计策略选择

7.1 不同贫困程度农牧民的生计资本与生计策略

首先，我们将对贫困户和非贫困户的生计资本与生计策略进行描述性统计的对比分析，以总结和归纳不同贫困程度农牧民家庭的生计特征。我们采用可持续生计分析框架，从自然资本、物质资本、现金资本、人力资本和社会资本五大资本进行分析。另外，我们也分析了贫困户与非贫困户基于生计资本的生计策略选择。具体而言，首先，我们对贫困户和非贫困户的五大资本状况进行比较分析；其次，我们分析了贫困户和非贫困户的生计策略差异。同时，为了检验贫困户和非贫困户的差异是否显著，我们采用了统计检验，对连续变量采用了 T 检验，对分类变量使用的列联表采用了卡方检验。在下面的行文中，我们仅对通过了 T 检验或卡方检验的变量进行分析。

7.1.1 农区不同贫困程度家庭的生计资本与生计策略

在农区 690 户家庭中，贫困户为 368 户，非贫困户为 322 户，贫困户占到一半以上。由表 7－1 可知，农区贫困户和非贫困户的生计资本状况有着不同的特征。(1) 自然资本方面，贫困户的人均耕地面积要低于非贫困户。(2) 物质资本方面，贫困户中房屋结构为钢筋混凝土结构的比例和拥有汽车、农用动力机械、洗衣机和电冰箱的家庭比例都要低于非贫困户。(3) 现金资本方面，贫困户人均手存现金、存款余额和虫草、产品畜等可变现资产的数量都低于非贫困户，仅役畜的数量略高于非贫困户。(4) 人力资本方面，贫困户的劳动力数量和男劳动力数量都高于非贫困户，但工资性收入却低于非贫困户，表明贫困家庭的劳动力相对过剩问题更为突出。(5) 社会资本方面，贫困户的转移性收入、期末债务余额、获得过贷款或借款的比例均低于非贫困户，表明贫困农牧民家庭的社会资本水平相对更低。

表 7-1　　农区非贫困户和贫困户的生计资本比较分析结果

生计资本	非贫困户（322）	贫困户（368）	LR 或 T 检验
自然资本：			
耕地（亩/人）	3.48	2.37	***
牧草地（亩/人）	0.28	3.33	NG
物质资本：			
房屋结构			
钢筋混凝土结构（%）	6.83	2.17	***
砖木结构（%）	51.55	57.88	NG
其他结构（%）	41.62	39.95	***
大型生产工具			
汽车（%）	12.11	4.08	***
拖拉机（%）	74.84	71.74	NG
农用动力机械（%）	37.58	35.60	***
耐用消费品			
洗衣机（%）	46.27	23.37	***
电冰箱（%）	52.48	27.99	***
摩托车（%）	66.15	69.29	NG
彩色电视机（%）	95.96	97.01	NG
现金资本：			
手存现金（元/人）	3881.53	3342.96	**
存款余额（元/人）	741.27	89.49	*
虫草数量（克/人）	10.77	6.23	***
役畜（头/人）	0.266	0.273	***
产品畜（头/人）	1.59	0.71	***
人力资本：			
工资性收入（元/人）	1869.34	1665.13	***
家庭规模（人/户）	3.15	6.50	NG
劳动力数量（人/户）	3.10	4.02	***
男劳动力数量（人/户）	1.63	2.11	***
劳动力最高受教育水平	1.20	1.22	NG

续表

生计资本	非贫困户（322）	贫困户（368）	LR 或 T 检验
社会资本：			
转移性收入（元/人）	1192.86	622.20	***
期末债务余额（元/人）	1168.86	428.58	*
获得过贷款或借款（%）	22.04	11.75	***

表7－2是农区贫困户与非贫困户两类家庭的生计策略情况比较表，从中我们可以看出：(1）从从业类型来看，贫困户的生计策略不如非贫困户那样多样化，应对风险的能力较弱。贫困户由于人口多而耕地少，从业类型主要为农业兼业户，占比为55.43%；而贫困户中从业类型为非农业户和农业户的比例均小于非贫困户。(2）从收入状况来看，贫困户的收入显著低于非贫困户。贫困户的全年总收入和全年纯收入仅为非贫困户的60%左右；连外出务工收入、政府补助收入、虫草收入和野生菌类收入都低于非贫困户。外出务工收入金额较大，表明农区农户的外出务工收入已成为收入的主要来源。(3）从全年纯收入构成来看，贫困户对农牧业生产有着很强的依赖性，外出打工获得的工资性收入成为家庭的主要收入来源。贫困户的农业纯收入和牧业纯收入所占比重较高，农牧业及林业纯收入比重合计达到45.23%，工资性收入占比高达34.07%；但非农产业纯收入、转移性纯收入和财产性纯收入的占比都低于非贫困户。财产性纯收入最少，仅占到1.3%。(4）从年内从事各种行业时间的长短来看，贫困户从业时间要少于非贫困户。贫困户从事农业、本地非农自营、本地非农务工、外出从业的时间均少于非贫困户。可见，贫困户劳动量较小。(5）从消费状况来看，贫困户的人均消费水平远低于非贫困户；就生活消费结构而言，贫困户的食品消费比重(66.09%）显著大于非贫困户，表明贫困户的恩格尔系数更高；贫困户的宗教用品支出所占比重高于非贫困户；贫困户的衣着消费支出也高于非贫困户。对于居住消费、交通和通讯消费、家庭设备、用品消费、医疗保健消费和文化教育、娱乐消费等消费支出，则低于非贫困户。(6）从非消费性支出来看，贫困户中有学杂费支出的家庭所占比例要远低于非贫困户，而且婚丧嫁娶支出也远小于非贫困家庭。(7）从应对风险策略来看，贫困户较多地采取外出务工、出售财物、出售役畜或产品畜等方法来规避风险，而非贫困户则更多地采取外出务工、运用储蓄(取回存款)、贷款或借钱等积极方式来应对风险。

表 7－2　　农区非贫困户和贫困户的生计策略情况比较

生计策略	非贫困户（322）	贫困户（368）	LR 或 T 检验
从业类型构成：			
农业户（%）	18.94	9.51	***
农业兼业户（%）	46.58	55.43	**
非农业兼业户（%）	30.75	33.70	NG
非农业户（%）	3.73	1.36	*
收入状况：			
全年总收入（元/人）	9891.51	5974.93	***
全年纯收入（元/人）	6389.74	3734.93	***
外出务工收入（元/人）	1559.97	1459.14	***
政府补助收入（元/人）	408.45	211.67	***
虫草收入（元/人）	924.66	565.107	**
野生菌类收入（元/人）	108.73	51.12	***
全年纯收入构成：			
工资性收入（%）	22.70	34.07	*
农业纯收入（%）	28.90	32.37	***
牧业纯收入（%）	9.06	9.48	***
林业纯收入（%）	4.10	3.38	***
非农产业纯收入（%）	16.34	7.63	***
转移性纯收入（%）	14.33	11.77	***
财产性纯收入（%）	4.57	1.30	***
年内从事各种行业时间：			
农业（月）	4.34	4.14	**
本地非农自营（月）	0.25	0.17	***
本地非农务工（月）	0.50	0.36	***
外出从业（月）	0.52	0.51	***
消费状况：			
人均消费（元/人）	5006.93	1975.22	***
生活消费构成：			
食品消费（%）	47.28	66.09	***

续表

生计策略	非贫困户（322）	贫困户（368）	LR或T检验
衣着消费（%）	11.71	12.63	***
居住消费（%）	12.56	3.40	***
家庭设备、用品消费（%）	6.65	5.53	***
交通和通讯消费（%）	9.52	6.77	***
文化教育、娱乐消费（%）	2.10	1.47	***
医疗保健消费（%）	4.90	2.29	***
宗教用品（%）	0.8	1.08	***
非消费性支出：			
学杂费（%）	16.77	5.43	***
宗教活动捐赠（%）	24.53	20.38	NG
婚、丧、嫁、娶支出（元/户）	743.34	213.71	***
应对风险策略：			
外出务工（%）	54.04	63.86	**
出售财物（%）	1.55	1.90	NG
出售役畜或产品畜（%）	11.18	14.67	NG
贷款或借钱（%）	19.88	11.96	***
运用储蓄（取回存款）（%）	3.73	0.82	**

7.1.2　半农半牧区不同贫困程度家庭的生计资本与生计策略

在半农半牧区430户样本家庭中，贫困户有247户，占比为57.44%。从表7-3中可以看出，半农半牧区贫困户和非贫困户的生计资本状况也呈现出不同的特征。（1）在自然资本方面，无论是贫困户还是非贫困户的耕地面积、牧草地面积的差异都不显著。（2）在物质资本方面，贫困户中拥有拖拉机和摩托车的家庭比例都要高于非贫困户；而其他指标在二者间的统计差异都不显著。（3）在现金资本方面，贫困家庭人均手存现金、虫草数量和产品畜数量都低于非贫困家庭，而存款余额和役畜数量在二类家庭间的差异都不显著。（4）在人力资本方面，贫困户的劳动力数量和男劳动力数量都高于非贫困家庭，但工资性收入却低于非贫困户，表明半农半牧区贫困家庭的劳动力相对过剩问题也比较突出。（5）在社会资本方面，贫困家庭的转移性收入和期末债务余额均小于非贫困家庭，但贫困家庭中贷款或借款的家庭比例却高于非贫困家庭。

表7－3　　半农半牧区非贫困户和贫困户的生计资本比较分析结果

生计资本	非贫困户（183）	贫困户（247）	LR或T检验
自然资本：			
耕地（亩/人）	1.73	1.69	NG
牧草地（亩/人）	1150.28	1588.67	NG
物质资本：			
房屋结构			
钢筋混凝土结构（%）	0	0	—
砖木结构（%）	69.40	70.04	NG
其他结构（%）	30.60	29.96	NG
大型生产工具			
汽车（%）	6.01	7.69	NG
拖拉机（%）	40.44	51.42	**
农用动力机械（%）	19.13	19.03	NG
耐用消费品			
洗衣机（%）	32.24	24.70	NG
电冰箱（%）	32.24	33.20	NG
摩托车（%）	56.28	76.11	***
彩色电视机（%）	98.36	94.74	NG
现金资本：			
手存现金（元/人）	2962.15	1802.70	***
存款余额（元/人）	0	0	—
虫草数量（克/人）	16.13	7.95	***
役畜（头/人）	1.14	1.39	NG
产品畜（头/人）	2.73	1.47	***
人力资本：			
工资性收入（元/人）	1088.93	945.29	***
家庭平均规模（人/户）	4.87	6.77	NG
劳动力数量（人/户）	2.96	3.73	***

续表

生计资本	非贫困户（183）	贫困户（247）	LR或T检验
男劳动力数量（人/户）	1.53	1.96	**
劳动力最高受教育水平	0.92	0.94	NG
社会资本：			
转移性收入（元/人）	822.70	596.52	***
期末债务余额（元/人）	567.42	308.79	**
获得过贷款或借款（%）	4.92	12.96	***

表7－4是半农半牧区贫困户与非贫困户两类家庭的生计策略情况比较表，从中我们也有一些发现：（1）从收入状况来看，贫困户的平均收入远低于非贫困户。贫困户的全年总收入和全年纯收入仅为非贫困户的68%；虫草收入和野生菌类收入仅为非贫困户的50%左右；连政府补助收入也低于非贫困家庭。虫草收入已超过外出务工收入，成为半农半牧区农牧民家庭的主要收入来源。（2）从全年纯收入构成来看，无论贫困户还是非贫困户对农牧业生产都有着较强的依赖性，农牧业纯收入占比合计已超过53%。贫困户与非贫困户在农业纯收入、牧业纯收入、林业纯收入和转移性纯收入方面的差别不大，但非农产业纯收入、工资性收入之间的差别较大；贫困户通过打工而获得的微薄的工资性收入所占比重（21.21%）较高，而非贫困户来自非农产业纯收入比重更大。（3）从年内从事各种行业时间的长短来看，贫困户除外出从业时间要高于非贫困户外，从事农业、本地非农自营、本地非农务工的时间均少于非贫困户，说明贫困家庭的本地非农就业机会少。（4）从消费状况来看，贫困户的人均消费水平还不到非贫困户人均消费水平的一半；就消费结构而言，贫困户的食品消费、衣着消费和宗教用品支出所占比重都高于非贫困户，但耐用消费品、交通通讯、文化娱乐和医疗保健消费支出所占比重均小于非贫困户。（5）从非消费性支出来看，贫困户中有学杂费支出的家庭比例要远低于非贫困户中的家庭比例。

表7－4　　半农半牧区非贫困户和贫困户的生计策略情况比较

生计策略	非贫困户（183）	贫困户（247）	LR或T检验
从业类型构成：			
农业户（%）	14.75	13.36	NG
农业兼业户（%）	67.21	65.19	NG

续表

生计策略	非贫困户（183）	贫困户（247）	LR或T检验
非农业兼业户（%）	17.49	21.05	NG
非农业户（%）	0.55	0.40	NG
收入状况：			
全年总收入（元/人）	7620.31	5193.07	***
全年纯收入（元/人）	5040.53	3439.63	***
外出务工收入（元/人）	421.57	476.62	NG
政府补助收入（元/人）	358.53	295.44	**
虫草收入（元/人）	1225.44	667.80	***
野生菌类收入（元/人）	120.28	65.48	**
全年纯收入构成：			
工资性收入（%）	17.12	21.21	**
农业纯收入（%）	24.09	23.17	***
牧业纯收入（%）	25.66	27.56	***
林业纯收入（%）	3.65	2.68	**
非农产业纯收入（%）	14.27	9.22	***
转移性纯收入（%）	13.32	13.90	***
财产性纯收入（%）	1.89	2.26	NG
年内从事各种行业时间：			
农业（月）	3.89	3.77	NG
本地非农自营（月）	0.37	0.18	***
本地非农务工（月）	0.51	0.35	***
外出从业（月）	0.19	0.24	**
消费状况：			
人均消费（元/人）	4360.01	1996.84	***
生活消费构成：			
食品消费（%）	46.53	60.20	***
衣着消费（%）	14.85	17.57	***
居住消费（%）	4.53	3.10	***
家庭设备、用品消费（%）	7.72	5.60	***

续表

生计策略	非贫困户（183）	贫困户（247）	LR 或 T 检验
交通和通讯消费（%）	10.53	7.34	***
文化教育、娱乐消费（%）	8.87	0.82	***
医疗保健消费（%）	1.71	1.34	***
宗教用品（%）	0.61	1.01	*
非消费性支出：			
学杂费（%）	6.56	0.81	***
宗教活动捐赠（%）	32.79	27.94	NG
婚、丧、嫁、娶支出（元/户）	145.67	161.93	NG
应对风险策略：			
外出务工（%）	20.22	26.72	NG
出售财物（%）	0.55	1.62	NG
出售役畜或产品畜（%）	13.11	8.10	NG
贷款或借钱（%）	8.74	9.31	NG
运用储蓄（取回存款）（%）	4.37	6.07	NG

7.1.3　牧区不同贫困程度家庭的生计资本与生计策略

在牧区 310 户样本家庭中，贫困家庭有 219 户，占整个样本家庭的 71%。下面我们主要分析表 7－5 中在统计上有显著差异的生计资本变量。在自然资本方面，贫困户的人均牧草地面积远低于非贫困户；在物质资本方面，贫困户与贫困户的物质资本在统计上没有显著差异；在现金资本方面，贫困户的人均手存现金、虫草数量和产品畜数量低于非贫困家庭；从人力资本方面来讲，非贫困户除了工资性收入高于贫困户外，在劳动力数量、男劳动力数量、劳动力最高受教育水平等指标上都低于贫困户，说明牧区贫困家庭仍然存在着劳动力相对过剩的问题，非农就业机会少于非贫困家庭；在社会资本方面，贫困户的转移性收入和期末债务余额远低于非贫困家庭，说明贫困家庭的社会资本水平较低。

表7-5　　牧区非贫困户和贫困户的生计资本比较分析结果

生计资本	非贫困户（91）	贫困户（219）	LR或T检验
自然资本：			
耕地（亩/人）	0	0	—
牧草地（亩/人）	5828.70	2725.26	***
物质资本：			
房屋结构			
钢筋混凝土结构（%）	1.10	0.91	NG
砖木结构（%）	64.84	68.95	NG
其他结构（%）	34.06	30.14	NG
大型生产工具			
汽车（%）	16.44	20.55	NG
拖拉机（%）	24.18	24.66	NG
农用动力机械（%）	2.20	1.37	NG
耐用消费品			
洗衣机（%）	14.29	9.59	NG
电冰箱（%）	10.99	8.68	NG
摩托车（%）	78.02	85.39	NG
彩色电视机（%）	74.73	76.71	***
现金资本：			
手存现金（元/人）	3940.42	2596.86	***
存款余额（元/人）	2571.04	251.88	NG
虫草数量（克/人）	23.42	12.36	**
役畜（头/人）	1.72	2.51	NG
产品畜（头/人）	3.58	2.34	***
人力资本：			
工资性收入（元/人）	279.52	243.16	***
家庭规模（人/户）	4.06	5.91	NG
劳动力数量（人/户）	2.47	3.33	**
男劳动力数量（人/户）	1.30	1.69	***
劳动力最高受教育水平	0.69	0.95	**

续表

生计资本	非贫困户（91）	贫困户（219）	LR或T检验
社会资本：			
转移性收入（元/人）	1080.44	470.61	***
期末债务余额（元/人）	2928.28	1550.71	***
获得过贷款或借款（%）	42.86	43.84	NG

表7-6是牧区贫困户与非贫困户两类家庭的生计策略情况比较表，从中我们可以看出：（1）从收入状况来看，无论贫困户还是非贫困户的虫草收入金额较大，表明虫草收入已成为牧区牧民的主要收入来源。无论贫困户还是非贫困户的外出务工收入和野生菌类收入都比较少，但贫困户的更少。贫困户的全年总收入和全年纯收入大约仅为非贫困户的50%；政府补助收入和虫草收入也仅为非贫困户的50%左右。（2）从全年纯收入构成来看，无论贫困户还是非贫困户对农牧业生产都有着较强的依赖性，贫困户和非贫困户农牧业纯收入占比分别为73.15%和68.36%。非贫困户的非农产业纯收入、转移性纯收入和财产性收入占全年纯收入的比例要高于贫困户；而贫困户靠打工获得的微薄的工资性收入所占比重（4.71%）则高于非贫困户。（3）从年内从事各行业的时间长短来看，贫困户从事农业、本地非农自营、本地非农务工的时间均少于非贫困户，说明贫困家庭的劳动量低于非贫困家庭，贫困家庭的非农就业机会较少。（4）从消费状况来看，贫困户的人均消费水平还不到非贫困户人均消费水平的30%；就消费结构而言，贫困户的食品消费、衣着消费所占比重都高于非贫困户；贫困户与非贫困户的食品消费占生活消费的比例分别为72.29%和31.40%，可见贫困户的恩格尔系数非常高；而非贫困户的居住消费、交通通讯、医疗保健消费支出比重均大于贫困户，非贫困户和贫困户的交通通讯消费支出所占比例分别为46.73%和7.21%，表明牧区家庭的外出和交流成本很高。

表7-6　　牧区非贫困户和贫困户的生计策略情况比较

生计策略	非贫困户（91）	贫困户（219）	LR或T检验
从业类型构成：			
农业户（%）	45.06	51.61	NG
农业兼业户（%）	39.56	38.81	NG
非农业兼业户（%）	15.38	8.68	NG
非农业户（%）	0	0.9	NG

续表

生计策略	非贫困户（91）	贫困户（219）	LR 或 T 检验
收入状况：			
全年总收入（元/人）	12157.85	6453.03	***
全年纯收入（元/人）	9366.21	4870.94	***
外出务工收入（元/人）	440.24	229.22	NG
政府补助收入（元/人）	315.68	148.81	***
虫草收入（元/人）	2703.92	1472.17	**
野生菌类收入（元/人）	3.95	1.24	NG
全年纯收入构成：			
工资性收入（%）	2.58	4.71	NG
农业纯收入（%）	25.98	24.97	**
牧业纯收入（%）	42.38	48.18	***
林业纯收入（%）	0.18	0.13	NG
非农产业纯收入（%）	14.61	11.34	**
转移性纯收入（%）	10.48	8.33	**
财产性纯收入（%）	3.79	2.34	NG
年内从事各种行业时间：			
农业（月）	3.97	3.73	**
本地非农自营（月）	0.29	0.14	***
本地非农务工（月）	0.40	0.26	***
外出从业（月）	0.06	0.05	NG
消费状况：			
人均消费（元/人）	6753.44	1878.58	***
生活消费构成：			
食品消费（%）	31.40	72.29	***
衣着消费（%）	6.60	11.61	***
居住消费（%）	6.45	1.30	**
家庭设备、用品消费（%）	3.70	4.08	***
交通和通讯消费（%）	46.73	7.21	***
文化教育、娱乐消费（%）	0.61	0.97	**

续表

生计策略	非贫困户（91）	贫困户（219）	LR 或 T 检验
医疗保健消费（%）	3.55	0.95	***
宗教用品（%）	0.57	0.75	***
非消费性支出：			
学杂费（%）	4.40	1.37	NG
宗教活动捐赠（%）	0	0	NG
婚、丧、嫁、娶支出（元/户）	1246.66	989.28	NG
风险应对策略：			
外出务工（%）	4.40	5.48	NG
出售财物（%）	13.19	9.13	NG
出售役畜或产品畜（%）	5.49	2.28	NG
贷款或借钱（%）	40.66	46.58	NG
运用储蓄（取回存款）（%）	5.49	5.02	NG

综上所述，我们可以发现：（1）从半农半牧区→农区→牧区，贫困农牧民家庭的人口规模越来越小，家庭人均纯收入却越来越高，但贫富差距却越来越大，半农半牧区、农区和牧区贫困户的年人均纯收入分别为非贫困户的68.2%、58.5%和52.0%，说明牧区农牧民家庭的贫富差距最大。（2）外出务工收入成为农区家庭的主要收入来源，虫草收入则成为牧区家庭的主要收入来源，半农半牧区家庭则兼顾虫草收入和外出务工收入；农牧民家庭的收入水平是影响农牧民家庭贫困脆弱性的最重要的因素，说明要降低农牧民家庭的贫困脆弱性和减少贫困，首先要从提高农牧民家庭的收入水平着手。（3）在中国藏族聚居区，无论是在农区、牧区，还是在半农半牧区，贫困家庭往往是更脆弱的，因而贫困农牧民家庭更倾向于通过组建更大的家庭、提高劳动力占家庭人口的比重来降低家庭的贫困脆弱性。（4）从农区→半农半牧区→牧区，贫困户占脆弱户的比重显著上升，而且三类区域的比重都超过了60%，贫困户占据了脆弱性户的主体部分；非贫困户占非脆弱户的比重则明显下降，但是非贫困户仍然占非脆弱性户的主体部分，三类区域的比重都超过了50%。

通过将贫困家庭与非贫困家庭进行对比分析，我们进一步发现：（1）从生计资本状况来看，由于贫困户的家庭规模大于非贫困户，使得贫困家庭的人均自然资本禀赋低于非贫困家庭，而且贫困家庭的非农就业机会少，劳动生产率也相对较低，使得劳动力相对过剩的问题比较突出。同时，相较于非贫困家庭而言，贫困家庭的手存现金更少，而其他可以变现的现金资产（如虫草、产品畜）的数量也少于非贫困家庭，使得贫困家庭的现金特别短缺。另外，贫困家庭能够获得的转移性收入也少于非贫困家庭，贷款或借款的金额小，而且借贷款更多地用于消费而非生产；而非贫困家庭的贷款或借款比例相对较高，能够借贷款的金额也比贫困家庭高，并且多用于非消费性的生产或投资。（2）从生计策略来看，非贫困家庭的生计方式更具多样性，而贫困家庭则更多地依赖农牧业生产，贫困家庭的非农产业收入远低于非贫困家庭；非贫困家庭在本地的非农就业机会更多，而贫困家庭在本地的经济机会不多，因而外出务工的比例要高于非贫困家庭；另外，贫困家庭在食品消费、衣着消费、宗教用品消费上的比例要高于非贫困家庭，而非贫困家庭则在耐用消费品、交通通讯、文化娱乐、医疗保健方面支出的比例高于贫困家庭。特别需要关注的是，非贫困家庭在学杂费方面的支出要高于贫困家庭，说明贫困家庭的人力资本投资要少于非贫困家庭，这又进一步削弱了贫困家庭摆脱贫困的能力。

7.2 不同脆弱程度农牧民的生计资本状况与生计策略

接下来，我们将对低脆弱户和高脆弱户的生计资本与生计策略进行描述性统计的对比分析，以总结和归纳不同脆弱程度农牧民家庭的生计特征。我们也采用了可持续生计分析框架，从自然资本、物质资本、现金资本、人力资本和社会资本等五大资本进行分析，另外，我们也分析了低脆弱户和高脆弱户基于生计资本的生计策略选择。具体而言，首先，我们对低脆弱户和高脆弱户的五大资本状况进行比较分析；其次，我们分析了低脆弱户和高脆弱户的生计策略差异。同时，为了检验低脆弱户和高脆弱户的差异是否显著，我们采用了统计检验，对连续变量采用了T检验，对分类变量使用的列联表采用了卡方检验。在下面的行文中，我们将仅对通过了T检验或卡方检验的变量进行分析。

7.2.1 农区不同脆弱程度农牧民的生计资本与生计策略

在农区690户家庭中，高脆弱户为324户，低脆弱户为366户，高脆弱户占比为46.96%，不到一半。由表7-7可知，农区高脆弱户和低脆弱户的生计资本状况有着不同的特征。（1）在自然资本方面，高脆弱户的人均耕地面积要少于低脆弱户，表明农区高脆弱户的自然资本水平不如低脆弱户。（2）在物质资本方面，高脆弱户的房屋结构为钢筋混凝土结构和砖木结构的家庭比例要低于低脆弱户；但拥有的拖拉机和农用动力机械等大型生产工具的数量占比却高于低脆弱户；有洗衣机和电冰箱的家庭比例少于低脆弱户，但有摩托车和彩电的家庭比例却高于低脆弱户。（3）在现金资本方面，高脆弱户人均手存现金、虫草、役畜、产品畜等可变现资产的数量都低于低脆弱户，尤其是手存现金明显低于低脆弱户。(4) 在人力资本方面，高脆弱户的劳动力最高受教育水平、劳动力数量和男劳动力数量都高于低脆弱户，但工资性收入却少于低脆弱户，表明高脆弱家庭的劳动力相对过剩问题也更为突出。(5) 在社会资本方面，高脆弱户的转移性收入、期末债务余额、获得过贷款或借款的比例均远低于低脆弱户，表明高脆弱农牧民家庭的社会资本水平比较低。

表 7－7　　农区低脆弱户和高脆弱户的生计资本比较分析结果

生计资本	低脆弱户（366）	高脆弱户（324）	LR 或 T 检验
自然资本：			
耕地（亩/人）	3.48	2.39	***
牧草地（亩/人）	0.93	2.91	NG
物质资本：			
房屋结构			
钢筋混凝土结构（%）	7.38	0.93	***
砖木结构（%）	58.20	51.23	*
其他结构（%）	34.42	47.84	***
大型生产工具			
汽车（%）	9.29	6.17	NG
拖拉机（%）	69.40	77.47	**
农用动力机械（%）	30.05	43.83	***
耐用消费品			
洗衣机（%）	39.62	27.78	***
电冰箱（%）	42.90	35.49	*
摩托车（%）	58.20	78.70	***
彩色电视机（%）	95.08	98.15	**
现金资本：			
手存现金（元/人）	4309.06	3097.59	***
存款余额（元/人）	619.30	170.38	NG
虫草数量（克/人）	10.97	6.18	**
役畜（头/人）	0.28	0.27	***
产品畜（头/人）	1.64	0.69	***

续表

生计资本	低脆弱户（366）	高脆弱户（324）	LR 或 T 检验
人力资本：			
工资性收入（元/人）	2117.28	1521.37	***
家庭规模（人/户）	3.91	7.48	NG
劳动力数量（人/户）	2.75	3.15	***
男劳动力数量（人/户）	1.44	2.39	***
劳动力最高受教育水平	1.16	1.26	***
社会资本：			
转移性收入（元/人）	1124.31	670.42	***
期末债务余额（元/人）	1425.21	287.09	***
获得过贷款或借款（%）	21.58	10.80	***

表7-8是农区高脆弱户与低脆弱户两类家庭的生计策略情况比较表，从中我们可以看：（1）从从业类型来看，高脆弱户的生计策略不如低脆弱户那样灵活多样，生计策略手段较为单一，应对风险的能力较弱。高脆弱户由于人口多而耕地少，从业类型主要为农业兼业户，占比为59.88%；而从业类型为非农业户和农业户的比例均小于低脆弱户。（2）从收入状况来看，农区家庭的外出务工收入最高，其次是虫草收入，政府补助收入紧随其后。高脆弱户的收入显著低于低脆弱户，高脆弱户的全年总收入、全年纯收入和虫草收入不到低脆弱户的70%；外出务工收入和野生菌类收入也低于低脆弱户；政府补助收入甚至不到低脆弱户的50%，表明政府对农牧民的补助收入对缓解藏族聚居区农牧民的脆弱性程度有着重要的影响。（3）从全年纯收入构成来看，无论是高脆弱户还是低脆弱户对农业收入和工资性收入都有着很强的依赖性，这两项收入占全年纯收入的比重都超过了55%，高脆弱户甚至达到了62%，表明农区高脆弱户对农业和工资性收入的依赖性更大。高脆弱户的农业纯收入、牧业纯收入和工资性收入所占比重较高，但非农产业纯收入、转移性纯收入和其他纯收入的占比都低于低脆弱户。（4）从年内从事各种行业时间的长短来看，高脆弱户从业时间要少于低脆弱户，高脆弱户从事本地非农自营、本地非农务工、外出从业的时间均少于低脆弱户，表明高脆弱户的劳动力利用率不高。（5）从消费状况来看，高脆弱户的人均消费水平远低于低脆弱户，不到低脆弱户的65%；就生活消费构成比例来看，高脆弱户和低脆弱户的食品消费支出比例都超过了54%；高脆弱户除了居住消费支出比例、交通和通讯消费支出比例高于低脆弱户外，其他消费支出比例均低于低

脆弱户。(6) 从非消费性支出来看，高脆弱户中有学杂费支出和宗教活动捐赠支出的家庭所占比例要远高于低脆弱户，婚丧嫁娶支出也高于低脆弱户，表明高脆弱户对社区互助网络的依赖程度更强。(7) 从应对风险策略来看，高脆弱户较多地采取外出务工、贷款或借钱等方式来应对风险。

表 7－8　　农区低脆弱户和高脆弱户的生计策略情况比较

生计策略	低脆弱户 (366)	高脆弱户 (324)	LR 或 T 检验
从业类型构成：			
农业户 (%)	18.58	8.64	***
农业兼业户 (%)	43.71	59.87	***
非农业兼业户 (%)	33.61	30.87	NG
非农业户 (%)	4.10	0.62	***
收入状况：			
全年总收入 (元/人)	9239.61	6413.10	***
全年纯收入 (元/人)	6176.71	3896.70	***
外出务工收入 (元/人)	1822.89	1305.12	***
政府补助收入 (元/人)	422.85	205.82	***
虫草收入 (元/人)	927.74	568.15	*
野生菌类收入 (元/人)	78.38	69.83	**
全年纯收入构成：			
工资性收入 (%)	26.53	28.53	***
农业纯收入 (%)	28.55	33.26	***
牧业纯收入 (%)	8.78	10.01	*
林业纯收入 (%)	3.90	3.65	***
非农产业纯收入 (%)	14.36	10.24	***
转移性纯收入 (%)	13.97	12.17	***
财产性收入 (%)	3.91	2.14	***
年内从事各种行业时间：			
农业 (月)	4.31	4.16	NG
本地非农自营 (月)	0.22	0.19	***
本地非农务工 (月)	0.58	0.31	***
外出从业 (月)	0.66	0.42	***

续表

生计策略	低脆弱户（366）	高脆弱户（324）	LR 或 T 检验
消费状况：			
人均消费（元/人）	4019.09	2599.95	***
生活消费构成：			
食品消费（%）	55.28	54.07	***
衣着消费（%）	12.80	11.40	***
居住消费（%）	6.95	10.83	NG
家庭设备、用品消费（%）	7.24	5.28	***
交通和通讯消费（%）	8.36	8.51	***
文化教育、娱乐消费（%）	1.98	1.73	***
医疗保健消费（%）	4.12	3.66	**
宗教用品（%）	1.00	0.82	***
非消费性支出：			
学杂费（%）	10.38	11.11	*
宗教活动捐赠（%）	19.67	25.30	***
婚、丧、嫁、娶支出（元/户）	464.50	748.97	***
应对风险策略：			
外出务工（%）	53.28	66.05	***
出售财物（%）	1.37	2.16	NG
出售役畜或产品畜（%）	0.94	1.18	NG
贷款或借钱（%）	12.03	18.85	**
运用储蓄（取回存款）（%）	3.00	1.23	NG

7.2.2 半农半牧区不同脆弱程度农牧民的生计资本与生计策略

在半农半牧区430户样本家庭中，高脆弱户有232户，占比为53.95%，超过半数。从表7-9中可以看出，半农半牧区高脆弱户和低脆弱户的生计资本状况也呈现出不同的特征：（1）在自然资本方面，高脆弱户的人均耕地面积和人均牧草地面积都少于低脆弱户；尤其值得注意的是，低脆弱户的人均牧草地面积大约为高脆弱户的3倍。（2）在物质资本方面，高脆弱户中有摩托车和农用机械动力的家庭比例都要高于低脆弱户，有彩电的家庭比例低于低脆弱户；而其他指标在二者间的统计差异都不显著。(3) 在现金资本方面，高脆弱家庭人均手存现金、虫草数量、产品畜数量和役畜数量都低于低脆弱家庭；半农半牧区农牧民家庭存款数额极少，表明半农半牧区的农牧民缺乏现金，或到银行存款意识不强。(4) 在人力资本方面，高脆弱户的劳动力数量、男劳动力数量和劳动力最高受教育水平都高于低脆弱家庭，但工资性收入却低于低脆弱户，表明半农半牧区高脆弱家庭的劳动力相对过剩问题也比较突出，劳动力的生产率不高。(5) 在社会资本方面，高脆弱家庭的转移性收入仅是低脆弱家庭的 57.58%，但低脆弱家庭中获得过贷款或借款的比例也高于高脆弱家庭，表明高脆弱农牧民家庭的社会资本水平较低。

表7-9　　半农半牧区低脆弱户和高脆弱户的生计资本比较分析结果

生计资本	低脆弱户（198）	高脆弱户（232）	LR 或 T 检验
自然资本：			
耕地（亩/人）	2.08	1.53	***
牧草地（亩/人）	2649.63	884.04	**
物质资本：			
房屋结构			
钢筋混凝土结构（%）	0.00	0.00	—
砖木结构（%）	64.65	74.14	**
其他结构（%）	35.35	25.86	**
大型生产工具			
汽车（%）	8.08	6.03	NG
拖拉机（%）	48.99	44.83	NG
农用动力机械（%）	14.65	22.84	*
耐用消费品			
洗衣机（%）	24.24	31.03	NG
电冰箱（%）	28.79	36.21	NG
摩托车（%）	65.66	69.40	*
彩色电视机（%）	97.47	95.26	***
现金资本：			
手存现金（元/人）	2861.52	1907.71	***
存款余额（元/人）	0.00	0.00	—

续表

生计资本	低脆弱户（198）	高脆弱户（232）	LR 或 T 检验
虫草数量（克/人）	13.10	9.74	***
产品畜（头/人）	1.33	1.29	***
役畜（头/人）	0.28	0.24	***
人力资本：			
工资性收入（元/人）	1197.05	903.43	***
家庭规模（人/户）	4.05	7.60	NG
劳动力数量（人/户）	2.56	4.12	***
男劳动力数量（人/户）	1.29	2.20	***
劳动力最高受教育水平	0.85	1.00	***
社会资本：			
转移性收入（元/人）	953.03	548.77	***
期末债务余额（元/人）	657.31	281.10	NG
获得过贷款或借款（%）	10.10	9.05	**

表 7－10 是半农半牧区高脆弱户与低脆弱户两类家庭的生计策略情况比较表，从中我们也有一些发现：（1）从收入状况来看，半农半牧区家庭的虫草收入最高，其次是外出务工收入，政府补助收入紧随其后。高脆弱户的平均收入远低于低脆弱户。高脆弱户的全年总收入和全年纯收入不及低脆弱户的 3/4；外出务工收入仅为低脆弱户的 61.60%；虫草收入和野生菌类收入也低于低脆弱户；政府补助收入还不到低脆弱户的 70%。（2）从全年纯收入构成来看，无论是高脆弱户还是低脆弱户对农牧业生产都有着较强的依赖性，农牧业纯收入占比合计已超过 48%；对工资性收入的依赖性也较大，占比均接近 20%；高脆弱户与低脆弱户在林业纯收入、非农产业纯收入和转移性纯收入方面的差别不大；但低脆弱户的林业纯收入、非农产业纯收入、转移性纯收入所占比例均高于高脆弱户。（3）从年内从事各种行业时间的长短来看，高脆弱户从事农业、本地非农自营、本地非农务工和外出务工的时间都少于低脆弱户，表明高脆弱家庭的劳动利用率不高。（4）从消费状况来看，高脆弱户的人均消费支出比低脆弱户的少了近 1200 元；就消费结构而言，高脆弱户和低脆弱户的食品消费支出比例都超过了 53%；除衣着消费支出比例相对较高以外，高脆弱户与低脆弱户的其他消费结构都比较接近。

表 7－10　　半农半牧区低脆弱户和高脆弱户的生计策略情况比较

生计策略	低脆弱户（198）	高脆弱户（232）	LR 或 T 检验
从业类型构成：			
农业户（%）	16.67	11.64	NG
农业兼业户（%）	62.63	67.95	NG
非农业兼业户（%）	19.70	19.40	NG
非农业户（%）	1.00	1.01	NG
收入状况：			
全年总收入（元/人）	7453.02	5393.17	***
全年纯收入（元/人）	4843.88	3610.88	***
外出务工收入（元/人）	621.51	382.83	***
政府补助收入（元/人）	406.47	276.85	***
虫草收入（元/人）	944.85	823.96	***
野生菌类收入（元/人）	128.47	63.16	***
全年纯收入构成：			
工资性收入（%）	18.96	19.12	***
农业纯收入（%）	21.51	26.28	NG
牧业纯收入（%）	26.63	26.44	***
林业纯收入（%）	3.45	2.88	***
非农产业纯收入（%）	12.71	10.94	**
转移性纯收入（%）	15.10	11.77	***
财产性纯收入（%）	1.64	2.57	NG
年内从事各种行业时间：			
农业（月）	4.16	3.66	***
本地非农自营（月）	0.28	0.23	***
本地非农务工（月）	0.47	0.38	***
外出从业（月）	0.31	0.18	***
消费状况：			
人均消费（元/人）	3614.03	2428.52	***
生活消费构成：			
食品消费（%）	53.44	53.06	***

续表

生计策略	低脆弱户（198）	高脆弱户（232）	LR 或 T 检验
衣着消费（%）	13.19	17.32	***
居住消费（%）	10.82	8.30	NG
家庭设备、用品消费（%）	6.52	6.97	***
交通和通讯消费（%）	9.75	8.70	***
文化教育、娱乐消费（%）	0.72	0.96	NG
医疗保健消费（%）	1.95	1.28	***
宗教用品（%）	0.94	0.71	***
非消费性支出：			
有学杂费（%）	3.03	3.45	NG
宗教活动捐赠（%）	26.26	33.19	NG
婚、丧、嫁、娶支出（元/户）	131.61	174.00	NG
应对风险策略：			
外出务工（%）	24.24	23.71	NG
出售财物（%）	1.52	0.86	NG
出售役畜或产品畜（%）	12.63	8.19	NG
贷款或借钱（%）	10.10	9.47	NG
运用储蓄（取回存款）（%）	7.07	3.88	NG

7.2.3 牧区不同脆弱程度农牧民的生计资本与生计策略

在牧区 310 户样本家庭中，高脆弱家庭有 242 户，占整个样本家庭的 78%。下面我们主要分析表 7-11 中在统计上有显著差异的生计资本变量。（1）在自然资本方面，高脆弱户的人均牧草地面积远低于低脆弱户，低脆弱户的人均牧草地面积是高脆弱户的 4.7 倍。（2）在物质资本方面，高脆弱户中房屋结构是砖木结构的家庭比例较多，有汽车、摩托车和彩电的家庭比例也高于低脆弱户，表明物质资产较多不一定脆弱性水平就低。（3）在现金资本方面，高脆弱户的人均手存现金和虫草数量均低于低脆弱户。（4）在人力资本方面，高脆弱户的劳动力数量、男劳动力数量、劳动力最高受教育水平均高于低脆弱户，表明风险高的家庭更偏向于组建更大的家庭，从而获得更多的劳动力。（5）在社会资本方面，除获得过贷款或借款的家庭比例稍高以外，高脆弱户的转移性收入和期末债务余额均低于低脆弱家庭，说明高脆弱家庭的社会资本水平还是较低。

表7-11　　　牧区低脆弱户和高脆弱户的生计资本比较分析结果

生计资本	低脆弱户（68）	高脆弱户（242）	LR或T检验
自然资本：			
牧草地（亩/人）	11312.35	2411.38	***
物质资本：			
房屋结构			
钢筋混凝土结构（%）	1.47	0.83	NG
砖木结构（%）	58.82	70.03	*
其他结构（%）	39.71	29.14	NG
大型生产工具			
汽车（%）	16.18	28.93	**
拖拉机（%）	26.47	23.97	NG
农用动力机械（%）	0	2.07	NG
耐用消费品			
洗衣机（%）	5.88	12.40	NG
电冰箱（%）	5.88	10.33	NG
摩托车（%）	75.00	85.54	*
彩色电视机（%）	52.94	82.64	***
现金资本：			
手存现金（元/人）	3522.35	2815.60	*
存款余额（元/人）	320.00	823.71	NG
虫草数量（克/人）	17.49	14.48	*
产品畜（头/人）	1.73	2.66	NG
役畜（头/人）	2.30	2.41	NG
人力资本：			
工资性收入（元/人）	488.69	221.07	NG
家庭规模（人/户）	2.76	6.10	NG
劳动力数量（人/户）	1.93	3.40	***
男劳动力数量（人/户）	1.03	1.73	***
劳动力最高受教育水平	0.57	0.96	***

续表

生计资本	低脆弱户（68）	高脆弱户（242）	LR 或 T 检验
社会资本：			
转移性收入（元/人）	1125.50	540.06	***
期末债务余额（元/人）	1882.67	1853.34	**
获得过贷款或借款（%）	30.88	47.12	**

表7－12是牧区高脆弱户与低脆弱户两类家庭的生计策略情况比较表，从中可以看出：（1）从收入状况来看，牧区家庭的虫草收入最高，其次是政府补助收入，外出务工收入较少。高脆弱户的全年总收入和全年纯收入都不到低脆弱户的70%；政府补助收入仅为低脆弱户的30%；虫草收入和野生菌类收入也少于低脆弱户。（2）从全年纯收入构成来看，无论高脆弱户还是低脆弱户对牧业收入都有着较强的依赖性，高脆弱户中转移性纯收入和工资性收入所占比重都低于低脆弱户。（3）从年内从事各行业的时间长短来看，高脆弱户从事农业、本地非农自营、本地非农务工的时间均少于低脆弱户，说明高脆弱家庭的劳动量低于低脆弱家庭，高脆弱家庭的非农就业机会较少。（4）从消费状况来看，高脆弱户的人均消费水平只有低脆弱户人均消费水平的75.42%；就消费结构而言，高脆弱户的食品消费、衣着消费、家庭设备用品消费支出和宗教用品消费支出所占比重都低于低脆弱户。（5）从应对风险策略来看，牧区的高脆弱户更多地靠出售役畜或产品畜、贷款或借钱来应对家庭面对的风险，这是由他们的生产生活方式决定的。

表7－12　　牧区低脆弱户和高脆弱户的生计策略情况比较

生计策略	低脆弱户（68）	高脆弱户（242）	LR 或 T 检验
从业类型构成：			
农业户（%）	48.53	50.00	NG
农业兼业户（%）	41.18	38.43	NG
非农业兼业户（%）	8.82	11.16	NG
非农业户（%）	1.47	0.41	NG
收入状况：			
全年总收入（元/人）	10624.84	7351.06	***
全年纯收入（元/人）	8273.97	5563.87	***
外出务工收入（元/人）	292.86	144.56	NG

续表

生计策略	低脆弱户（68）	高脆弱户（242）	LR 或 T 检验
政府补助收入（元/人）	487.98	147.50	***
虫草收入（元/人）	2147.57	1694.69	**
野生菌类收入（元/人）	7.79	1.08	NG
全年纯收入构成：			
工资性收入（%）	4.12	3.60	*
农业纯收入（%）	24.14	26.02	NG
牧业纯收入（%）	49.00	45.58	***
林业纯收入（%）	0.23	0.12	NG
非农产业纯收入（%）	10.30	13.95	NG
转移性纯收入（%）	10.20	8.86	***
财产性纯收入（%）	2.01	1.87	NG
年内从事各种行业时间：			
农业（月）	4.95	3.64	***
本地非农自营（月）	0.25	0.17	***
本地非农务工（月）	0.41	0.28	***
外出从业（月）	0.04	0.06	NG
消费状况：			
人均消费（元/人）	3787.16	2856.33	***
生活消费构成：			
食品消费（%）	63.37	49.34	***
衣着消费（%）	10.52	8.79	***
居住消费（%）	1.08	4.38	NG
家庭设备、用品消费（%）	5.04	3.67	***
交通和通讯消费（%）	13.26	19.53	NG
文化教育、娱乐消费（%）	0.64	0.81	NG
医疗保健消费（%）	1.45	2.40	NG
宗教用品（%）	3.91	5.32	***
非消费性支出：			
学杂费（%）	1.47	2.48	NG

续表

生计策略	低脆弱户（68）	高脆弱户（242）	LR 或 T 检验
宗教活动捐赠（%）	0	0	—
婚、丧、嫁、娶支出（元/户）	1430.00	1047.36	NG
应对风险策略：			
外出务工（%）	2.94	5.79	NG
出售财物（%）	17.65	8.26	NG
出售役畜或产品畜（%）	4.41	2.89	***
贷款或借钱（%）	27.94	49.59	***
运用储蓄（取回存款）（%）	4.41	5.37	NG

通过以上对比分析，我们可以看出：（1）从半农半牧区→农区→牧区，无论是高脆弱家庭还是低脆弱家庭，其人口规模是越来越小，但家庭人均纯收入却越来越高，而且高脆弱户与低脆弱户之间的贫富差距越来越大，半农半牧区、农区和牧区高脆弱户的年人均纯收入分别为低脆弱户的74.5%、63.1%和67.2%。可见，牧区不同脆弱程度农牧民家庭的贫富差距最大。（2）农牧民家庭生计方式相对比较单一，主要靠农牧业收入、外出务工收入和虫草收入来维持生活；农牧民家庭的收入水平是影响农牧民家庭贫困脆弱性的最为重要的因素，说明要降低农牧民家庭的贫困脆弱性和减少贫困，首先要从提高农牧民家庭的收入水平着手，提高其生计资本，发展稳定持续的生计来源渠道。（3）在中国藏族聚居区，无论是在农区、牧区，还是在半农半牧区，高脆弱户的人口规模均大于低脆弱户的人口规模。可见，脆弱性高的家庭更倾向于通过组建大家庭、提高劳动力数量来降低家庭的贫困脆弱性。（4）从农区→半农半牧区→牧区，高脆弱户所占比重显著上升。特别是在牧区，抽样调查总样本中高脆弱户所占比重达到78%，再次说明牧区农牧民的贫困脆弱性程度深重。（5）低脆弱户在自然资本、现金资本和社会资本水平上明显高于高脆弱户，但两类农牧民家庭的物质资本和人力资本水平差别不大。

通过将高脆弱户与低脆弱户的生计特征进行对比分析，我们还发现：（1）从生计资本状况来看，由于高脆弱户的家庭规模大于低脆弱户，使得高脆弱性家庭的人均自然资本禀赋低于低脆弱性家庭；同时，由于高脆弱性家庭的非农就业机会少，从事各种行业的时间少，劳动生产率相对较低，使得劳动力相对过剩的问题比较突出。另外，相较于低脆弱性家庭而言，高脆弱性家庭的手存现金更少，而其他可以变现的现金资产（如虫草）的数量也少于低脆弱性家庭，使得高脆弱性家庭的现金短缺特别严重。而且，高脆弱性家庭能够获得的转移性收入明显少于低脆弱家庭，贷款或借款的金额小；而低脆弱性家庭的贷款或借款比例相对较高，能够借贷款的金额也比高脆弱性家庭高。(2) 从生计策略来看，低脆弱性家庭的生计方式更具多样性，稳定收入相对较多；而高脆弱性家庭则更多地依赖农牧业生产，非农产业收入远低于低脆弱性家庭；低脆弱性家庭在本地的非农就业机会更多，而高脆弱性家庭在本地的经济机会不多，因而外出务工的比例要高于低脆弱性家庭；另外，分析通过显著性检验的数据，高脆弱性家庭中宗教活动捐赠支出和婚、丧、嫁、娶支出的家庭所占比例要远高于低脆弱性家庭。

7.3 不同生计特征下藏族聚居区农牧民的贫困脆弱性

在我们的全部调查样本中，农区、半农半牧区和牧区的人口比重分别为47.71%、31.71%和20.58%，贫困人口比重分别为44.63%、31.21%和24.16%，高脆弱人口比重分别为42.81%、31.12%和26.07%。不论是农区、半农半牧区，还是牧区，贫困发生率和贫困脆弱率都超过了60%；由农区→半农半牧区→牧区，贫困发生率是越来越大，贫困脆弱率也是越来越高，如表7－13所示。

从采集虫草的收入来划分，调查的农牧民家庭中，70.15%的家庭是没有虫草收入的，仅有29.85%的家庭有虫草收入。在全部贫困人口中，我们发现有虫草收入的贫困人口只占28.84%，没有虫草收入的贫困人口则达到71.16%。在全部高脆弱性人口中，有虫草收入且脆弱性高的人口比重为32.18%，没有虫草收入且脆弱性高的人口比重则为67.82%。另外，有虫草收入人口和无虫草收入人口的贫困率分别是64.02%和67.23%，高脆弱率分别为75.51%和67.72%；有虫草收入人口的贫困率相对较低，但高脆弱率则相对较高，说明虫草收入对于缓解贫困发挥着一定的作用，但对缓解贫困脆弱性的作用不明显。

表7－13　　不同区域、不同生计策略下的贫困脆弱性水平　　单位：%

变量	人口比重	贫困人口比重	高脆弱人口比重	贫困率	高脆弱率
区域：					
农区	47.71	44.63	42.81	62.01	62.85
半农半牧区	31.71	31.21	31.12	65.22	68.73
牧区	20.58	24.16	26.07	77.79	88.73

续表

变量	人口比重	贫困人口比重	高脆弱人口比重	贫困率	高脆弱率
虫草收入:					
有虫草收入	29.85	28.84	32.18	64.02	75.51
无虫草收入	70.15	71.16	67.82	67.23	67.72
外出务工收入:					
有外出务工收入	38.36	38.60	37.26	66.69	68.04
无外出务工收入	61.64	61.40	62.74	66.01	71.29
政府补助收入:					
有政府补助收入	40.37	36.39	37.10	59.74	64.37
无政府补助收入	59.63	63.61	62.90	70.70	73.88
自然保护区:					
在自然保护区	47.28	46.74	46.70	65.52	69.17
不在自然保护区	52.72	53.26	53.30	66.95	70.82
家庭规模:					
3 人及以下家庭	7.11	2.27	0.16	21.19	1.57
4 人家庭	13.84	9.71	3.74	46.49	18.95
5 人家庭	15.05	12.58	9.00	55.39	41.87
6 人家庭	16.53	16.65	19.68	66.79	83.40
7 人家庭	14.43	17.72	20.23	81.40	98.22
8 人家庭	11.73	13.17	16.75	82.29	100.00
9 人及以上家庭	21.32	26.50	30.43	82.37	100.00

从外出务工来看，我们调查的农牧民家庭中，有外出务工收入的人口占比为38.36%，没有外出务工收入的人口占比则为61.64%；在全部贫困人口中，有外出务工收入的贫困人口只占38.60%，没有外出务工收入的贫困人口则达到61.40%。在全部高脆弱性人口中，有外出务工收入且脆弱性高的人口比重为37.26%，没有外出务工收入且脆弱性高的人口比重则为62.74%。另外，有外出务工收入人口和无外出务工收入人口的贫困率分别是66.69%和66.01%，高脆弱率分别为68.04%和71.29%；有外出务工收入人口的高脆弱率相对较低，表明外出务工收入对缓解农牧民的贫困脆弱性有一定的作用。

从政府补助收入来看，有政府补助收入的农牧民为40.37%，没有政府补助收入的农牧民为59.63%；在全部贫困人口中，有政府补助收入的贫困人口只占36.39%，没有政府补助收入的贫困人口则达到63.61%。在全部高脆弱性人口中，有政府补助收入且脆弱性高的人口比重为37.10%，没有政府补助收入且脆弱性高的人口比重则为62.90%。另外，有政府补助收入的农牧民和无政府补助收入的农牧民的贫困率分别为59.74%和70.70%，高脆弱率分别为64.37%和73.88%；有政府补助收入的农牧民的贫困率和高脆弱率都相对较低，表明政府补助收入对缓解农牧民的贫困和脆弱性都具有较大的作用。

从是否在自然保护区来看，在自然保护区的农牧民为47.28%，不在自然保护区的农牧民为52.72%；在全部贫困人口中，在自然保护区的贫困人口只占46.74%，不在自然保护区的贫困人口为53.26%。在全部的高脆弱性人口中，在自然保护区且脆弱性高的人口比重为46.70%，不在自然保护区且脆弱性高的人口比重则为53.30%。另外，在自然保护区的农牧民和不在自然保护区的农牧民的贫困率分别为65.52%和66.95%，高脆弱率分别为69.17%和70.82%；在自然保护区的农牧民的贫困率和高脆弱率都相对较低，表明在自然保护区的农牧民获得的稳定的生态补偿资金对缓解农牧民的贫困和脆弱性具有有效的作用。

最后，从农牧民的家庭规模来看，无论是人口比重、贫困人口比重还是高脆弱人口比重，3人及以下家庭的最小，而9人及以上家庭的则最多，6人家庭和7人家庭比重也比较高。从表中我们还发现，家庭人口规模与贫困率、高脆弱率成正比；也就是说，家庭的人口数量越多，家庭的贫困发生率会越高，家庭的脆弱性程度也会越高。

第8章

中国藏族聚居区农牧民生计策略选择的影响因素

8.1 研究方法和变量构建

8.1.1 研究方法

当被解释变量为非连续有序变量，我们将使用有序 Logistic 模型进行分析，常用的公式如式（8.1）所示：

$$Y_k^* = X'_k\beta + \varepsilon_k,\ E[\varepsilon_k | X_K] = 0,\ \varepsilon_k \sim (0,\ \sigma_k^2) \tag{8.1}$$

在公式（8.1）中，Y_k^* 为潜变量，它是不能被直接观测的非连续的有序变量，这里代表藏族聚居区农牧民家庭采取的家庭生计策略；X_k 是解释变量的向量组，是决定着 Y_k^* 的条件均值；ε_k 为随机误差项，它服从 Logistic 分布。在有序 Logistic 回归模型中，假设被解释变量的观测值有 S 种分类（α_1，α_2，…，α_s），则潜变量 Y_k^* 与因变量 Y 之间的关系可以表示为：

$$Y = \begin{cases} \alpha_1 & 当\ Y^* \leqslant \tau_1, \\ \alpha_2 & 当\ \tau_1 < Y^* \leqslant \tau_2, \\ \vdots & \cdots\cdots \\ \alpha_s & 当\ Y^* > \tau_{s-1}. \end{cases} \tag{8.2}$$

在公式（8.2）中，τ_{s-1}为分隔点，共有 S－1 个值。α_s 表示累计分布函数概率值的临界点，$\alpha_1 < \alpha_2 < \cdots < \alpha_s$，它将 Y_k^* 的取值依次划分为 S 组。有序 Logistic 模型的公式如下：

$$p = P(Y \leqslant \alpha_j | X) = \frac{e^{X'\beta}}{1 + e^{X'\beta}},\ j = 1,\ 2,\ \cdots,\ S-1 \tag{8.3}$$

在公式（8.3）中，X 是解释变量的向量组，β 为待估参数。这里的 p 为农牧民家庭采取不同的生计策略的累积条件概率。Logistic 回归模型的参数是非线性的，通过 Logistic 转换，可以实现模型的线性化，从而达到使用线性回归方法估计模型目的。

$$\ln\left(\frac{p}{1-p}\right)=\ln\left[\frac{P(Y\leqslant\alpha_j|X)}{1-P(Y\leqslant\alpha_j|X)}\right]=X'\beta,\ j=1,\ 2,\ \cdots,\ S-1 \qquad (8.4)$$

公式（8.4）被称为 Logistic 模型。p/(1－p）为发生比，它是事件发生和不发生的概率之比。于是，发生比的对数形式就表示成了解释变量的线性组合。在实证分析中，为了方便模型系数的解释，通常会对公式（8.4）的两边取幂，将以 Logistic 为单位的影响作用转换为对应的发生比率，即 e^{β}。发生比率说明了解释变量对发生比变动的影响，从而影响被解释变量发生概率的变动。也就是说，解释变量每增加一个单位，发生比将增加 e^{β}，被解释变量发生的概率也会随之增加；发生比率是大于0的正数。其系数解释如下：当 $\beta>0$，则 $e^{\beta}>1$，表明事件发生的可能性增加；当 $\beta<0$，则 $e^{\beta}<1$，表明事件发生的可能性减少；当 $\beta=0$，则 $e^{\beta}=1$，说明不论解释变量怎样变化，发生比都不会发生变化。

总之，有序 Logistic 模型成立的一个基本假定是发生比成比例，即不同累积对数发生比的回归线相平行，只有截距有所差异。通过构造似然函数，运用最大似然估计方法可以对 Logistic 模型的参数进行估计。

8.1.2 变量构建

本章所用数据仍然来源于西藏 36 个样本县的 1430 户农牧民家庭统计数据。具体包括农区 19 个县的 690 户家庭，牧区 6 个县的 310 户家庭，半农半牧区的 11 个县的 430 户家庭。选取如下变量建立回归模型，如表 8－1 所示。

表 8－1　模型中变量的选择及处理说明

变量名称	取值范围	变量定义
被解释变量		
家庭规模	1～4	家庭人口数量：小于等于3人=1；4人（含）到7人（含）之间=2；8人或9人=3；10人及以上=4
是否有宗教消费	0～1	有宗教消费=1；没有宗教消费=0
是否外出务工	0～1	有外出务工人员=1；没有外出务工人员=0
是否采集虫草	0～1	有虫草收入=1；没有虫草收入=0

续表

变量名称	取值范围	变量定义
解释变量		
是否农业户	0~1	是农业户=1；其他=0
是否在保护区	0~1	在保护区内=1，其他=0
家庭富裕程度	1~5	年纯收入：小于等于3394元=1；大于3394元但小于等于5233元=2；大于5233元但小于等于6458元=3；大于6458元但小于等于7966元=4；大于7966元=5
家庭资产状况	1~3	家庭资产指数：小于0.4=1；大于等于0.4且小于等于0.6=2；大于0.6=3
家庭风险状况	1~4	风险指数小于2=1；风险指数为2=2；风险指数为3=3；风险指数大于3=4
是否为高脆弱家庭	0~1	低脆弱（脆弱性指数<0.5）=0；高脆弱（脆弱性指数≥0.5）=1
家庭受教育状况	1~3	没有小学及以上教育水平的成员=1；有小学教育水平但没有初中及以上教育水平的成员=2；有初中及以上教育水平的成员=3
是否在牧区	0~1	是=1，否=0
是否在半农牧区	0~1	是=1，否=0

我们将藏族聚居区农牧民家庭经常采取的四种生计策略作为模型的4个被解释变量，包括组建家庭规模获得劳动力的生计策略、投资宗教消费获得宗教支持的生计策略、让家庭成员外出务工获得工资性收入的生计策略、采集虫草等自然资源增强收入的生计策略。解释变量主要为一些家庭特征变量，包括：（1）是否农业户，是指农牧民家庭是否仅从事农牧业生产，或该农牧民家庭的绝大部分收入是否来源于农牧业。（2）是否在保护区，是指农牧民家庭是否居住在国家级自然保护区或西藏自治区的自然保护区。（3）家庭富裕程度，是按照家庭全年纯收入将农牧民家庭划分为五个类别，分别为低收入户、中下收入户、中等收入户、中上收入户和高收入户，具体分类标准见表8-1。（4）家庭资产特征，按前面章节计算的资产指数将农牧民家庭划分为三个类别，即高、中、低三类；资产水平最低的一类家庭占比33.57%，中等水平占比53.92%，高水平的一类家庭占

比 12.51%。（5）家庭风险状况，按前面计算的风险指数将农牧民家庭划分为四个类别，即低风险家庭、中等风险家庭、较高风险家庭和高风险家庭。低风险家庭占比 14.48%，中等风险家庭占比 28.25%，较高风险家庭占比 36.08%，高风险家庭占比 21.29%。（6）家庭脆弱性程度，按前面计算的贫困脆弱性指数将农牧民家庭划分成了两个类别，即低脆弱家庭和高脆弱家庭。（7）家庭受教育状况，将农牧民家庭按照是否有完成小学教育的成员为参照分为三个类别，即文盲及半文盲水平、小学水平和初中及以上水平，没有小学及以上教育水平的成员的家庭占比 17.48%，有小学教育水平但没有初中及以上教育水平的成员的家庭占比 63.71%，有初中及以上教育水平的成员的家庭占比 18.81%，这表明藏族聚居区农牧民家庭平均受教育年限比较低。（8）是否是牧区家庭或半农半牧区家庭，引入这两个虚拟变量的目的主要是为了观测不同地区农牧民家庭对同一生计策略选择的差异。

8.2　影响藏族聚居区农牧民家庭规模的因素分析

我们首先将所选择的被解释变量——家庭规模进行分类处理，家庭规模是按照家庭常住人口进行划分的，该被解释变量是取值范围为 1 ~4 的分类有序变量，形成 4 种规模的家庭，即 4 个不同的临界值。常住人口为 1 ~3 人的家庭在总样本中所占比例为 16.08%，常住人口为 4 ~7 人的家庭占比为 63.64%，常住人口为 8 ~9 人的家庭占比为 13.01%，常住人口大于 10 人的家庭占比为 7.27%。大多数家庭都选择 4 ~7 人家庭规模的生计策略，这是由藏族聚居区特殊的自然地理环境、生产生活方式和历史文化等综合因素带来的一种家庭规模选择偏好。因为家庭规模涉及 4 个类别，我们将建立有序 Logistic 模型来分析其影响因素，从而探讨农牧民家庭规模的大小是否和家庭居住环境（是否在保护区）、家庭所从事的生产经营活动、家庭所面临的风险、脆弱性等因素相关。

8.2.1　不同区域农牧民家庭的家庭规模影响因素

对农区、半农半牧区和牧区分别进行回归分析，以观测同一解释变量对不同区域农牧民家庭规模选择的影响差异；然后将包括 3 个地区在内的全部样本作为整体进行回归分析，以观测整个西藏自治区农牧民家庭规模选择的影响因素；同时加入区域虚拟变量（牧区、半农半牧区），以区分不同区域之间农牧民家庭规模选择的差异。具体估计结果如表 8 -2 所示。

从表 8 -2 中我们可以看到，农区、牧区、半农半牧区和全部区域等 4 组回归模型的 P 值都小于 0.001，说明 4 个模型的总体拟合效果较好。对于每个解释

变量的回归系数 β 和发生比率 e^{β}，在 4 个不同区域的回归模型中有所差异，我们将分别进行解释。第一，对于是否为农业户而言，4 个模型回归结果的发生比率（e^{β}）均小于 1，并且除了农区，其他三个区域都通过了显著性检验；这说明牧区和半农半牧区，仅从事农业生产或家庭绝大部分收入来自于农业的农业户，是不愿意组建大规模家庭的；只有农区的农业户相对于非农业户组建大规模家庭的意愿不显著。第二，在保护区的农牧家庭规模选择的发生比率，在模型 1（农区）和模型 4（全部）中通过了显著性检验且大于 1；这表明在农区或是从西藏整体而言，在保护区的农牧民相对于不在保护区的农牧民更愿意组建大规模家庭；但这一特征在牧区和半农半牧区不显著。第三，从家庭富裕程度来衡量五类家庭的家庭规模选择意愿，模型 4 中各类家庭的发生比率都小于 1，并呈现出递减趋势，而且还通过了显著性检验；这说明，就西藏整体而言，随着家庭富裕程度的增加，农牧民家庭选择组建大规模家庭的意愿会越来越小。分区域而言，这一特征并不明显。在农区，各类家庭相对于低收入家庭都不愿意选择组建大规模家庭，但并不能说明农区收入水平越高的家庭越不愿意组建大规模家庭。在半农半牧区，相对于低收入家庭而言，高收入家庭是不愿意组建大规模家庭的。第四，在全部区域和半农半牧区，中等资产和高水平资产家庭的发生比率（e^{β}）均大于 1，且呈现出增长趋势；这 2 个模型的回归系数也都通过了显著性检验。说明就西藏整体而言，资产指数越大的农牧民家庭组建大规模家庭的意愿就越大；在半农半牧区，这一特征最明显；在农区，中等资产家庭相对于低水平资产家庭，其选择大规模家庭的意愿要强一些。在牧区，高水平资产家庭相对于低水平资产家庭，其选择大规模家庭的意愿更强。第五，西藏整体和农区通过显著性检验的各类风险程度的家庭的发生比率均小于 1，而且都呈递减趋势；这表明相对于低风险家庭而言，家庭面临的风险越大越不愿意组建大规模家庭；牧区和半农半牧区的这一特征没有通过显著性检验。第六，就高脆弱家庭而言，只有模型 4（全部）通过了显著性检验，并且发生比率大于 1；说明就西藏整体而言，高脆弱家庭相对于低脆弱家庭是更愿意组建大规模家庭的。但就分区来看，这一特征不明显。第七，衡量家庭受教育情况的发生比率均大于 1，通过显著性检验的模型 1 和模型 4 都呈现递增的趋势，而且模型 1 的发生比率大于模型 4 的。这表明就西藏整体而言，受教育程度越高的农牧民家庭越愿意选择组建大规模家庭；这一特征在农区更为明显。第八，对于地区虚拟变量，牧区的发生比率通过了显著性检验，并且发生比率小于 1，说明相对于农区家庭，牧区家庭组建大规模家庭的意愿更小。

表 8-2 不同地区农牧民家庭规模的多元有序 Logistic 模型估计结果

解释变量	农区		牧区		半农半牧区		全部	
	β	$e^{β}$	β	$e^{β}$	β	$e^{β}$	β	$e^{β}$
是否农业户（是）	-0.181	0.835	-0.647*	0.524	-0.695**	0.499	-0.421**	0.656
保护区（是）	0.408**	1.504	0.233	1.263	-0.368	0.692	0.308**	1.360
家庭富裕程度								
中等偏下	-0.845***	0.430	0.186	1.205	-0.116	0.891	-0.451***	0.637
中等收入	-1.095***	0.334	0.422	1.524	-0.404	0.668	-0.574***	0.563
中等偏上	-0.830***	0.436	-0.619	0.538	-0.662	0.516	-0.592**	0.553
高收入	-2.020***	0.133	-0.907*	0.404	-1.684***	0.186	-1.692***	0.184
家庭资产状况								
中等水平	0.546***	1.726	0.472	1.603	1.085***	2.959	0.643***	1.902
高水平	0.347	1.415	2.182***	8.862	3.279***	26.561	1.504***	4.499
家庭风险状况								
中等风险	-0.437*	0.646	-0.424	0.654	0.123	1.131	-0.306	0.736
较高风险	-0.851***	0.427	0.247	1.280	-0.038	0.962	-0.456**	0.634
高风险	-1.061***	0.346	-0.269	0.765	0.297	1.346	-0.502**	0.605
高脆弱家庭（是）	12.021	166202	5.620	276	12.057	172356	5.794***	328

续表

解释变量	农区		牧区		半农半牧区		全部	
	β	e^{β}	β	e^{β}	β	e^{β}	β	e^{β}
家庭受教育状况								
小学水平	1.267***	3.550	0.805*	2.238	0.399	1.490	0.887***	2.428
初中及以上	1.607***	4.990	0.566	1.762	0.376	1.457	1.110***	3.034
牧区	—	—	—	—	—	—	-0.965***	0.381
半农半牧区	—	—	—	—	—	—	0.190	1.209
截距 1	0.976**	2.653	-1.441**	0.237	0.936*	2.550	0.677**	1.969
截距 2	-12.787	0.000	-7.917***	0.000	-13.568	0.000	-6.829***	0.001
截距 3	-14.377	0.000	-9.237***	0.000	-15.351	0.000	-8.362***	0.000
最大似然比	464.60***		243.03***		319.04***		964.99***	
伪 R^2（Pseudo R^2）	0.557		0.635		0.598		0.561	

注：***、**、*分别为1%、5%、10%水平的显著性检验。

8.2.2 贫困户与非贫困户的家庭规模影响因素

按照人均消费支出水平，我们将农牧民家庭划分为贫困户（人均消费小于2878.5元）与非贫困户（人均消费大于2878.5元），以便对贫困户和非贫困户的家庭规模选择意愿进行回归分析，从而比较同一家庭特征变量对贫困户与非贫困户家庭规模的影响差异。具体估计结果如表8-3所示。

表8-3　贫困户和非贫困户家庭规模的多元有序Logistic模型估计结果

解释变量	非贫困户		贫困户	
	β	e^{β}	β	e^{β}
是否农业户（是）	-0.383	0.682	-0.538**	0.584
保护区（是）	0.342*	1.408	0.407**	1.502
家庭富裕程度				
中等偏下	-0.427	0.653	-0.409**	0.664
中等收入	-0.688	0.503	-0.348	0.706
中等偏上	-1.051*	0.350	-0.079	0.924
高收入	-1.952***	0.142	-1.118***	0.327
家庭资产状况				
中等水平	1.150***	3.160	0.547***	1.727
高水平	1.465***	4.329	1.855***	6.393
家庭风险状况				
中等风险	-0.411	0.663	-0.277	0.758
较高风险	-0.261	0.770	-0.601**	0.549
高风险	-1.193***	0.303	-0.113	0.893
高脆弱家庭（是）	5.096***	163.418	6.115***	452.476
家庭受教育状况				
小学水平	0.778***	2.177	1.025***	2.787
初中及以上	1.327***	3.771	1.024***	2.784
牧区	-0.982***	0.375	-1.064***	0.345
半农半牧区	0.420*	1.521	0.019	1.020
截距1	0.365	1.441	1.127***	3.086

续表

解释变量	非贫困户		贫困户	
	β	e^{β}	β	e^{β}
截距 2	−6.790***	0.001	−7.211***	0.001
截距 3	−8.370***	0.000	−8.795***	0.000
最大似然比	380.72***		431.13***	
伪 R^2（Pseudo R^2）	0.559		0.470	

注：***、**、*分别为1%、5%、10%水平的显著性检验。

第一，在贫困户中的农业户发生比率显著小于1，但在非贫困户中其估计系数却没有通过显著性检验，这表明在贫困家庭中，农业户相对于非农业户更不愿意选择组建大规模家庭，但这一特征在非贫困家庭中并不明显。第二，无论是贫困户还是非贫困户，在保护区的发生比率均显著大于1，并且贫困户的略小于非贫困户的发生比率，表明在保护区的家庭相对于不在保护区的家庭更愿意组建大规模家庭，这一特征在贫困户中更明显。第三，从家庭富裕程度来看，各类家庭的发生比率均小于1，对通过了显著性检验的变量进行分析可知：在非贫困户中，相对于低收入家庭而言，中等偏上收入家庭组建大规模家庭的意愿更小；在贫困户中，中等偏下收入家庭和高收入家庭相对于低收入家庭组建大规模家庭的意愿更小。第四，在贫困户和非贫困户中，家庭资产状况的发生比率都显著地大于1，而且还呈递增的趋势。这说明：无论是贫困户还是非贫困户，资产越多的家庭组建大规模家庭的意愿更强烈。第五，对于高脆弱家庭的变量，无论是贫困户还是非贫困户，估算的发生比率均显著大于1。这说明：无论在贫困户中还是在非贫困户中，高脆弱性家庭相对于低脆弱性家庭都更愿意组建大规模家庭；同时我们还发现，贫困且脆弱性高的家庭选择组建大规模家庭的意愿高于非贫困但脆弱性高的家庭。第六，受教育状况的各个分类变量的发生比率均显著大于1，这说明不管是贫困户还是非贫困户，相较于文盲和半文盲的农牧民家庭，小学水平、初中及以上文化水平的农牧民家庭更愿意组建大规模家庭；同时，非贫困户的发生比率呈递增趋势，这说明：在非贫困户中，受教育水平越高的家庭越愿意选择组建大规模的家庭。第七，分区域来看，相较于农区家庭而言，牧区家庭不愿意组建大规模家庭，这一特征在贫困户和非贫困户中都相类似；但半农半牧区家庭相对于农区家庭，只有在非贫困户中才显示出更愿意组建大规模家庭的意向，在贫困户中则没有显著性差异。

8.2.3 低脆弱户与高脆弱户的家庭规模影响因素

根据前面计算出的贫困脆弱性指数，我们将农牧民家庭划分为高脆弱户（贫困脆弱性指数≥0.5）与低脆弱户（贫困脆弱性指数<0.5）两类，再对高脆弱户和低脆弱户的家庭规模选择意愿进行回归分析，从而比较同一家庭特征变量对于高脆弱户与低脆弱户的影响差异。值得注意的是，在低脆弱户中仅有两类家庭，常住人口小于等于3人的家庭有227户，常住人口为4～7人的家庭有405户，截距项中只有一个值。估算结果表明：（1）农业户的发生比率仅在高脆弱户中通过了显著性检验，这说明相对于非农业户，高脆弱性家庭中的农业户组建大规模家庭的意愿更大，但这一特征在低脆弱户中并不显著。（2）在保护区的农牧民家庭仅在低脆弱户中的发生比率显著大于1，表明相对于不在保护区的低脆弱性家庭，在保护区的低脆弱家庭更愿意组建大规模家庭。（3）衡量家庭富裕程度的各个分类变量的发生比率在高脆弱户中均显著小于1，并且呈递减趋势；这说明在高脆弱性家庭中，越富裕的家庭越不愿意组建大规模家庭；而在低脆弱性家庭中，相对于低收入家庭，只有高收入家庭组建大规模家庭的意愿更小，其他家庭相对于低收入家庭而言组建大规模家庭的意愿并不明显。（4）家庭资产状况在低脆弱户与高脆弱户中均显著大于1，且呈递增趋势；但在高脆弱户中的发生比率及变动幅度更大。这说明随着资产指数的增大，农牧民家庭组建大规模家庭的意愿更大，这一特征在高脆弱户中更为明显。（5）家庭风险状况的发生比率均小于1，但只有部分通过了显著性检验。在低脆弱户中，高风险的家庭相对于低风险的家庭不愿意组建大规模家庭；而在高脆弱户中，中等风险家庭相对于低风险家庭更不愿意组建大规模家庭。（6）在低脆弱户和高脆弱户中，家庭受教育状况的发生比率均显著大于1，且都呈递增趋势；并且在高脆弱户中的发生比率更大。这表明随着家庭受教育水平的提高，农牧民家庭越愿意组建大规模家庭，这一特征在高脆弱性家庭中更为明显。（7）分区域而言，无论是在高脆弱户中，还是在低脆弱户中，相对于农区家庭而言，牧区家庭不愿意组建大规模家庭；这一特征在低脆弱户中更为明显。相对于农区的低脆弱户，半农半牧区的低脆弱户更愿意组建大规模家庭，如表8－4所示。

表8－4　低脆弱户和高脆弱户家庭规模的多元有序Logistic模型估计结果

解释变量	低脆弱户		高脆弱户	
	β	e^{β}	β	e^{β}
是否农业户（是）	－0.060	0.942	－0.805***	0.447
保护区（是）	0.603***	1.827	0.088	1.092
家庭富裕程度				
中等偏下	－0.191	0.826	－0.493**	0.611

续表

解释变量	低脆弱户		高脆弱户	
	β	e^{β}	β	e^{β}
中等收入	-0.504	0.604	-0.609**	0.544
中等偏上	-0.431	0.650	-0.801**	0.449
高收入	-1.743***	0.175	-1.412***	0.244
家庭资产状况				
中等水平	0.693***	1.999	0.693***	2.000
高水平	0.830**	2.294	1.879***	6.548
家庭风险状况				
中等风险	-0.320	0.726	-0.256	0.774
较高风险	-0.308	0.735	-0.517**	0.596
高风险	-0.743**	0.476	-0.300	0.741
家庭受教育状况				
小学水平	0.496**	1.642	1.542***	4.674
初中及以上	1.046***	2.846	1.573***	4.823
牧区	-1.702***	0.182	-0.730***	0.482
半农半牧区	0.401*	1.493	-0.052	0.950
截距1	0.715	0.715	5.700***	299.008
截距2	—	—	-1.526***	0.217
截距3	—	—	-3.087***	0.046
最大似然比	150.11***		178.92***	
伪 R^2（Pseudo R^2）	0.290		0.239	

注：***、**、*分别为1%、5%、10%水平的显著性检验。

8.3 影响藏族聚居区农牧民外出务工的因素分析

按照是否有家庭成员长期在外从事生产经营活动并为家庭带来一定的务工收入，我们将农牧民家庭划分为有外出务工的家庭和没有外出务工的家庭两组；有外出务工的家庭占比为36.92%，没有外出务工的家庭占比为63.08%。说明西藏大多数农牧家庭都在当地进行生产活动，只有不到40%的家庭因为各种原因选择外出务工，我们有必要建立二项 Logistic 模型来分析其影响因素。由于外出务工家庭所占比例较少，尤其是牧区的外出务工家庭更少，我们不再进行分区域回归，而对全部样本进行回归，以分析外出务工的影响因素。首先，我们依据贫困脆弱性指数将农牧民家庭分为高脆弱户和低脆弱户两组进行回归；然后，我们将农牧民家庭划分为贫困户与非贫困户两组进行回归，以观测同一解释变量在不同脆弱程度或不同贫困程度的样本中对外出务工选择意愿的影响差异，从而可以比较不同脆弱水平家庭或不同贫困程度家庭对外出务工这项生计策略的选择倾向。在这里，除了原有的家庭特征变量外，我们将家庭规模作为描述家庭特征的变量加入到各个模型的解释变量中，用于观测不同家庭规模的家庭对外出务工选择意愿的差异情况，其估计结果如表8－5、表8－6所示。

8.3.1　贫困户与非贫困户外出务工的影响因素

表8－5是全部样本回归和按家庭人均消费支出划分的贫困户与非贫困户两组的回归结果。我们仍然观测每个解释变量在不同样本组中的系数β、发生比e^{β}和显著性水平，并进行对比分析。第一，农业户的发生比率在三个模型中都通过了显著性检验，而且都小于1，表明农业户相对于非农业户选择外出务工的意愿更小；如果按发生比值的大小来比较，我们可以看出，在三个模型中贫困户中的农业户相对于非农业户而言，外出务工的意愿最小。第二，在保护区的发生比率在三个模型中也都通过了显著性检验，而且都小于1；说明相对于不在保护区的家庭，在保护区的家庭选择外出务工的意愿更小。通过比较发生比值的大小，我们可以判断，在三个模型中非贫困户的这一特征最明显，也就是说在保护区的非贫困家庭相对于不在保护区的非贫困家庭，更不愿意外出务工。第三，从家庭富裕程度来看，各个分类变量的发生比率均大于1，但是没有呈现递增的趋势。从通过显著性检验的变量来看，就总体家庭和贫困家庭而言，中等偏上和中等偏下收入的家庭相对于低收入家庭，外出务工的意愿更小。在非贫困户中，中等收入家庭相对于低收入家庭外出务工的意愿也更小。第四，构成家庭资产状况的分类变量的发生比率在三个模型中都显著小于1，且呈现递减趋势。这表明，随着家庭资产指数的增大，农牧民家庭选择外出务工的意愿逐渐减小。第五，家庭风险状况各分类变量的发生比率只在模型1（总体）和模型3（贫困户）中的高风险家庭通过了显著性检验，而且发生比率大于1。这表明，从整体来看，风险最大的家庭相对于风险最低的家庭更愿意选择外出务工；在贫困户中这一特征更为明显。但对于非贫困户而言，家庭风险的大小对农牧民选择外出务工这一生计策略的意愿没有显著性影响。第六，在三个模型中，高脆弱家庭的发生比率都没有通过显著性检验，这表明高脆弱家庭相对于低脆弱家庭对于选择外出务工意愿的差异不明显。第七，就家庭受教育状况来看，就总体而言，初中及以上文化水平的

家庭外出务工的意愿更强烈。在贫困户中，受教育程度越高的农牧民家庭，越愿意选择外出务工这一生计策略。但在非贫困户中，这一特征并不明显。第八，家庭规模的各类分类变量的发生比率在模型1（全部）中都通过了显著性检验，而且都大于1，但没有呈递增趋势。这表明，就西藏整体而言，不同人口规模的家庭相对于3人及以下的家庭更愿意选择外出务工；模型2（非贫困户）的结果也基本符合这一规律；模型3（贫困户）的发生比率都没通过显著性检验，表明贫困户中家庭人口规模的大小不影响农牧民外出务工意愿的选择。第九，牧区和半农半牧区的发生比率在三个模型中均显著小于1，而且牧区发生比率小于半农半牧区。这表明，相对于农区，半农半牧区选择外出务工的意愿更小；相对于农区和半农半牧区，牧区牧民最不愿意选择外出务工。

表8-5　贫困户与非贫困户外出务工的 Logistic 模型估计结果

解释变量	总体		非贫困户		贫困户	
	β	e^{β}	β	e^{β}	β	e^{β}
是否农业户（是）	-3.163***	0.042	-2.832***	0.059	-4.100***	0.017
保护区（是）	-0.584***	0.558	-0.897***	0.408	-0.468**	0.626
家庭富裕程度						
中等偏下	0.434**	1.544	0.570	1.769	0.448*	1.565
中等收入	0.350	1.419	0.690*	1.993	0.282	1.326
中等偏上	0.463*	1.589	0.445	1.560	0.707*	2.029
高收入	0.184	1.202	0.110	1.116	0.339	1.404
家庭资产状况						
中等水平	-0.908***	0.403	-0.750***	0.472	-1.042***	0.353
高水平	-1.246***	0.288	-1.340***	0.262	-1.296***	0.274
家庭风险状况						
中等风险	0.010	1.010	-0.024	0.977	0.161	1.175
较高风险	-0.031	0.969	-0.105	0.900	0.090	1.094
高风险	0.505**	1.657	0.361	1.434	0.728*	2.072
高脆弱家庭（是）	0.164	1.178	-0.050	0.952	0.343	1.409
家庭受教育状况						
小学水平	0.151	1.163	-0.466	0.628	0.682**	1.978
初中及以上	0.787***	2.197	-0.185	0.831	1.573***	4.819

续表

解释变量	总体		非贫困户		贫困户	
	β	e^{β}	β	e^{β}	β	e^{β}
家庭人口规模						
4～7人家庭	0.589**	1.802	0.667**	1.948	0.643	1.901
8～9人家庭	0.740**	2.097	0.234	1.263	0.836	2.308
10人及以上	0.734*	2.084	1.724**	5.608	0.560	1.751
牧区	-3.124***	0.044	-3.459***	0.031	-3.073***	0.046
半农半牧区	-1.803***	0.165	-2.352***	0.095	-1.568***	0.209
截距	0.476	1.610	1.316**	3.730	-0.375	0.688
最大似然比	627.24***		248.06***		407.71***	
伪 R^2（Pseudo R^2）	0.485		0.467		0.527	

注：***、**、*分别为1%、5%、10%水平的显著性检验。

8.3.2　高脆弱户与低脆弱户外出务工的影响因素

表8-6给出了低脆弱户与高脆弱户中的农牧民外出务工意愿的估计结果。从表中我们可以看出：第一，无论是在低脆弱户中，还是在高脆弱户中，农业户相对于非农业户的发生比率都显著小于1，说明农业户外出务工的意愿不如非农业户强烈；另外，低脆弱户的发生比率（0.03）略小于高脆弱户的，这表明低脆弱户外出务工的意愿相对更小。第二，在低脆弱户和高脆弱户中，在保护区的发生比率都小于1，而且都通过了显著性检验，说明相对于不在保护区的农牧民家庭，在保护区的农牧民家庭选择外出务工的意愿更小。第三，衡量家庭富裕程度的各个分类变量的发生比率在高脆弱户中都没通过检验，但在低脆弱户中则都显著大于1。这表明对于高脆弱性家庭，家庭收入的变化对于农牧民家庭选择外出务工的意愿没有显著影响；而对于低脆弱性家庭而言，相对于低收入家庭，不同收入家庭外出务工的意愿更大，但没有证据表明收入越高的农牧民家庭外出务工的意愿越大。第四，在低脆弱户和高脆弱户中，家庭资产状况的发生比率均显著小于1，说明相对于低资产家庭，中资产和高资产水平的农牧民家庭外出务工的意愿更小。在低脆弱户中呈递减趋势，在高脆弱户中呈递增趋势；这表明，在低脆弱户中，资产指数越大的家庭外出务工意愿越小；而在高脆弱户中，资产指数越大的家庭外出务工意愿则相对越大。第五，衡量家庭风险状况的分类变量的发生比率在高脆弱户中都没通过检验，在低脆弱户中，只有高风险家庭的发生比率

显著大于1。这表明，在低脆弱户中，相对于低风险家庭，高风险家庭外出务工意愿更大，其他风险程度的家庭相对于低风险家庭的外出务工意愿的差异不明显；在高脆弱户中，外出务工意愿与家庭面临的风险大小无显著关系。第六，家庭受教育程度分类变量的发生比率只在高脆弱户中部分地通过了显著性检验。这表明在高脆弱户中，初中及以上水平的农牧民家庭更愿意选择外出务工这一生计策略；而在低脆弱户中，受教育程度对农牧民选择外出务工没有显著影响。第七，衡量家庭规模大小的分类变量中，低脆弱户中只有4~7人家庭的发生比率显著大于1；这表明在低脆弱家庭中，相对于3人及以下家庭，4~7人家庭更愿意外出务工。第八，分区域来看，相对于农区和半农半牧区家庭，牧区的低脆弱家庭最不愿意选择外出务工；其次是牧区的高脆弱家庭。相对于农区家庭，半农半牧区家庭也不愿意选择外出务工，尤其是半农半牧区的高脆弱家庭这一特征更为明显。

表8-6　　低脆弱户和高脆弱户外出务工的Logistic模型估计结果

解释变量	低脆弱户		高脆弱户	
	β	e^{β}	β	e^{β}
是否农业户（是）	-3.504***	0.030	-3.016***	0.049
保护区（是）	-0.398*	0.672	-0.750***	0.473
家庭富裕程度				
中等偏下	0.728**	2.072	0.249	1.282
中等收入	0.853**	2.346	0.012	1.012
中等偏上	1.136***	3.116	-0.103	0.902
高收入	0.917**	2.503	-0.413	0.662
家庭资产状况				
中等水平	-0.507**	0.602	-1.471***	0.230
高水平	-1.289***	0.276	-1.422***	0.241
家庭风险状况				
中等风险	-0.144	0.866	0.127	1.135
较高风险	0.339	1.404	-0.351	0.704
高风险	0.910**	2.485	0.218	1.243

续表

解释变量	低脆弱户		高脆弱户	
	β	$e^{β}$	β	$e^{β}$
家庭受教育状况				
小学水平	-0.089	0.915	0.413	1.512
初中及以上	0.190	1.209	1.346***	3.842
家庭人口规模				
4~7人家庭	0.614***	1.848	5.541	255.026
8~9人家庭	—	—	5.648	283.642
10人及以上	—	—	5.578	264.422
牧区	-3.595***	0.027	-3.372***	0.034
半农半牧区	-1.662***	0.190	-2.074***	0.126
截距项	-0.220	0.802	-3.605	0.027
最大似然比	254.17***		399.79***	
伪 R^2（Pseudo R^2）	0.449		0.542	

注：***、**、*分别为1%、5%、10%水平的显著性检验。

8.4　影响藏族聚居区农牧民虫草采集的因素分析

在西藏全部的1430户农牧民家庭中，有398户农牧民家庭进行了虫草采集并为家庭带来了一定的收入。在西藏部分地区，虫草收入对于家庭生计至关重要，有些家庭的虫草收入占家庭全年收入的比例达到50%以上。因此，我们有必要对农牧民家庭虫草采集意愿的影响因素进行分析，以探究农牧民家庭选择采集虫草的原因。

8.4.1　不同区域农牧民家庭采集虫草的影响因素

在调查的1430户农牧民家庭中，虫草采集家庭在农区、牧区、半农半牧区的占比分别为20.87%、31.94%、36.05%；在这里，我们仍然先分区域进行回归分析，以观测同一家庭特征变量（解释变量）对不同区域农牧民家庭采集虫草意愿的影响差异。

表8-7是不同区域农牧民家庭虫草采集的Logistic模型估计结果。第一，农业户的发生比率在所有回归模型中均大于1，而且除了模型3（半农半牧区）外，

其他 3 个模型都通过了显著性检验。这表明，农业户家庭相对于非农业户家庭选择采集虫草的意愿更大，但这一特征在半农半牧区并不明显；而模型 1（农区）的发生比率最大，这表明在所有地区中农区家庭的这一特征最为明显。第二，在保护区的发生比率在所有回归模型中均小于 1，而且除了模型 3（半农半牧区）外，其他 3 个模型都通过了显著性检验。这表明，相对于不在保护区的家庭，在保护区的家庭选择采集虫草的意愿更小，但这一特征在半农半牧区并不明显。另外，模型 2（牧区）的发生比率最小，这表明在所有地区中牧区家庭的这一特征最为明显。第三，在衡量家庭富裕程度的分类变量中，通过显著性检验的发生比率均大于 1；除了半农半牧区外，其他模型的发生比率都呈递增趋势，这说明除半农半牧区家庭外，随着家庭收入的增加，农牧民家庭选择采集虫草的意愿逐渐增大；而在半农半牧区，中等偏上收入家庭相较于中等收入、高收入家庭选择采集虫草的意愿更大，但都高于低收入家庭采集虫草的意愿。第四，在四个模型中，资产特征变量的发生比率均显著大于 1，且呈现递增趋势；这表明，随着家庭资产指数的增加，农牧民家庭采集虫草的意愿也随之增加。进一步，根据发生比率的大小进行判断，这一特征在半农半牧区最为明显，在牧区家庭最不明显。第五，衡量家庭风险状况的分类变量中，模型 1 中只有高风险家庭通过了显著性检验，其发生比率小于 1，表明农区的高风险家庭相对于农区的低风险家庭更不愿意采集虫草。模型 3 中通过显著性检验的发生比率均大于 1，表明在半农半牧区，相对于低风险家庭，较高风险的家庭和高风险的家庭采集虫草的意愿更大；但高风险家庭的这一意愿要弱于较高风险家庭。模型 4 的结果表明，就整体而言，相对于低风险家庭，较高风险的家庭更愿意采集虫草；但其他风险类别的家庭相对于低风险家庭采集虫草的意愿不明显。第六，高脆弱性家庭的发生比率均没有通过显著性检验，表明一个家庭脆弱性的高低对农牧民家庭选择采集虫草的生计策略没有显著影响。第七，除了模型 3 外，其他模型中构成家庭受教育情况的分类变量的发生比率均显著大于 1，而且呈现递增趋势。这表明，就西藏整体而言，农牧民家庭随着受教育水平的提高，其采集虫草的意愿增大；在半农半牧区，相对于小学教育水平的家庭，受过初中及以上教育的家庭更不愿意选择采集虫草。第八，家庭规模各个分类变量的发生比率，在所有模型中都没有通过显著性检验，这表明家庭规模的大小对于家庭采集虫草的意愿没有显著性影响。第九，在模型 4 的地区虚拟变量中，相对于农区家庭，牧区和半农半牧区家庭采集虫草的意愿更大，而且半农半牧区家庭的采集意愿要高于牧区和农区。

表8-7　不同区域农牧民家庭虫草采集的Logistic模型估计结果

解释变量	农区		牧区		半农半牧区		总体	
	β	e^{β}	β	e^{β}	β	e^{β}	β	e^{β}
是否农业户（是）	1.629***	5.100	0.928***	2.530	0.496	1.642	0.987***	2.683
保护区（是）	-0.778***	0.459	-1.121***	0.326	0.046	1.047	-0.463***	0.629
家庭富裕程度								
中等偏下	0.729*	2.074	0.233	1.263	-0.089	0.915	0.220	1.247
中等收入	0.682	1.978	0.132	1.141	1.007**	2.739	0.672***	1.958
中等偏上	0.580	1.786	0.965*	2.625	1.660***	5.261	0.854***	2.349
高收入	1.159***	3.188	1.008**	2.740	1.586***	4.883	1.163***	3.199
家庭资产状况								
中等水平	1.037***	2.820	0.944***	2.571	2.236***	9.355	1.274***	3.577
高水平	1.485***	4.415	1.322**	3.750	3.578***	35.819	2.206***	9.079
家庭风险状况								
中等风险	0.035	1.036	0.226	1.253	0.524	1.689	0.256	1.292
较高风险	0.056	1.057	0.477	1.611	1.576***	4.835	0.648***	1.911
高风险	-1.283***	0.277	-0.427	0.652	1.129**	3.091	-0.058	0.944
高脆弱家庭（是）	0.078	1.081	0.250	1.284	0.473	1.605	0.159	1.173

续表

解释变量	农区		牧区		半农半牧区		总体	
	β	e^{β}	β	e^{β}	β	e^{β}	β	e^{β}
家庭受教育状况								
小学水平	0.328	1.388	0.703*	2.020	0.441	1.554	0.540**	1.716
初中及以上	0.840**	2.316	1.575***	4.832	-1.086*	0.338	0.577**	1.780
家庭人口规模								
4~7 人家庭	-0.127	0.880	-0.182	0.834	-0.570	0.565	-0.176	0.838
8~9 人家庭	-0.163	0.850	0.569	1.766	0.444	1.558	0.332	1.394
10 人及以上	-1.063	0.345	-0.381	0.683	1.011	2.749	0.203	1.224
牧区	—	—	—	—	—	—	0.680***	1.974
半农半牧区	—	—	—	—	—	—	0.947***	2.578
截距	-3.070***	0.046	-2.702***	0.067	-4.708	0.009	-3.912***	0.020
最大似然比	107.06***		72.12***		178.34***		280.67***	
伪 R^2（Pseudo R^2）	0.224		0.291		0.465		0.257	

注：***、**、*分别为1%、5%、10%水平的显著性检验。

8.4.2　贫困户与非贫困户采集虫草的影响因素

表8-8给出了贫困户与非贫困户两组农牧民家庭采集虫草意愿的估计结果。第一，农业户的发生比率均显著大于1，并且贫困户（2.82）略大于非贫困户（2.65）的值。这说明，相对于非农业户，农牧民家庭中收入主要来源于农业的农业户采集虫草的意愿更强烈；这一特征在贫困户中表现得更明显。第二，在贫困户中，相对于不在保护区的农牧民家庭，在保护区的农牧民家庭采集虫草的意愿更大。第三，在非贫困户中，衡量家庭富裕程度的分类变量的发生比率都没有通过显著性检验；在贫困户中，部分通过了显著性检验。这表明，对于非贫困户而言，家庭富裕程度的变化不影响家庭采集虫草的意愿；在贫困户中，相对于低收入家庭，中等收入家庭、中等偏上收入家庭、高收入家庭更愿意采集虫草。第四，家庭资产状况的发生比率均显著大于1，还呈现出递增趋势，并且在非贫困户中的发生比率大于贫困户。这表明，家庭资产指数越大的家庭越愿意采集虫草，这一特征在非贫困户中表现得更为明显。第五，构成家庭风险状况的分类变量的发生比率只有模型1中的中上风险家庭通过了显著性检验，这表明，对于贫困家庭，面临风险的大小不影响农户采集虫草的意愿，而在非贫困样本家庭中，中上风险家庭相对于最低风险家庭更愿意采集虫草。第六，在贫困户中，高脆弱家庭的发生比率显著大于1，表明贫困户中的高脆弱家庭相对于低脆弱家庭更愿意采集虫草，但这一特征在非贫困户中不明显。第七，在非贫困户中，家庭受教育状况的发生比率显著大于1，且呈递增趋势；但在贫困户中都没有通过显著性检验。这表明，在非贫困家庭中，受教育水平越高的家庭越愿意采集虫草；而在贫困家庭中，受教育水平的变化对家庭采集虫草的意愿没有显著影响。第八，无论是在贫困户还是非贫困户中，家庭规模的发生比率都没有通过显著性检验，和总体样本回归结果相似。可见，不管是贫困家庭还是非贫困家庭，家庭规模的大小对农牧民采集虫草的意愿没有显著影响。第九，分区域来看，发生比率都通过了显著性检验且都大于1；这说明，相对于农区家庭，牧区家庭和半农半牧区家庭采集虫草的更多，半农半牧区采集虫草的家庭最多。另外，无论是在牧区，还是在半农半牧区，非贫困家庭采集虫草的意愿高于贫困家庭。

表8-8　　贫困户与非贫困户虫草采集的Logistic模型估计结果

解释变量	非贫困户		贫困户	
	β	e^{β}	β	e^{β}
是否农业户（是）	0.975***	2.650	1.037***	2.820
保护区（是）	-0.155	0.856	-0.592***	0.553

续表

解释变量	非贫困户		贫困户	
	β	e^{β}	β	e^{β}
家庭富裕程度				
中等偏下	-0.285	0.752	0.348	1.417
中等收入	-0.073	0.930	0.935***	2.547
中等偏上	0.292	1.338	0.893**	2.442
高收入	0.370	1.448	1.556***	4.742
家庭资产状况				
中等水平	1.447***	4.252	1.177***	3.245
高水平	2.519***	12.413	2.144***	8.531
家庭风险状况				
中等风险	0.216	1.241	0.167	1.181
较高风险	0.773**	2.166	0.483	1.621
高风险	-0.085	0.918	-0.228	0.796
高脆弱家庭（是）	0.037	1.038	0.473*	1.605
家庭受教育状况				
小学水平	0.741**	2.098	0.375	1.456
初中及以上	1.525***	4.594	-0.092	0.912
家庭人口规模：				
4~7人家庭	-0.232	0.793	-0.739	0.478
8~9人家庭	0.265	1.304	-0.200	0.819
10人及以上	-0.363	0.696	-0.167	0.846
牧区	1.083***	2.953	0.446*	1.562
半农半牧区	1.411***	4.099	0.698***	2.010
截距	-4.025***	0.018	-3.227***	0.040
最大似然比	132.92***		177.71***	
伪 R^2（Pseudo R^2）	0.284		0.280	

注：***、**、*分别为1%、5%、10%水平的显著性检验。

8.4.3 高脆弱户与低脆弱户采集虫草的影响因素

表8-9给出了低脆弱户与高脆弱户采集虫草意愿的估计结果。第一，在两

个模型中，农业户相对于非农业户的发生比率都显著大于1。低脆弱户中的发生比率（3.61）略大于高脆弱户中的发生比率（2.287），这表明低脆弱户采集虫草意愿相对更大。第二，在保护区变量的发生比率只在高脆弱户中通过了显著性检验，这表明对于低脆弱户而言，在不在保护区对农牧民采集虫草的意愿没有什么影响；而对于高脆弱户家庭而言，保护区内的家庭相对于不在保护区的家庭采集虫草的意愿更小。第三，构成家庭富裕程度的各个变量的发生比率部分通过了显著性检验，在低脆弱户中，高收入家庭和中等偏下收入的农牧民家庭相对于低收入家庭更愿意采集虫草；而在高脆弱户中，对于中等收入及以上家庭，随着家庭收入的增加，农牧民对于采集虫草的意愿也逐渐增加。第四，在两个模型中，家庭资产状况的发生比率均显著大于1，且呈现递增趋势，这表明无论是高脆弱家庭还是低脆弱家庭，家庭资产水平越高采集虫草的意愿越大；通过比较发生比率的大小可知，高脆弱家庭这一特征更明显。第五，衡量家庭风险程度的各个变量的发生比率只有部分通过了显著性检验。在低脆弱户中，高风险家庭相对于低风险家庭更不愿意采集虫草；在高脆弱户中，较高风险家庭相对于低风险家庭更愿意采集虫草。第六，构成家庭受教育状况的各个变量的发生比率在低脆弱户中均显著大于1，且呈现递增趋势，但在高脆弱户中没有通过显著性检验。这表明，在低脆弱户中，随着家庭受教育水平的升高，家庭采集虫草的意愿也会增加；而对于高脆弱户，受教育程度的变化对于家庭采集虫草的意愿影响不显著。第七，在衡量家庭规模大小的分类变量中，低脆弱户中，只有3人及以下和4~7人这两种家庭类型，并且发生比率都显著小于1，这表明这两类家庭都不愿意采集虫草。而在高脆弱户中的所有估计系数都没有通过显著性检验，这表明在高脆弱户中，家庭规模的大小对于采集虫草这一生计策略的选择意愿没有明显影响。最后，分区域来看，在高脆弱户中，牧区和半农半牧区的家庭相对于农区家庭更愿意采集虫草，而且半农半牧区家庭采集虫草的意愿最大；在低脆弱户中，牧区家庭采集虫草的意愿与农区家庭采集虫草的意愿差异不明显，但半农半牧区家庭相对于农区家庭采集虫草的意愿更明显。

表8-9 低脆弱户与高脆弱户虫草采集的Logistic模型估计结果

解释变量	低脆弱户		高脆弱户	
	β	e^{β}	β	e^{β}
是否农业户（是）	1.284***	3.610	0.827***	2.287
保护区（是）	-0.305	0.737	-0.560***	0.571

续表

解释变量	低脆弱户		高脆弱户	
	β	e^{β}	β	e^{β}
家庭富裕程度				
中等偏下	0.703*	2.019	0.108	1.114
中等收入	0.640	1.897	0.796***	2.218
中等偏上	0.595	1.812	1.152***	3.164
高收入	0.761**	2.140	1.579***	4.850
家庭资产状况				
中等水平	1.250***	3.490	1.322***	3.751
高水平	2.196***	8.990	2.237***	9.365
家庭风险状况				
中等风险	0.135	1.145	0.292	1.339
较高风险	0.066	1.068	1.029***	2.799
高风险	-0.721**	0.486	0.262	1.300
家庭受教育状况				
小学水平	0.750**	2.117	0.344	1.410
初中及以上	1.324***	3.758	0.040	1.041
家庭人口规模				
4~7人家庭	-0.411*	0.663	-0.012	0.988
8~9人家庭	—	—	0.581	1.788
10人及以上	—	—	0.455	1.577
牧区	0.548	1.729	0.869***	2.384
半农半牧区	0.735***	2.086	1.240***	3.454
截距	-3.584***	0.028	-4.141***	0.016
最大似然比	110.42***		193.83***	
伪 R^2（Pseudo R^2）	0.240		0.304	

注：***、**、*分别为1%、5%、10%水平的显著性检验。

8.5　影响藏族聚居区农牧民宗教消费的因素分析

按照农牧民家庭是否有宗教消费支出，我们将农牧民家庭划分为有宗教消费家庭和没有宗教消费家庭两组；有宗教消费的家庭占比为69.79%，没有宗教消费的家庭占比为30.21%。这表明，西藏大多数家庭都有宗教消费支出，但仍有部分家庭因为诸多原因没有参与宗教活动。因此，为了了解藏族聚居区农牧民宗教消费的影响因素，我们有必要建立二项 Logistic 模型来分析其影响因素。

8.5.1　不同区域农牧民家庭宗教消费的影响因素

在西藏，有宗教消费支出的家庭在农区、牧区、半农半牧区占比为72.32%、51.61%、78.84%，都超过了一半以上。下面，我们将分区域进行回归分析，以观测同一家庭特征变量对不同区域农牧民家庭宗教消费的影响差异，其计量估计结果如表8－10所示。第一，通过显著性检验的农业户的发生比率均小于1，但农区和牧区没有通过显著性检验。这表明，就西藏整体而言，农业户家庭相对于非农业户家庭进行宗教消费的意愿更小；这一特征在半农半牧区更为明显。第二，构成家庭富裕程度的各个变量的发生比率在不同区域的差异比较明显。在农区，通过显著性检验的发生比率小于1；而在牧区、半农半牧区和整个西藏，通过显著性检验的发生比率均大于1。这表明，相对于低收入家庭，农区中的中等偏下收入家庭和高收入家庭更不愿意进行宗教消费；而在牧区、半农半牧区和整个西藏，却刚好相反，相对于低收入家庭，通过显著性检验的其他收入家庭对宗教消费的意愿更大；但是没有证据表明，收入越高的家庭进行宗教消费的意愿越大。第三，除了牧区家庭，其他三个区域中构成家庭资产状况的各个分类变量的发生比率均小于1，且呈递减趋势。这表明，在西藏、农区和半农半牧区的农牧民家庭，会随着资产的增加而减少宗教消费支出。在牧区，家庭资产的变化对家庭宗教消费支出没有显著影响。第四，在农区和总体中，衡量家庭风险状况的各个发生比率都没有通过显著性检验。这表明，就西藏整体而言，在农区，家庭所面临的风险对农牧民的宗教消费意愿没有显著影响。在牧区，通过显著性检验的发生比率大于1；这说明，中等风险家庭和较高风险家庭相对于低风险家庭，更愿意进行宗教消费。在半农半牧区，高风险家庭相对于低风险家庭不愿意进行宗教消费。第五，反映家庭脆弱性程度的发生比率在四组模型中都没有通过显著性检验，表明农牧民家庭在下一时期所陷入贫困的概率与当期农牧民家庭对宗教消费不产生显著性影响。第六，家庭受教育状况的发生比率在农区和总体中都通过了显著性检验，且都小于1，而且呈现递减趋势；在牧区和半农半牧区，只有部

表 8 – 10　不同区域农牧民家庭宗教消费的 Logistic 模型估计结果

解释变量	农区		牧区		半农半牧区		总体	
	β	e^{β}	β	e^{β}	β	e^{β}	β	e^{β}
是否农业户（是）	0.071	1.074	–0.446	0.640	–0.730*	0.482	–0.314*	0.731
保护区（是）	–0.648***	0.523	1.345***	3.837	–1.004***	0.367	–0.149	0.862
家庭富裕程度								
中等偏下	–0.573*	0.564	1.504***	4.500	0.993	2.700	0.535***	1.708
中等收入	–0.572	0.564	1.010**	2.745	0.369	1.446	0.227	1.255
中等偏上	–0.124	0.884	1.862***	6.436	1.214*	3.367	0.840***	2.316
高收入	–0.591*	0.554	1.345***	3.840	0.549	1.731	0.257	1.293
家庭资产状况								
中等水平	–0.797***	0.450	–0.157	0.855	–0.794*	0.452	–0.573***	0.564
高水平	–2.198***	0.111	–0.511	0.600	–2.438***	0.087	–2.188***	0.112
家庭风险状况								
中等风险	–0.325	0.723	0.964**	2.622	–0.560	0.571	–0.014	0.986
较高风险	–0.071	0.932	1.007**	2.738	–0.756	0.470	0.213	1.237
高风险	0.457	1.580	0.363	1.438	–1.123*	0.325	0.212	1.236
高脆弱家庭（是）	0.231	1.260	0.257	1.294	–0.104	0.901	0.200	1.222

续表

解释变量	农区		牧区		半农半牧区		总体	
	β	e^{β}	β	e^{β}	β	e^{β}	β	e^{β}
家庭受教育状况								
小学水平	-0.638*	0.528	-0.724**	0.485	-0.655	0.519	-0.569***	0.566
初中及以上	-0.658*	0.518	-0.395	0.674	-1.801***	0.165	-0.772***	0.462
家庭人口规模								
4～7人家庭	0.295	1.344	-0.662	0.516	-0.430	0.650	-0.079	0.924
8～9人家庭	0.921**	2.511	-1.498*	0.223	0.938	2.554	0.354	1.424
10人及以上	1.060**	2.885	-1.674*	0.188	0.968	2.632	0.602*	1.825
牧区	—	—	—	—	—	—	-1.152***	0.316
半农半牧区	—	—	—	—	—	—	0.485***	1.625
截距	2.651***	14.164	-1.110*	0.330	4.153***	63.622	1.717***	5.569
最大似然比	105.66***		84.47***		116.62***		234.18***	
伪 R^2（Pseudo R^2）	0.205		0.318		0.369		0.214	

注：***、**、*分别为1%、5%、10%水平的显著性检验。

分变量通过了显著性检验。结果表明，就西藏全区而言或单独对农区而言，受教育程度越高的农牧民家庭，进行宗教消费的意愿越低。在牧区，相对于文盲和半文盲家庭，受过小学教育的家庭进行宗教消费的意愿更低；在半农半牧区，相对于文盲和半文盲家庭，受过初中及以上教育的家庭进行宗教消费的意愿更低。第七，反映家庭规模状况的各个变量的发生比率部分地通过了显著性检验。就总体而言，10 人及以上家庭相对于 1 ~3 人家庭，进行宗教消费的意愿更强烈。在农区，8 人及以上家庭的发生比率均显著大于 1，呈递增趋势；这表明，相对于 1 ~3 人家庭，8 人及以上家庭更愿意进行宗教消费。在牧区，8 人及以上家庭的发生比率均显著大于1；这也说明，相对于 1 ~3 人家庭，8 人及以上家庭更愿意进行宗教消费。第八，地区虚拟变量的发生比率表明，在不考虑其他影响因素的情况下，牧区家庭相对于农区家庭进行宗教消费的意愿更小，而半农半牧区家庭在三个地区中进行宗教消费的意愿最大。

8.5.2 贫困户与非贫困户宗教消费的影响因素

表 8 - 11 给出了贫困户与非贫困户的农牧民宗教消费意愿的估计结果。(1) 农业户的发生比率仅在贫困户中通过了显著性检验，且小于 1。这表明，在非贫困户中，农业户与非农业户的宗教消费意愿没有明显差异；但在贫困户中，农业户相对于非农业户，其宗教消费的意愿更小。(2) 在保护区，变量的发生比率只在非贫困户中通过了显著性检验，且小于 1。这说明在非贫困户中，相对于不在保护区内的家庭，在保护区内的农牧民家庭宗教消费的意愿更小；在贫困户中，一个家庭是否在保护区对于宗教消费意愿没有明显影响。(3) 在非贫困户中，只有中等偏上收入家庭的发生比率通过了显著性检验，且大于1；表明相对于低收入家庭，中等偏上收入家庭的宗教消费意愿更大；而在贫困户中，除了中等偏下收入家庭，其他收入水平家庭的发生比率都通过了显著性检验，且大于 1，这表明其相对于低收入家庭的宗教消费意愿更大。(4) 家庭资产状况的发生比率在贫困户中都显著性地小于 1，且呈递减趋势；这说明，在贫困户中，随着家庭资产的增加，农牧民进行宗教消费的意愿逐渐减小；在非贫困户中，高资产水平家庭相对于低资产水平家庭的宗教消费意愿更小。(5) 衡量家庭风险状况的分类变量在非贫困户中都没有通过显著性检验，而在贫困户中只有中等风险状况的家庭没有通过显著性检验。这表明，在非贫困户中，家庭所面临风险的大小对于宗教消费意愿没有显著性影响；而在贫困户中，较高风险家庭和高风险家庭相对于低风险家庭进行宗教消费的意愿更大。(6) 高脆弱家庭的发生比率在非贫困户中没有通过显著性检验，在贫困户中则显著大于 1。这表明，在非贫困户中，是否为高脆弱家庭对农牧民家庭的宗教消费意愿没有显著影响；在贫困户中，高

脆弱家庭相对于低脆弱家庭更愿意进行宗教消费活动。（7）家庭受教育状况的发生比率在非贫困户中均显著小于1；在贫困户中，有初中及以上教育水平的成员的家庭的发生比率显著小于1。这表明，在贫困户中，相对于文盲或半文盲家庭，初中及以上水平的农牧民家庭进行宗教消费的意愿更小；在非贫困户中，随着家庭受教育水平的提高，农牧民家庭进行宗教消费的意愿逐渐变小。（8）衡量家庭规模大小的分类变量的发生比率在非贫困户中均大于1，在贫困户中均小于1。这表明，在非贫困户中，大规模家庭相对于小规模家庭更愿意进行宗教消费。而在贫困户中，4~7人家庭相对于1~3人家庭，更不愿意进行宗教消费；其他大规模家庭相对于1~3人家庭进行宗教消费的意愿差异并不明显。（9）分区域来看，非贫困户中，家庭选择宗教消费的意愿按从大到小顺序排列，依次为半农半牧区、农区、牧区；在贫困户中，牧区家庭进行宗教消费的意愿小于农区家庭，而半农半牧区家庭进行宗教消费的意愿与农区家庭没有明显差异。

表8-11　　贫困户与非贫困户宗教消费的Logistic模型估计结果

解释变量	非贫困户		贫困户	
	β	e^{β}	β	e^{β}
是否农业户（是）	-0.252	0.777	-0.372*	0.689
保护区（是）	-0.474**	0.623	0.088	1.092
家庭富裕程度				
中等偏下	0.428	1.535	0.592***	1.808
中等收入	0.536	1.709	0.031	1.032
中等偏上	0.845*	2.329	0.806**	2.238
高收入	-0.066	0.936	0.598**	1.818
家庭资产状况				
中等水平	-0.373	0.689	-0.678***	0.508
高水平	-2.579***	0.076	-1.810***	0.164
家庭风险状况				
中等风险	-0.160	0.852	0.193	1.213
较高风险	-0.410	0.664	0.699**	2.011
高风险	-0.272	0.761	0.629*	1.876
高脆弱家庭（是）	-0.228	0.796	0.547**	1.728

续表

解释变量	非贫困户		贫困户	
	β	e^{β}	β	e^{β}
家庭受教育状况				
小学水平	-1.001***	0.367	-0.262	0.770
初中及以上	-1.140***	0.320	-0.503*	0.605
家庭人口规模				
4~7 人家庭	0.260	1.297	-0.897**	0.408
8~9 人家庭	1.030*	2.802	-0.601	0.548
10 人及以上	1.951**	7.035	-0.499	0.607
牧区	-0.970***	0.379	-1.342***	0.261
半农半牧区	0.733***	2.082	0.216	1.241
截距	2.481***	11.959	1.660***	5.258
最大似然比	142.41***		128.89***	
伪 R^2（Pseudo R^2）	0.302		0.202	

注：***、**、*分别为1%、5%、10%水平的显著性检验。

8.5.3 高脆弱户与低脆弱户宗教消费的影响因素

表8-12给出了低脆弱户与高脆弱户的宗教消费意愿的估计结果。第一，农业户的发生比率在两个模型中都没有通过显著性检验。这表明，在高脆弱户和低脆弱户中，对于宗教消费意愿，农业户和非农业户之间没有明显差异。第二，在保护区的发生比率只在高脆弱户中显著小于1。这表明，在低脆弱户中，保护区内外家庭的宗教消费意愿没有明显差异；而在高脆弱户中，相对于不在保护区的农牧民家庭而言，在保护区家庭的宗教消费意愿更小。第三，衡量家庭富裕程度的分类变量，只在高脆弱户中的中等偏上收入家庭通过了显著性检验。这表明，在低脆弱户中，家庭收入水平的变化对农牧民家庭是否选择宗教消费没有显著影响；而在高脆弱户中，中等偏上收入家庭相对于低收入家庭进行宗教消费的意愿更大，其他收入水平的家庭选择宗教消费的意愿相对于低收入水平的家庭没有明显差异。第四，衡量家庭资产状况的分类变量的发生比率在低脆弱户中均显著小于1，且呈递减趋势；在高脆弱户中，则只有高水平资产家庭通过了显著性检验并小于1。这表明，在低脆弱户中，随着家庭资产的增加，家庭选择宗教消费的意愿逐渐减小；而在高脆弱户中，高水平资产家庭相对于低水平资产家庭选择宗

教消费的意愿更低。第五，衡量家庭风险状况的分类变量的发生比率，在两个模型中均没有通过显著性检验。这表明，无论是高脆弱户，还是低脆弱户，家庭面临风险的大小对这两类家庭进行宗教消费意愿的影响都不显著。第六，家庭受教育状况的分类变量的发生比率，在两个模型中均显著小于1。这表明，在高脆弱户中，随着家庭受教育水平的提高，家庭选择宗教消费的意愿逐渐减少；在低脆弱户中，只能表明受过教育的家庭相对于文盲或半文盲家庭的宗教消费意愿更小。第七，构成家庭规模的各个分类变量的发生比率，只有在高脆弱户中的10人及以上家庭中通过了显著性检验。这表明，在高脆弱户中，相对于1～3人规模家庭，10人及以上规模家庭选择宗教消费的意愿更大，而其他类型规模的家庭相对于1～3人规模家庭的宗教消费意愿没有显著差异；在低脆弱户中，家庭人口规模的变化对宗教消费意愿没有显著影响。第八，分区域来看，在低脆弱户中，半农半牧区家庭进行宗教消费的意愿最大；其次是农区家庭；牧区家庭的宗教消费意愿最小；高脆弱户与低脆弱户的宗教消费特征相类似。

表8－12　　低脆弱户和高脆弱户宗教消费的Logistic模型估计结果

解释变量	低脆弱户		高脆弱户	
	β	e^{β}	β	e^{β}
是否农业户（是）	－0.321	0.725	－0.254	0.776
保护区（是）	－0.344	0.709	－0.456**	0.634
家庭富裕程度				
中等偏下	0.396	1.486	0.440	1.553
中等收入	0.028	1.029	0.512	1.668
中等偏上	0.387	1.473	0.861**	2.365
高收入	0.196	1.217	－0.053	0.948
家庭资产状况				
中等水平	－0.688***	0.503	－0.395	0.673
高水平	－2.985***	0.051	－2.601***	0.074
家庭风险状况				
中等风险	－0.342	0.710	－0.170	0.844
较高风险	－0.144	0.866	－0.396	0.673
高风险	－0.246	0.782	－0.271	0.763

续表

解释变量	低脆弱户		高脆弱户	
	β	e^{β}	β	e^{β}
家庭受教育状况				
小学水平	-0.797***	0.451	-1.010***	0.364
初中及以上	-0.741**	0.477	-1.150***	0.317
家庭人口规模				
4~7人家庭	0.149	1.161	0.177	1.194
8~9人家庭	—	—	0.818	2.267
10人及以上	—	—	1.746**	5.731
牧区	-0.744**	0.475	-1.050***	0.350
半农半牧区	0.748***	2.112	0.730***	2.076
截距	2.313***	10.105	2.501***	12.194
最大似然比	132.55***		141.80***	
伪 R^2（Pseudo R^2）	0.271		0.301	

注：***、**、*分别为1%、5%、10%水平的显著性检验。

第9章

中国藏族聚居区贫困人口可持续发展的对策思考

到2020年，中国藏族聚居区要实现“与全国同步全面建成小康社会”，其首要任务是要率先解决区域内近160余万贫困人口的脱贫问题。贫乏的资产难以进入市场以及极少的就业机会，使得藏族聚居区贫困人口陷入物质贫困的窘迫之中，为藏族聚居区贫困人口提供机遇是减贫的关键措施；增加贫困人口的参与程度，不仅会减轻他们的被排斥感，而且可以更好地针对他们的需求提供健康和教育服务；提高贫困人口的受教育程度不仅会改善他们的福利，也会改善其健康状况并增加他们的收入；改善贫困人口的健康状况不仅会改善他们的福利，而且也会增加他们获得收入的潜力；为贫困人口提供保护减少他们面对风险时的脆弱性，不仅会使他们的承受力增强，而且也会增加他们利用高风险、高收益的机会。

9.1 创造机遇，扩大经济机会

9.1.1 缩短农牧民与市场的距离

为藏族聚居区贫困人口创造更多机遇的关键政策与机制，包括促进藏族聚居区经济的增长、使市场为贫困人口服务和增加贫困人口的资产，等等。缩短农牧民与市场的距离，是扩大其经济机会的首要举措。具体包括：（1）减免藏族聚居区基础设施建设配套资金，加大连接中国藏族聚居区与市场的连接性基础设施建设。藏族聚居区贫困人口往往居住在偏远地区，很难有接近市场的机会；如果没有公路将产品产地与市场连接起来，那么靠什么来刺激农牧民生产家庭所需以外的产品呢？因此，要减免藏族聚居区基础设施建设配套资金，加大连接藏族聚居区偏远地区的空间连接性基础设施建设，科学规划和建设通向中国藏族聚居区的高速公路、铁路，推动现代交通网络向藏族聚居区延伸和覆盖，推进藏族聚居区交通、水利、基础设施、农村危房改造、地震安居工程、地质灾害防治等带动经济社会发展的项目建设，根本改变藏族聚居区的交通状况和区位条件，让藏族聚居区农牧民尤其是贫困农牧民获得更容易接近市场的机会，扩大其经济机会。(2) 要利用信息技术构建虚拟市场消除贫困。新技术也会帮助贫困人口减少贫困，信息技术可以消除藏族聚居区许多贫困人口地处偏僻地区所带来的许多障碍。中国藏族聚居区的农牧民经常利用传统的工艺和祖传秘方制作高质量的产品，由于远离市场使得产品价值难以完全得到实现。但虚拟市场可以逆转这种趋势，比如通过网上销售这种虚拟市场，藏族聚居区农牧民们有机会扩展自身的潜力、培养自己的能力，并体面地运用自己的技能来增加收入。另外，电话、网络也可以降低农牧民收集信息的成本，更能准确了解市场行情。因此，要在藏族聚居区积极建设和完善现代通信体系；加快实施通信村村通工程、移动网络广覆盖工程和宽带普及提速工程。(3) 增加贫困人口进入金融市场的机会。贫困人口往往很难进入一些市场，尤其是很难获得金融服务，因为他们所从事的大多是小额交易，传统的市场参与者认为这些交易无利可图或可有可无；另外贫困人口需要的是小额贷款，他们所获得的贷款成本也较高。即使金融市场能够为贫困人口提供借贷服务，但是金融机构往往会要求他们提供抵押物品，但是贫困人口往往没有传统形式的抵押物品，因而他们还是不能从传统的金融市场获得资金。总之，在人口稀少的中国藏族聚居区，尤其是藏族聚居区农牧区，要获得金融服务是非常困难的。因此，非常有必要采取创新的方法来改善金融市场的条件，比如改进小额信贷模式，构建适合藏族聚居区特色的小额信贷方式，为低收入人口或贫困人口提供金融服务，以增加贫困人口进入金融市场的机会。

9.1.2 错位发展藏族聚居区特色生态经济

在中国藏族聚居区扶贫开发的路径上，发展是甩掉贫困帽子的总办法。中国藏族聚居区的发展主要依靠内生动力，走特色发展之路，要基于自身的产业基础和资源禀赋，加快把资源优势转换为产业优势和经济优势，实现差异竞争、错位发展。(1) 中国藏族聚居区要积极发展藏医藏药产业，发展藏毯、唐卡等民族特色产品，发展高原生态畜牧业；而且特色产业发展过程中，大胆探索适应资源优势和生产力水平的联合经营、股份合作、租赁经营、村企共建等扶贫模式，促进藏族聚居区农牧民增收致富。发挥藏族聚居区自然资源和生态环境优势，积极培育草畜、中药材、高原菌类等无公害农产品、绿色食品和有机食品，鼓励和帮助龙头企业按照市场运作的方式，与农户建立合理的利益联结机制，带动和扶持贫困农户发展生产，通过特色生态产业增加贫困人口的收入。打造特色农业重点品牌，特别是藏族聚居区绿色食品认证、原产地认证和农产品质量安全体系，保证每个重点品牌产品有广告策划方案、利用各种平台宣传品牌，在全社会形成品牌效应，促进拓宽产品市场，实现生态产业农户可持续收入增长。(2) 中国藏族聚居区要积极发展生态旅游、文化旅游，千方百计吸收当地农牧民劳动力。旅游业可以直接吸纳当地劳动力就业，在中国藏族聚居区发展旅游业可以说是拉动藏族聚居区农牧民增收的最重要的渠道之一。中国世界级、国家级的旅游资源很多都分布在藏族聚居区，而且很多资源都具有唯一性、不可替代性和不可模仿性，这是中国藏族聚居区发展旅游的最大、最突出的优势资源。总的来说，中国藏族聚居区旅游总量比较小，对当地农牧民增收致富的需求还有较大距离，需要提升发展的空间还很大；还存在着旅游基础设施比较薄弱、发展方式比较粗放、市场主体发育还不充分等问题。因此，政府要将藏族聚居区工作重心转移到发展生态旅游经济上来，建立以旅游业为龙头的生态经济发展模式；建立以统筹城乡功能、统筹产业发展、统筹旅游扶贫、推进产业融合联动的旅游发展模式，努力推进藏族聚居区旅游建设进程，提升旅游服务水平，继续完善“自驾游示范服务”，实现旅游公路无缝对接，建设特色文化旅游城镇（村寨），加大旅游产业扶贫力度；探索旅游资源所有权、管理权、经营权“三权分离”的旅游景区发展机制和旅游收入分配机制，使广大农牧民分享旅游发展成果；对藏族聚居区产业扶持的优惠政策和项目资金要向旅游业集中。同时，要加快旅游基础设施建设，提升旅游承载力和接待能力。

9.1.3　增加藏族聚居区贫困人口的资产

缺乏资产既是贫困的原因，也是贫困导致的结果。健康状况不佳、技能不足、无法获得基础服务，以及被排斥在外等，这些现象可以表明贫困人口的个人资产、公共资产和社会资产的丧失，而人力资产、物质资产和自然资产对于个人或家庭是否能够摆脱贫困来说是至关重要的。资产还是人们应付外部冲击并降低其脆弱性的关键，对外部冲击承受能力的脆弱是贫困的不变特征。藏族聚居区贫困人口积累资产受到多方面因素的严重制约。首先，藏族聚居区贫困人口与市场的联系较少；其次，公共和私人机构在提供服务上还存在许多不足；最后，贫困人口的收入低，因而在健康、教育和其他与资产相关的投资上面临着非常不利的障碍。因此，增加藏族聚居区贫困人口的资产，消除社会分配不公，是扩大藏族聚居区贫困人口经济机会的关键。创造藏族聚居区贫困人口拥有或能利用的人力、物质、自然和金融资产需要在三方面采取行动：（1）更加重视用于贫困人口的公共支出，尤其是需要扩大基本的社会与经济服务内容；要放松优惠政策的限制条件，扩大政策覆盖面，把更多的脆弱人口纳入进来。（2）通过政府等公共机构的行动，保证为藏族聚居区贫困人口提供高质量的服务。这涉及良好的政府管理，又要运用市场和多方面的力量。这可能有必要改革公共服务机制，如由政府购买公共服务、为贫困人口提供高质量的服务，从而使政府对贫困人口的服务得到保障，尤其是在供水和卫生设施服务方面更是如此。(3) 保证贫困人口社区和家庭参与选择和实施各种服务并对服务机构进行监督，以增强提供服务者的责任感。增强贫困人口资产计划包括的内容十分广泛，具体包括：有家长和社区参与的扩大教育计划，住校计划、营养计划、母婴保健计划、接种疫苗及其他医疗措施，建立在社区基础上的保护水源和自然环境的其他计划，等等。

9.2 促进赋权，保障机会均等

9.2.1 让政府机构更多地对贫困人口负责

我们所说的贫困是多维贫困，它是社会、经济和政治的力量交互作用的结果。一个负责任、有担当的政府需要更多地对贫困人口负责。因此，中央政府尤其是藏族聚居区政府要更有效地服务于藏族聚居区人民，特别是要更好地服务于藏族聚居区的贫困人口，就要努力做到以下几个方面：(1) 本着对贫困人口负责的态度，有效地执行公共管理政策，简化办事程序并使其透明化。创建促进经济增长及公平的公共行政管理政策，使公众了解诸如有关预算、参与预算的机制及公共服务的评级，这些都可以提高人们判定和监督公共部门的能力，同时减少滋生腐败的机会与范围。要切实采取有效行动来维护贫困人口利益，譬如，针对社会优先事项采取的公共行动和计划，动用政府权力来重新配置资源。(2) 要提供法律援助、增进法律的公正性，并在制定政策措施的时候多考虑贫困人口利益，为贫困人口提供法律援助，让法律制度更多地对贫困人口负责。(3) 促进包容性的分权和社区发展。权力分散能使服务机构更接近贫困社区和贫困人口，使贫困人口能够更大程度上控制他们应享有的各种服务，避免地方精英阶层控制权力。同时，分权需要采取有效的民众参与机制和公民对政府机构监督措施。建立分权机制也可以提高藏族聚居区政府的积极性，并增强藏族聚居区各地方政府在提供公共服务方面的参与度，从而增强其加速地方发展和削减贫困的能力。(4) 藏族聚居区政府要努力放下手段，加强与贫困人口的互动，通过积极营造一种社会政治气氛，赋予贫困人口参与地方管理和地方发展的能力，来推动贫困人口的可持续发展。

9.2.2 努力改变传统的性别规范和价值观

传统的性别规范和价值观可带来男女在政治、法律、经济和教育方面的不平等，导致妇女在获得资源的途径、对决策的控制和参与公共生活方面的不足永久化。在藏族聚居区尤其是在藏族聚居区农牧区，性别不平等最普遍的形式表现为婚姻规则和继承规则都大大有利于男性，女性在发言权和获得资源方面明显处于劣势地位，女性的贫困程度高于男性。首先，婚姻规则决定妇女在家庭中的自主权，在藏族聚居区尤其是农牧区几乎都要求妇女加入其丈夫的家庭，这样妇女的自主权就比她们能组成新家或与自己的家人生活在一起时的自主权小得多。其次，从继承规则来看，尽管在法律权利上，女儿和儿子在继承父母财产方面的权利是平等的，然而法律权利的存在并不表明根深蒂固的文化习俗会立刻改变。比如，写遗嘱的选择会使人们可以维持在继承方面偏向儿子的文化习俗。性别的不平等不仅使得女性的贫困程度高于男性，而且对其下一代的人力资本也会产生深远的影响，因为生、育子女的重担大部分要由妇女承担。在家庭中被剥夺了教育和决策权的妇女在养育健康、能干的孩子方面受到严重的局限。她们的孩子数量也常常比她们自己想要的多，这更增加了她们及其家庭的压力。尽管性别平等已经取得很大的进展，但是要改变根深蒂固的信仰和性别价值观依然任重道远。为此，要坚持不懈地扩大藏族聚居区妇女的政治代表权、法律权利以及她们对实物、金融和人力资本的支配权来改善妇女的发言权，增加其获得资源的机会。总之，只有认识到妇女在获得公共服务和其他机会方面面临的阻碍，努力改变传统的性别规范和价值观，才可以使反贫困干预措施更有效。

9.2.3　建立和扩展贫困人口的社会资本

社会资本不是社会上流通的资金，而是指人类在各项活动中产生的社会联系、信任以及行为规范。这里的社会资本是指亲戚体系、地方组织与穷人的网络。世界银行将家庭成员、邻居、密友和商业伙伴联系在一起的很强的纽带称为紧密联系型社会资本，这些纽带将有着相似人口特征的人联系起来；而将不同各族、职业背景的人联系在一起的较弱的纽带称为联结型社会资本，是指有大致相当的经济地位和政治权力的人之间的水平联系。我们通过参与式的贫困评估发现，在藏族聚居区大多数贫困人口与外部资源无联系，因而外部资源无法帮助贫困人口摆脱贫困。因此，藏族聚居区政府要通过外部的社会干预政策，努力为当地贫困人口创造社会资本，增加贫困人口的发言权和经济机会。(1) 着力构建藏族聚居区多元、新型的社会网络。充分利用亲缘、同乡、同学关系，打造藏族聚居区外出务工、经商、从政、从教的能人网络，为带动藏族聚居区务工输出与返乡创业搭建关系纽带。加大电商平台的投入建设，构建藏族聚居区与外界联系的重要媒介，依托电商平台的信任，促进藏族聚居区农产品、旅游等资源与外界市场需求的对接，提高知名度及特色优质资源的经济效益。(2) 着力提升贫困人口对政府的信任度。广泛邀请贫困户参与扶贫工程规划、实施、监管、评估的全过程，及时公开扶贫信息，认真听取贫困户对扶贫开发的意见及需求，并对相关政策措施进行及时调整，增进政府、企业及贫困户的沟通、了解与互信，提升扶贫项目的精准性与实施效益。此外，还要提升贫困农村内部的互信与凝聚力。由村民代表组成发展小组，定期举行大会，讨论及决议有关农村发展的议题。通过扫盲班、成人教育、小组培训等机会，培养村民自信、自我管理、爱护公物、自力更生等信念，促进村民间互助互信。（3）着力营造与完善藏族聚居区的社会制度建设。应该矫正制度，提高制度质量，消除由区分性别、民族、种族、地区和社会地位造成的社会障碍，扩大贫困人口的经济机会和政治机会，要帮助贫困人口构建起能够公平参与到经济、政治活动中的社会制度，防止由此导致的制度性贫困，防止制度失控（无能政府、弱小政府）和制度过剩（无赖政府）现象，提高政府的扶贫责任、能力及贫困者的经济能力和政治能力。

9.3 增强抗逆力，降低脆弱性

9.3.1 为藏族聚居区农牧民提供基本公共服务

基础设施建设滞后、公共服务产品短缺是制约藏族聚居区社会经济发展的重大障碍，也是贫困代际传递的重要因素。基本公共服务均等化有助于减少绝对贫困，缓解相对贫困，既能为贫困人口提供基本的社会保障，形成有效的社会安全网，又能够为贫困地区和贫困家庭创造平等的发展机会。（1）提供良好的教育政策。把中国藏族聚居区孩子培养出来，切断贫困的世代传递，这才是根本的扶贫之策。因此，要进一步加大对贫困农牧民家庭学生的资助力度，不让一个孩子因为家庭贫困而失学，通过教育改变贫困家庭的命运，阻断贫困的代际传递。健全完善幼儿教育和直到高中的免费义务教育保障机制；同时，全面实施藏族聚居区“三包”政策①，将“三包”政策覆盖面从义务教育阶段扩大到所有农牧民子女在校生，并且将西藏普通高中、中等职业教育阶段公办学校及经自治区教育行政主管部门授权委托承担高中阶段教育任务的民办学校在校农牧民子女纳入“三包”政策实施范围。要提高贫困家庭学生的寄宿生生活费补助标准和高海拔地区学生取暖费，全面落实义务教育学生营养改善计划，并将学前教育阶段也纳入学生营养改善计划覆盖范围，逐步建立从学前教育到硕士博士研究生阶段的学生资助政策体系；全面落实藏族聚居区“9+3”免费教育计划，让中国藏族聚居区未升入普通高中的学生全部接受免费中等职业教育，提高其就业能力。专设中国藏族聚居区免费师范生招生计划，鼓励其回藏族聚居区生源地任教；国家、省属高

① 对义务教育阶段的农牧民子女实行“包吃、包住、包学习费用”的“三包”政策。

校招生中要增加藏族聚居区定向招生指标。强化职业教育，提高劳动力素质，引导广泛就业。努力提高贫困农户的科技文化素质与生产技能。对农牧民进行职业技术教育和专项技术培训，力争使每个贫困户至少掌握一两门脱贫致富技能，增强自我发展和脱贫致富的能力。同时，政府应加大对藏族聚居区师资队伍建设的财政投入力度，设立相关专项补助基金，提高教师的工资和福利待遇，设定教师工资稳定增长机制，健全教师成长的激励机制。实施面向中国藏族聚居区的教师培训计划，不断提高教师队伍的综合素质。(2) 提供良好的医疗卫生政策。在中国藏族聚居区，要加大对新农合资金的投入额度，建立健全包括基本医疗服务政策、大病统筹政策和大病保险政策在内的完整的医疗卫生保障政策，让藏族聚居区农牧民不再因病致贫、因病返贫。要积极为藏族聚居区儿童接种疫苗以提高儿童的免疫力；要实施“提高藏族聚居区住院分娩率项目”，提高孕产妇住院分娩率；要进一步加大地方病防治力度，事先进行地方病病情调查，有针对性地提供免费药物治疗；要引导藏族聚居区医疗机构逐渐由达标建设转向以人员数量、人员素质和管理水平等为重点的规范化建设；要制定符合藏族聚居区当地实际的人才引进特殊优惠政策，为藏族聚居区县级及以下医疗卫生机构吸收更多的人才；要扩大藏族聚居区定向医学学生培养人数，加大对藏族聚居区医疗机构医务人员岗位培训力度，提高州、县、乡、村四级人员“学历、执业资格、职称、岗位技能”四项执业素质达标率。要加强县、乡、村公共卫生服务设施的软硬件建设，提高基层医疗单位诊治水平，解决广大农牧民看病难、看病贵的现实问题，全面提高农牧民特别是妇女儿童的健康水平。建立流动医院制度。在中国藏族聚居区，人们的就医半径大，建议藏族聚居区的县医院或中心医院设立流动医院，配备基本医疗设备，定期到乡村巡诊，做到“医生找病人”。另外，扩大农村医疗保险制度覆盖面和覆盖深度，提高报销比例，并做到病前或病中报销，减轻病人预付医疗费的负担。(3) 良好的基础设施建设政策。强化基础设施建设，努力实现“五通”（通水、通电、通路、通电话、通广播电视）、“五有”（有学上、有医疗保障、有科技文化室、有集体经济收入、有强有力的村级领导班子）和“五能”（能用上安全饮用水、能用上电、能有一项以上有稳定收入来源的生产项目、能有安居定居房屋、能及时得到培训和获得信息）。以“整村推进”为目标，实施土地整理项目、农田水利工程、水库加固工程、防沙治沙工程、改厕改圈工程、抗震安居工程、饮水安全工程、村村通公路工程、广播电视电话村村通工程。加强水利基础设施建设，确保中国藏族聚居区生产、生活用水供给稳定和水质安全。解决农牧区饮水安全问题，支持重点村镇实现集中供水和配套排水，鼓励城镇区域供水向农牧区延伸。全面加强水利工程建设和水资源管理，有效缓解工程性和资源性缺水问题。因地制宜发展小水窖、小水池、小塘坝、小泵站、小水渠等小微型水利工程。优化发展中国藏族聚居区水电厂，建设环保型骨干电厂；加强城乡一体化电网建设和农牧区电网改造升级，全面提高电网输送能力和供电质量；加快变电站和输电线路的升级改造，推进电网智能化建设。积极勘探开发天然气、页岩气为重点的资源，加强天然气管网建设，提高天然气输送能力。加强农村综合能源建设，积极开发太阳能、风能、沼气、小水电、光伏能源等新型能源建设项目。

9.3.2 完善藏族聚居区农牧民的社会保障制度

到2020年，基本建立与中国藏族聚居区脱贫攻坚战相适应的社会保障服务体制机制，形成商业性、政策性、合作性等各类机构协调配合、共同参与的保障服务格局。构筑以农业保险、大病保险为核心，民生保险为补充的多层次、全险种保险扶贫保障网，努力实现中国藏族聚居区社会保障服务到村到户到人，对贫困人口“应保尽保”，贫困人口生产生活得到现代保险全方位保障，切实解决农户“因灾致贫返贫、因病致贫返贫、老年贫困”等问题。（1）针对因病致贫、因病返贫现象，由政府提供大病医疗保险。要协调出台优惠扶持政策，降低藏族聚居区大病保险理赔起付线、提高赔付比例；开发推广贫困户大病补充医疗产品、贫困户住院护理保险产品；探索开展医疗救助保险，针对贫困人口设置分类分段的救助比例和最高救助限额；发挥专业优势，不断改进大病保险服务水平。要针对建档立卡贫困人口，开发推广贫困户主要劳动力意外伤害、疾病和医疗等小额人身保险产品。由政府提供藏族聚居区大病医疗保险，把卫生经费直接拨给主要为贫困人口服务的机构或贫困地区的医疗机构，就可以显著提高贫困人口的福利，也避免让贫困家庭为了支付紧急治疗费用而负债、变卖家产或缩减消费。如果由于行政管理能力不够或存在其他限制因素，而不能对贫困人口进行大病保险，也可以用住院补助来代替。（2）针对因灾致贫、因灾返贫现象，要建立健全藏族聚居区的农业保险制度。要加大财政资金整合力度，不断扩大中国藏族聚居区农业保险覆盖面；立足藏族聚居区资源优势和产业特色，因地制宜开展地方特色农业保险、目标价格保险、天气指数保险等试点；加大地方财政补贴力度，减免贫困户的保费负担；切实做好藏族聚居区农业保险服务，灾后赔付从快从简、应赔快赔。完善农村房屋、农业、畜牧等财产险和政策性保险，减轻或避免重大自然灾害对受灾人口的经济冲击。（3）针对老年贫困现象，由政府提供老龄资助，建立基础普惠型高龄津贴制度。由政府提供老龄资助，将社会救济和社会养老普及到最穷的或高龄的或没有家庭可依靠的人，既可以减轻老年人口的贫困程度，又可以削弱农牧民家庭靠多子女养老的观念。为此，我们需要借鉴众多国家已实施的老龄津贴制度，改革和完善我们现有的高龄津贴制度，建立面向所有老年人的基础普惠型高龄津贴制度，以减少老年贫困，实现老有所养的目标。第一，建立全国层面的制度模式，增强制度的稳定性和统一性。民政部应该及时总结各地高龄津贴制度的特点与经验，在借鉴国际的有益经验基础上改革完善高龄津贴制度，建立全国层面的高龄津贴制度。第二，降低保障对象的资格年龄。可以根据国际通行的老年人定义的标准，将65岁作为高龄津贴制度的最低年龄资格条件。第三，保障对象上坚持普惠型，覆盖65岁以上全体老年人。第四，保障水平上坚持基础型，确保财政的可持续性；藏族聚居区可根据当地经济发展水平相应提高待遇标准，在满足最低生活需求的同时确保制度的可持续性发展。①

（4）针对因残疾致贫现象，由政府提供残疾人的社会救助。政府的扶贫政策要瞄准残疾人群体，尤其是农村残疾人群体；如果教育、就业、医疗保险和卫生设施这几个领域能成为残疾人扶贫政策优先干预的领域，将能较快地改善残疾人的贫困状况。总的来说，教育和就业是与贫困相关的两个重要因素。残疾人群体的受教育程度和就业率都低于非残疾人，教育和就业限制了他们的收入能力，因此要从根本上改变残疾人的贫困状况还需要从提升他们的能力方面着手，改变其人力资本积累状况，提升就业能力，这样才能有效地消除残疾人的收入障碍改变贫困现状。从医疗保健方面来说，一方面，医疗保健支出是残疾人比非残疾人在个人总支出中需要额外支出且又是不得不支出的部分，残疾人可能降低其他方面的支出来保证这部分支出，这极有可能降低其生活水平，如能从政策措施上保障残疾人获得医疗保险方面的补贴，将能有效地改善残疾人生活状况。另一方面，残疾人比非残疾人更容易陷入贫困，如果政府能在残疾预防方面增加支出，尤其是增加农村地区的医疗卫生支出，加大农村地区的卫生设施建设，创建卫生环境的美丽新农村，将能有效降低残疾发生率，从而减少总体贫困发生率。

9.3.3 为贫困人口提供特殊优惠政策

政府与各行各业都要对贫困地区、贫困群众格外关心，出台一些特惠的政策；特别是在三农普惠政策的基础上，做加法，要搞特惠政策；因为光有普惠政策，贫困人口是享受不到的。（1）提高贫困户危房改造的补助标准。建档立卡贫困户的贫困程度较深，部分人群自身筹资特别困难。特别是无房或居住在C、D级危房（即局部危房、整幢危房）中的贫困户来说，危房改造资金缺口明显。要加快推进贫困户危房改造的贷款贴息工作，引导贫困户通过银行贷款的方式来解决农村危房改造筹资难的问题，对建不起、改不起房的特困群众，由政府主导提供农村廉租房，解决其住房问题。推动发展针对藏族聚居区的政策性农房保险统

① 朱火云等．基础普惠型高龄津贴制度研究［J］．人口学刊，2015（1）．

保，提高贫困人口农房保险保障程度及赔付标准。(2) 对不同经济条件的贫困学生给予不同的经济补助。“三包”经费政策的标准简单，以学生家庭住址与学校之间距离为标准。“三包”经费政策虽说是全免费，但它与“两免一补”政策一样，是一种平均主义的做法，不能真正帮助贫困生。因此，在继续实行“三包”经费政策并根据经济发展适当增加经费外，我们还要看到不同家庭的经济负担，给予贫困学生除“三包”经费之外的额外资助。(3) 实施产业扶贫计划。藏族聚居区贫困家庭要么无任何收入来源，靠政府补贴来维持日常开支，要么有少许收入，也仅能维持日常开支。在这种情况下，加大经济资助可以使他们暂时渡过难关，但从长远来看，不利于他们脱贫。因此，基层政府应对贫困家庭进行养殖技术、种植技术或其他实用技术培训，使他们自己有能力创造财富，提高家庭收入。(4) 实施以工代赈计划。当风险降临时，以工代赈计划通过为贫困人口提供公益性的工作来帮助了他们应付风险，可以帮助贫困家庭避免采用代价高昂、对家庭伤害大的危害家庭可持续发展的行动，比如变卖家产或缩减口粮。(5) 实施小额融资计划。小额融资计划可以在出现不利冲击的时候帮助贫困家庭平滑消费。贫困家庭能够获得贷款，他们就不会去贱卖家产或者让小孩辍学去工作，还能够重新添置在风险冲击中损坏的生产性资产，减少他们对收入冲击无能为力的窘境。因此，要积极发展扶贫小额贷款保证保险，为贫困农户融资提供增信支持；在藏族聚居区要探索开展农业保险保单质押、土地承包经营权抵押、农房财产权抵押贷款保证保险，拓宽贫困农户保险增信路径。(6) 实施有条件的现金转移支付计划。对极端贫困家庭，实施有条件的现金转移支付计划往往更为有效。因为极端贫困家庭一般是没有能力来应对不利冲击的，如果他们只能依靠减少儿童饮食或让他们辍学打工来应对风险，就会使儿童受到长期的伤害。因此，可根据极端贫困家庭儿童的年龄、上学情况等拨付现金，向家长提供相当于儿童打工所得收入的补助作为补偿，把孩子留在学校上学，就可以防止儿童受到长期的伤害。因而，有条件的现金转移支付计划就可以服务于人力资源开发和减贫两大目标。

9.4 创新机制，加速减贫进程

9.4.1 重视科学扶贫，实施精准扶贫

精准扶贫政策的核心要义在于“扶真贫、真扶贫”，改变过去“大水漫灌”式粗放的扶贫方式，将扶贫政策和措施落实到村到户，通过对贫困家庭和贫困人口的精准帮扶，从根本上解决导致贫困发生的各种因素和障碍，从而拔出“穷根”，实现真正意义上的脱贫致富。精准扶贫政策的内容体系包括精准识别、精

准帮扶、精准管理和精准考核四项内容。(1) 精准识别是实施精准扶贫政策的基本前提，精准识别是指通过申请评议、公示公告、抽检核查、信息录入等步骤，将贫困户、贫困村有效识别出来，并建立贫困户和贫困人口档案卡，摸清致贫原因和帮扶需求。(2) 精准帮扶是精准扶贫政策的核心，是在贫困户和贫困人口准确识别基础上，根据贫困的成因采取有针对性的措施进行有效帮扶，因贫施策、精准到户到人是精准帮扶的关键，重点通过发展生产脱贫一批、易地搬迁脱贫一批、生态补偿脱贫一批、发展教育脱贫一批、社会保障兜底一批。(3) 精准管理是实施精准扶贫政策的重要保障，精准管理的重点在于扶贫对象精准、项目安排精准、资金使用精准、措施到户精准、因村派人精准、脱贫成效精准。(4) 精准考核是提升精准扶贫工作成效的重要手段，是指针对贫困户和贫困村脱贫成效，建立贫困人口脱贫退出和返贫再入机制，完善贫困县考核与退出机制，加强对贫困县扶贫工作情况的量化考核，强化精准扶贫政策实施的效果。适应我国贫困治理形势的变化，精准扶贫政策实现了扶贫对象瞄准化、帮扶措施具体化、管理过程规范化、考核目标去 GDP 化，是新时期我国扶贫开发政策的重大战略转型。在精准扶贫过程中，由于藏族聚居区贫困人口的分散性、动态性和其他不确定性因素，导致精准识别、帮扶到人、绩效考核等方面存在一定的困难，工作量大、行政管理成本较高。因此，在政府主导的精准扶贫政策实施过程中，应妥善处理政府与市场的关系，遵循市场规律，合理安排扶贫产业项目和金融信贷支持，防止产业项目过度投资和低效配置。

9.4.2　创新扶贫机制，落实扶贫责任

精准扶贫是我国扶贫开发政策的重大创新，在实践过程中需要不断调整政策路径和优化措施，努力做到“扶真贫”、“真扶贫”，为实现全面脱贫和共同富裕目标打下坚实基础。(1) 要建立和完善贫困县考核、约束以及退出机制，引导藏族聚居区的领导干部把工作重点和主要精力放在扶贫开发上。贫困县的考核机制，从主要考核 GDP 转向主要考核扶贫开发的成效，要把提高扶贫对象的生活水平作为衡量政绩的主要考核指标。在约束机制方面，要明确贫困县必须作为、提倡作为和禁止作为的事项，不搞华而不实的标志性建筑、形象工程，不搞各种奢华铺张的庆典、会展等活动；要建立“减贫摘帽”激励机制，对提前脱贫“摘帽”的县乡，原定扶持政策不变，投入力度不减。要建立问责机制，对连续几年扶贫绩效考评结果排位靠后、工作严重滞后的县党政主要领导、分管领导和相关部门负责人进行问责或岗位调整。(2) 健全精准扶贫动态监管与目标考核体系。贫困人口只有“有进有出”才能实现真正精准。为切实做好精准扶贫、精准脱贫工作，应在现有建档立卡基础上，建立贫困村、贫困户“有出有进”识别退

出与再进入机制，防止摊指标、造数字、被脱贫。以农村地区家庭日常实际生活成本为参照，明确贫困户的退出标准，创建退出机制。建立脱贫户生计特征定期监测体系，对脱贫户的生计状态实施动态监测和评估，将返贫农户及时纳入扶贫对象。根据监测、评估数据，及时提供相应的扶持措施，着力降低贫困地区农户返贫率。（3）制定精准扶贫责任清单和进度协调计划。加快完善专项扶贫、行业扶贫、社会扶贫的多元协作机制，研究制定专项扶贫和行业扶贫责任清单及考核目标。根据2020年“现有标准下”贫困人口全部脱贫的总体目标，按照全国扶贫开发任务分工，进一步明确国务院扶贫办以及各级相关责任部门精准扶贫的每一项责任，形成详细的责任清单，避免扶贫任务重叠或者漏出。精准扶贫才能精准脱贫，应研究制定精准扶贫的任务完成进度计划，明确任务和责任的完成次序，严格控制完成时间，避免相互推诿现象。进一步研究制定社会参与扶贫指导意见，明确社会参与扶贫的重点与导向，科学指导社会资金和扶贫资源投向最需要的地方，避免扶贫资源的重叠或低效使用，提高扶贫开发资源配置与资金使用成效。（4）要强化地方主体责任。坚持省负总责、部门配合、州市主导、县抓落实的领导体制和片为重点、规划到村、扶贫到户的工作机制，落实省级领导挂片联县和片区牵头联系单位制度。强化各级党政一把手和行业部门主要领导的扶贫开发工作责任，做到责任到人、任务上肩。片区县和重点县党政主要领导要把扶贫开发作为重中之重，摆上工作日程。要形成正确的用人导向，在扶贫第一线检验干部、考察干部，激励干部投身扶贫开发事业。要强化乡镇党委书记、农村党支部书记和致富带头人的培养。全面建立省（区）、州（市）、县（市、区、行委）三级定点挂钩的“驻村帮扶制度”，让我们的驻村干部扎根在每一个贫困村，扎扎实实地为本村的每一个贫困家庭出谋划策，发挥好驻村工作队生力军、“催化剂”作用。

9.4.3 重视制度创新，推进扶贫的配套改革

除目前已经出台的中国藏族聚居区相关文件和规划中所涉及的制度创新外，我们提出一些制度创新建议：（1）完善贫困户建档立卡信息，建立多维贫困识别体系。在现有的贫困识别和建档立卡工作基础上，推进建档立卡信息与不动产登记、低保、公安系统等信息的衔接，完善贫困户基本信息。改革单纯以农户年人均收入识别贫困户的方法，建立和完善贫困户多尺度、多维度识别方法。将农户收入能力、可支配能力、消费能力有机结合起来，建立贫困人口识别与评判综合指标体系。重点对贫困户进行分类分层识别，主要依据贫困发生的原因（如因病、因学、因灾、因婚等）构建不同类型的贫困人口动态信息库，谨防人为操作摊派指标、被脱贫。结合国际经验，从传统角度考察货币性指标体系的方法已经

不能完全适应当前社会对贫困理念、贫困测度的要求。亟须结合联合国千年发展目标和我国全面建成小康社会的战略目标，以及各地精准扶贫对象识别的经验与问题，研究构建适用我国国情、时代特点的贫困综合测度方法，积极探索多元化的精准扶贫、精准脱贫评价指标体系和考核办法，为精准扶贫、精准脱贫提供基础支撑。(2) 加快推进精准扶贫各项配套政策和制度创新。加快推进农村土地制度、金融制度和社会保障等相关制度改革，优先在贫困地区典型县域开展政策试验和制度改革试点，激发贫困地区要素资源市场，释放发展活力。加快推进农村土地管理制度改革，结合贫困地区土地利用特点及问题，重视盘活贫困地区农村低效闲置土地，建立跨区域的耕地占补平衡制度，增加农民资产性收入，减少扶贫项目土地使用限制。对精准扶贫过程中异地搬迁、光伏扶贫、危旧房改造等需要占用土地、占补平衡的建设项目，应在用地指标供给、规划调整、行政审批等方面予以特殊倾斜，确保扶贫建设项目如期保质完成。创新国家政策性银行机制，建立精准扶贫专项基金制度。加大对贫困地区扶贫企业、农户的金融扶持力度，破解扶贫企业资金短缺、贷款困难的主要困境，取消公益性项目的基层资金配套政策。不断创新扶贫小额信贷金融扶持政策和实施模式，丰富金融信贷产品，建立完善的农户授信机制，让真正需要资金的贫困户直接获得无担保、无利息的贷款，做到金融扶持资金到户到人。(3) 实施差异化分类扶贫政策。《中国农村扶贫开发纲要（2011～2020年）》将扶贫对象明确分为：集中连片特殊困难地区、国家重点贫困县、贫困村。需要针对不同尺度和类型的扶贫对象采取不同的扶贫政策。根据资源禀赋和生态环境状况，贫困地区可分为两大类：第一类指缺乏自然资源、生态脆弱，无法靠自身发展解决地区贫困；第二类是有一定的资源（如水资源、矿产、生物资源等）禀赋，但由于体制机制不完善，老百姓从中没有得到收益或得到的收益很少，从而造成贫困。对于第一类地区应以国家财政支持为主，通过教育移民、异地开发移民或国家财政转移支付等方式解决贫困问题。对于第二类地区体制机制创新是关键，需要进行自然资产确权，通过自然资产入股，将一定比例的所有权和使用权划分给贫困人口，使自然资产转换成老百姓的收益，提高当地居民收入。(4) 建立和完善生态补偿机制，帮助生态保护区群众创业转产。中国藏族聚居区生态补偿要充分考虑当地农牧民和地方政府生存与发展的需要，让更多的农牧民直接得到实惠；根据藏族聚居区的实际情况，生态补偿要以国家投入为主，国家发挥主导性作用，提供政策、资金、项目和技术的支持，加大中央财政转移支付力度，引导和鼓励地方和社会公众积极参与；积极探索草地、水资源保障和水电开发、自然保护区、森林和矿产资源开发、游牧民定居等领域的生态补偿机制，通过经济手段促进解决“草畜平衡”、农牧民后续生计等问题。

主要参考文献

［1］［印度］阿玛蒂亚·森．以自由看待发展［M］．任赜、于真译．北京：中国人民大学出版社，2002.

［2］曹洪民，王小林，陆汉文．特殊类型贫困地区多维贫困测量与干预：四川省阿坝藏族羌族自治州案例［M］．北京：中国农业出版社，2011.

［3］陈传波，丁士军．中国小农户的风险及风险管理研究［M］．北京：中国财政经济出版社，2005.

［4］陈全功，李忠斌．少数民族地区农户持续性贫困探究［J］．中国农村观察，2009（9）.

［5］符刚等．阿坝州与相邻相似区域经济协调发展差异分析与评价［J］．安徽农业科学，2014（9）.

［6］高星等．西藏农牧民贫困特征、类型、成因及精准扶贫对策［J］．中国科学院院刊，2016（3）.

［7］格桑卓嘎．改革开放推动西藏跨越式发展［J］．西藏大学学报（社会科学版），2012（9）.

［8］国家统计局住户调查办公室．2011 年中国农村贫困监测报告［M］．北京：中国统计出版社，2012.

［9］郭劲光．脆弱性贫困：问题反思、测试与拓展［M］．北京：中国社会科学出版社，2011.

［10］何世明等．阿坝州高半山社会经济资源评价及发展模式研究［J］．阿坝科技，2013（1）.

［11］胡新生．西藏新时期扶贫开发工作思考［N］．西藏日报（汉），2014－10－14.

［12］蒋远胜，李彩凤．中国十大藏族自治州经济社会发展分析和评价［J］．西南民族大学学报（人文社会科学版），2012（2）.

［13］久毛措等．青海藏族聚居区农牧民公共医疗卫生服务需求的调查与分析——以同仁县和泽库县为例［J］．西藏大学学报（社会科学版），2012（3）.

［14］库茨涅茨．经济增长与收入不平等［M］．北京：经济科学出版社，

2002.

[15] 黎洁，邰秀军．西部山区农户贫困脆弱性的影响因素：基于分层模型的实证研究［J］．当代经济科学，2009（9）．

[16] 黎洁，李亚莉，邰秀军，李聪．可持续生计分析框架下西部贫困退耕山区农户生计状况分析［J］．中国农村观察，2009（9）．

[17] 李丽．中国城乡居民家庭贫困脆弱性研究［M］．北京：经济科学出版社，2012.

[18] 李小云．农户脆弱性分析方法及其本土化应用［J］．中国农村经济，2007（4）．

[19] 李玉平．西藏医疗卫生事业发展状况调查与分析［J］．新西藏，2012（6）．

[20] 廖桂蓉．四川藏族聚居区贫困状况及脱贫障碍分析［J］．农村经济，2014（1）．

[21] 刘凤芹．农业土地规模化经营的条件与效果研究：以东北农村为例［J］．管理世界，2006（9）．

[22] 刘慧．实施精准扶贫与区域协调发展［J］．中国科学院院刊，2016（3）．

[23] 刘坪．进一步推进四川藏族聚居区经济社会发展和长治久安［J］．四川党的建设，2015（10）．

[24] 刘彦随等．中国农村贫困化地域分异特征及其精准扶贫策略［J］．中国科学院院刊，2016（3）．

[25] 刘巳洋，路江涌，陶志刚．外商直接投资对内资制造业企业的溢出效应：基于地理距离的研究［J］．经济学（季刊），2008（1）．

[26] 刘永富．打赢全面建成小康社会的扶贫攻坚战［N］．人民日报，2014－04－09.

[27] 刘永富．以精准发力提高脱贫攻坚成效［N］．人民日报，2016－01－11.

[28] 骆永民．中国城乡基础设施差距的经济效应分析——基于空间面板计量模型［J］．中国农村经济，2010（3）．

[29] 罗绒战堆．西藏的贫困与反贫困研究［M］．北京：中国藏学出版社，2002.

[30] 罗绒战堆．小康战略目标下西藏农牧民收入问题研究［J］．中国藏学，2014（2）．

[31] Martha G. Roberts，杨国安．可持续发展研究方法国际进展——脆弱性分析方法与可持续生计方法比较［J］．地理科学进展，2003（1）．

[32] 马小燕，石三毛．创新方式方法，促进西藏优秀传统文化代际传承［N］．中国民族报，2015－01－02.

[33] 孟亚伟，于梓东．西藏自治区比如县虫草因素引发相关问题的思考——以比如县良曲乡格康村为例［J］．黑龙江民族丛刊，2015（3）.

[34] 纳列什·辛格，乔纳森·吉尔曼．让生计可持续［J］．国际社会科学杂志（中文版），2000（4）.

[35] 欧海燕，黄国勇．自然地理环境贫困效应实证分析——基于空间贫困理论视角［J］．安徽农业大学学报（社会科学版），2015（1）.

[36] 潘文卿．中国的区域关联与经济增长的空间溢出效应［J］．经济研究，2012（1）.

[37]［俄］恰亚诺夫．农民经济组织［M］．北京：中央编译出版社，1996.

[38] 秦佳，李建民．中国人口城镇化的空间差异与影响因素［J］．人口研究，2013（2）.

[39] 曲玮，涂勤，牛叔文．贫困与地理环境关系的相关研究述评［J］．甘肃社会科学，2010（1）.

[40] 曲玮，涂勤，牛叔文，胡苗．自然地理环境的贫困效应检验——自然地理条件对农村贫困影响的实证分析［J］．中国农村经济，2012（2）.

[41] 冉光荣．藏族聚居区反贫困再思考［J］．财经科学，2006（2）.

[42] 任英华、游万海．一种新的空间权重矩阵选择方法［J］．统计研究，2012（6）.

[43] 四川省藏族聚居区民生工程办公室．美好新藏族聚居区——四川藏族聚居区三大民生工程纪实［M］．成都：四川出版集团，2012.

[44] 世界银行．2000/2001 年世界发展报告：与贫困作斗争［M］．北京：中国财政经济出版社，2001.

[45] 世界银行．2009 年世界发展报告：重塑世界经济地理［M］．北京：清华大学出版社，2009.

[46] 苏海红，杜青华．中国藏族聚居区反贫困战略研究［M］．兰州：甘肃民族出版社，2008.

[47] 苏海红．中国藏族聚居区脱贫与生态保护政策的联动性探讨［J］．攀登，2007（4）.

[48] 苏海红．破解中国藏族聚居区贫困圈的政策建议［J］．青海社会科学，2009（9）.

[49] 孙怀阳，程贤敏，何景熙．中国藏族人口与社会［M］．北京：中国藏学出版社，1999.

[50] 陶长琪，杨海文．空间计量模型选择及其模拟分析 [J]．统计研究，2014 (8).

[51] 郃秀军，罗丞，李树茁，李聪．外出务工对贫困脆弱性的影响：来自西部山区农户的证据 [J]．世界经济文汇，2009 (12).

[52] 郃秀军，李树茁．中国农户贫困脆弱性的测度研究 [M]．北京：社会科学文献出版社，2012.

[53] 万广华，章元．我们能够在多大程度上准确预测贫困脆弱性？[J]．数量经济技术经济研究，2009 (6).

[54] 王洛林，朱玲．如何突破贫困陷阱——滇青甘农牧藏族聚居区案例研究 [M]．北京：经济管理出版社，2010.

[55] 王萍萍，方湖柳，李兴平．中国贫困标准与国际贫困标准的比较 [J]．中国农村经济，2006 (12).

[56] 王庆喜，蒋烨，陈卓咏．区域经济研究实用方法：基于 ArcGIS，GeoDa 和 R 的运用 [M]．北京：经济科学出版社，2014.

[57] 汪晓文，何明辉，李玉洁．基于空间贫困视角的扶贫模式再选择——以甘肃为例 [J]．甘肃社会科学，2012 (6).

[58] 伍光和，蔡龙运．综合自然地理学 [M]．北京：高等教育出版社，2004.

[59] 吴玉鸣，陈志建．居民消费水平的空间相关性与地区收敛性分析 [J]．世界经济文汇，2009 (5).

[60] 西藏自治区人民政府．西藏自治区主体功能区规划 [Z]．2014 年 10 月。

[61] 杨军．关于四川藏族聚居区精准扶贫工作的调查与思考 [J]．中共乐山市委党校学报，2015 (5).

[62] 杨成钢，曾永明．空间不平衡、人口流动与外商直接投资的区域选择——中国 1995 ~ 2010 年省际空间面板数据分析 [J]．人口研究，2014 (6).

[63] 许光，顾锡莲，王小红．海西州矿产资源开发利用存在的问题与对策建议 [J]．资源与产业，2012 (2).

[64] 西藏自治区人民政府．西藏自治区主体功能区规划——建设有中国特色、西藏特点的和谐美好家园 [R]．2014.

[65] 杨明洪．西藏农户经济演化特征：基于农村住户调查资料的实证分析 [J]．中国藏学，2005 (3).

[66] 杨文，孙蚌珠，王学龙．中国农村家庭脆弱性的测量与分解 [J]．经济研究，2012 (4).

[67] 杨文，裘红霞．中国城市家庭脆弱性的测量与分解 [J]．财经问题研

究，2012（6）.

［68］曾永明．高原高山区人口分布特征及影响机制研究——基于空间计量经济学视角［J］. 南方人口，2014（3）.

［69］张惠远，王金南，饶胜等编著：青藏高原区域生态环境保护战略研究［M］. 北京：中国环境科学出版社，2012.

［70］张耀军，任正委．基于地理加权回归的山区人口分布影响因素实证研究［J］. 人口研究，2012（4）.

［71］章元．贫困脆弱性研究综述［J］. 经济学动态，2006（1）.

［72］赵成美．广义可持续发展经济学主要理论分支的关系与整合［J］. 山东财政学院学报，2014（2）.

［73］赵曦，周炜．中国西藏扶贫开发战略研究［M］. 北京：中国藏学出版社，2004.

［74］张光南，洪国志，陈广汉．基础设施、空间溢出与制造业成本效应［J］. 经济学（季刊），2013（1）.

［75］张海军，张付芝．基于四类空间权重的河南省县域农民人均收入时空演变研究［J］. 地域研究与开发，2011（6）.

［76］郑长德．中国少数民族地区包容性发展研究［J］. 西南民族大学学报（人文社会科学版），2011（6）.

［77］郑长德等．四川连片特困地区经济社会发展综合调查报告［R］. 研究报告，2013.

［78］中国扶贫开发年鉴编委会．中国扶贫开发年鉴［M］. 北京：团结出版社，2015.

［79］中国国际扶贫中心、联合国开发计划署驻华代表处．国际减贫与发展论坛集萃［C］. 北京：社会科学文献出版社，2013.

［80］中华人民共和国国务院．全国主体功能区规划——构建高效、协调、可持续的国土空间开发格局［R］. 2010－12－21.

［81］中华人民共和国国务院新闻办公室．西藏的发展与进步［N］. 人民日报，2013－10－23.

［82］中华人民共和国国务院新闻办公室．民族区域自治制度在西藏的成功实践［R］. 2015.

［83］国务院扶贫开发领导小组办公室．中国农村扶贫开发纲要（2011～2020年）［Z］. 2011.

［84］宗刚，李婧．西藏交通与经济良性互动发展实证研究［J］. 中国藏学，2013（3）.

[85] 周圆圆．地理空间溢出、禀赋条件差异与区域贫困集聚——基于空间计量模型的实证分析［J］．科学决策，2013（6）．

[86] 周国林．转轨时期我国区域间市场壁垒的特征、效应及管理对策［J］．发展研究，2009（8）．

[87] 周炜，杨明洪，罗绒战堆．西藏农村发展前沿报告［M］．北京：中国藏学出版社，2006．

[88] 朱火云等．基础普惠型高龄津贴制度研究［J］．人口学刊，2015（1）．

[89] 朱玲．应对极端贫困和边缘化：来自中国农村的经验［J］．经济学动态，2011（7）．

[90] Agbaje, Okunmadewa, Omomona, Oni. An Assessment of Vulnerability to Poverty in Rural Nigeria [J]. ARPN Journal of Agricultural and Biological Science, 2013, 8 (1).

[91] Amarasinghe, Samad, Anputhas. Spatial Clustering of Rural Poverty and Food Insecurity in Sri Lanka [J]. Food Policy, 2005, 30 (5-6).

[92] Baulch, Minot. The Spatial Distribution of Poverty in Vietnam and the Potential for Geographic Targeting [R]. WPS 2829, The World Bank, 2002.

[93] Bebbington. Capitals and capabilities: a framework for analysing peasant viability [J]. rural livelihoods and poverty in the Andes, World Development, 1999, 27 (12).

[94] Brunnschweile, Bulte. The Resource Curse Revisited and Revised: A Tale of Paradoxes and Red Herrings [J]. Journal of Environmental Economics and Management, 2008, 55 (3).

[95] Chambers R., Conway G.. Sustainable Rural Livelihoods: Practical Concepts for the 21st Century [J]. Brighton, UK, Institute of Development Studies, 1992.

[96] Crandall, Weber. Local Social and Economic Conditions, Spatial Concentrations of Poverty, and Poverty Dynamics [J]. American Journal of Agricultural Economics, 2004, 86 (5).

[97] DFID. Sustainable Livelihoods Guidance Sheets [Z]. London: Department for International Development, 1999.

[98] Elbers, Lanjouw, Mistiaen, Özler, Simler. Are neighbors equal? [Z]. Helsinki: United Nations University, 2003.

[99] Gallup, Sachs, Mellinger. Geography and Economic Development [J]. International Regional Science Review, 1999, 22 (2).

[100] Hentschel, Lanjouw, Lanjouw, Poggi. Combining Census and Survey Data to Trace the Spatial Dimensions of Poverty: A Case Study of Ecuador [J]. World Bank Economic Review, 2000, 14 (1).

[101] Hotze Lont, Otto Hospes. Livelihood and Microfinance: Anthropological and Sociological Perspectives on Savings and Debt [M]. Eburon B V, 2004.

[102] Kam, Hossain, Bose, Villano. Spatial Patterns of Rural Poverty and Their Relationship with Welfare influencing Factors in Bangladesh [J]. Food Policy, 2005 (5-6).

[103] Nicholas Minot, Bob Baulch. Spatial patterns of poverty in Vietnam and their implications for policy [J]. Food Policy, 2005 (6).

[104] Oscar Lewis. Five Families: Mexican Case Studies in the Culture of Poverty [M]. Basic Books, 1975.

[105] Paul Krugman. Development, Geography, and Economic Theory [M]. Cambridge: MIT Press, 1997.

[106] Oluwakemi Adeola Obayelu, Taiwo Timothy Awoyemi. Spatial Dimension of Poverty in Rural Nigeria [J]. Journal of Development and Agricultural Economics, 2010 (6).

[107] Peter Lanjouw, Marleen Marra, Cuong Nguyen. Vietnam's Evolving Poverty Map Patterns and Implications for Policy [R]. The World Bank, 2013, WPS 6355.

[108] Raghbendra Jha, Tu Dang. Vulnerability to Poverty in Papua New Guinea in 1996 [J]. Asian Economic Journal, 2010.

[109] Richard Palmer Jones, Kunal Sen. It is Where You are That Matters: The Spatial Determinants of Rural Poverty in India [J]. Agricultural Economics, 2006 (3).

[110] Robert Hall. Stochastic Implications of the Life Cycle-permanent Income Hypothesis: Heory and Evidence [J]. Journal of Political Economy, 1978 (6).

[111] Rupasingha, Goetz. The Causes of Enduring Poverty: An Expanded Spatial Analysis of the Structural Determinants of Poverty in the US [J]. Northeast Regional Center for Rural Development, 2003.

[112] Sachs, Warner. Natural Resource Abundance and Economic Growth [J]. NBER Working Paper, 1995.

[113] Scoones. Sustainable Rural Livelihoods: A Framework for Analysis [R]. IDS Working Paper, Brighton: Institute of Development Studies. 1998.

[114] Shubham Chaudhuri. Assessing vulnerability to poverty: concepts, empirical methods and illustrative examples [J]. Columbia University Department of Econom-

ics, Discussion Paper, 2003.

[115] Suan Pheng Kam, Mahabub Hossain, Manik Lal Bose, Lorena S. Villano. Spatial patterns of rural poverty and their relationship with welfare influencing factors in Bangladesh [J]. Food Policy, 2005 (6).

[116] United Nations. The Millennium Development Goals Report 2015 [R]. New York, 2015.

后　记

本书是在我博士后研究报告的基础上补充完善而成的。在从事博士后科研工作期间，导师郑长德教授总是无私地和我们分享他的学术经验，为我们指点迷津，为我们指引学术研究的方向；他的很多学术成果都让我开卷受益，我从中学到了许多。西南民族大学经济学院自由、民主、求实、奋进的学术氛围深深地吸引着我，为我们的学术成长搭建了很好的平台。感谢郑长德、张明善、刘晓鹰、周兴维等教授在博士后研究报告写作中对我的悉心指导。本书撰写过程中，郑长德教授、赵曦教授、杨洪明教授、罗绒战堆教授、李小云教授、邰秀军教授、李树茁教授和李丽教授等人的学术著作使我开卷受益，非常感谢您们！

本书的面世，还要感谢西南民族大学经济学院为本书提供了全额出版资助，解除了我经济上的后顾之忧。感谢许多可敬的师长、同学、朋友们给予我的帮助！感谢四川省扶贫和移民工作局、西藏自治局统计局在数据资料上提供的无私的帮助。感谢我的硕士研究生盛伟在本书的撰写过程中给我的大力支持，没有他的全程技术支持，本书将难以顺利完成。感谢我的家人对我的培养和支持，没有他们的精神鼓励和家庭关怀，我人生中的第二部专著不会如此顺利付梓。

最后，感谢我书中所有引用文献的作者们，是您们的研究成果拓展了我的视野，奠定了我的研究基础。在此，向您们表示由衷的感谢！

当然，作为相关问题研究的初次尝试，书中难免有各种错漏，祈愿同行不吝赐教、多多指正。

廖桂蓉

2017年6月于成都